W0467412

MÉMOIRE DE GRAINS

Envisagée en 2019, lancée en 2022, la recherche qui a permis d'écrire cet ouvrage doit beaucoup à plusieurs interlocuteurs. La consultation de fonds documentaires aussi riches par leur exceptionnalité et leur rareté que par leur nombre a bénéficié de médiations efficaces pour les localiser et d'une mise à disposition optimisée pour les étudier. Un programme d'entretiens oraux enregistrés, de plus d'une cinquantaine d'heures, a permis d'élargir la représentation d'une histoire complexe auprès d'acteurs majeurs et de témoins dont la disponibilité s'est révélée hors de l'ordinaire. Les visites de sites, les facilités concédées pour consulter tous les types de documents, et l'accueil dont l'auteur a pu bénéficier à Reims, à Nancy, à Paris, à Bordeaux, à Marseille, à Brienne, à Châlons-en-Champagne ont singulièrement facilité cette recherche dont l'ampleur n'a cessé d'apparaître au fil des mois. À tous ces égards, l'auteur, dont le récit n'engage que lui même, exprime sa gratitude à chacune et chacun de ses interlocuteurs, avec une mention particulière à Valérie Frapier, Catherine Peigney, Agnès Pellerin, Claire Madoré, Marjolaine Alary, Marcel Gibert et Claude Vegas pour leur confiance et leur aide.

Direction éditoriale : Véronique Lefebvre
Correction : Aude Clavel
Iconographie : Clothilde Bollard-Duval et Cécile Pagani
Graphisme : Caroline Keppy (Keppyroux.fr)
Fabrication : Axelle Hosten

Le Cherche Midi, 2025
92, avenue de France – 75013 Paris
Vous aimez les beaux livres ?
Inscrivez-vous à notre newsletter pour suivre
en avant-première toutes nos actualités :
www.cherche-midi.com
info@lisez.com
ISBN : 978-2-7491-7893-6

MÉMOIRE DE GRAINS

JEAN-PIERRE WILLIOT

VIVESCIA
UNE HISTOIRE CÉRÉALIÈRE

le cherche midi

Table des matières

Préface

Les céréales occupent une place essentielle dans notre quotidien et dans l'histoire de l'humanité. Depuis le Néolithique et leur domestication dans la zone du Croissant fertile en Mésopotamie, elles nourrissent les peuples, soutiennent les économies et façonnent les cultures. À travers l'histoire emblématique du groupe VIVESCIA, nous sommes invités à explorer un aspect souvent méconnu de cette filière cruciale pour la sécurité alimentaire du monde, et à revenir sur le parcours de la France vers son statut de grande puissance céréalière mondiale.

En tant qu'ambassadeur de France pour la gastronomie et l'alimentation, je suis particulièrement sensible à la manière dont nos aliments « racontent » une histoire. Les céréales ne sont pas seulement de simples ingrédients ; elles reflètent un savoir-faire transmis de génération en génération mais aussi le fruit d'un engagement collectif et d'une volonté d'innovation. Ce voyage à travers l'histoire nous rappelle que derrière chaque grain se cache une mémoire faite de traditions, d'ambitions, de luttes et de réussites solidaires. Comment également ne pas rappeler le lien intrinsèque qui existe entre les céréales et le pain ? Ce lien est au cœur de notre identité nationale. Les savoir-faire artisanaux et la culture de la baguette de pain, récemment inscrits au patrimoine culturel immatériel de l'Unesco et véritables emblèmes de notre culture gastronomique partout dans le monde, illustrent à merveille cette richesse agricole et artisanale dont nous pouvons être si fiers.

L'histoire que vous allez découvrir met en lumière le rôle crucial des coopératives agricoles. Elle s'appuie sur les archives exceptionnelles conservées par les différentes entreprises et sur une série d'entretiens avec les grands témoins de cette histoire. Ses enseignements sont multiples. Ils montrent en premier lieu la formidable ascension des coopératives champenoises, qui grâce à leur esprit de coopération, ont su unir leurs forces et transformer des territoires parfois négligés en véritables pôles de production. Pour former VIVESCIA, elles se sont, étape par étape, regroupées et associées en se préoccupant à chaque époque des meilleures voies de valorisation de la production agricole et de l'aval industriel. Ces parcours de coopération et de résilience sont inspirants, car ils montrent comment, ensemble, nous pouvons surmonter les défis et bâtir un avenir durable pour l'agriculture. Car c'est peut-être finalement le principal enseignement de cette mémoire plurielle : la réussite de l'agriculture dépend de cette capacité et cette volonté de créer une filière agricole qui puisse s'adapter aux exigences de marchés en perpétuelle mutation. J'ai pu constater l'immense travail de recherche et les compétences de VIVESCIA en me rendant dans les champs, où sont cultivés une dizaine de blés différents. Le savoir-faire dans les moulins, dans les malteries et dans chacune des filières du groupe est également capital. Peu de gens mesurent par exemple la complexité qu'il existe à produire un bon blé qui, une fois passé par les meuniers, donnera la bonne farine pour faire le meilleur des pains !

Dans un contexte où les questions de durabilité et de sécurité alimentaire sont plus que jamais d'actualité, comprendre l'évolution de notre filière céréalière est essentiel. Cela nous invite à réfléchir à nos choix alimentaires, à la manière dont nous cultivons notre terre et aux conséquences sur nos modes de consommation.

Au travers de ces pages, nous célébrons non seulement les céréales, mais aussi ceux qui les cultivent, les transforment et les mettent en valeur. Ce livre nous raconte la passion, l'innovation et la tradition qui, ensemble, nourrissent notre héritage gastronomique.

Je vous invite donc à plonger dans cette exploration riche et éclairante. Les grains que nous découvrons ici sont bien plus que des éléments d'un repas ; ils sont le symbole d'un lien profond entre notre passé, notre présent et notre avenir.

Guillaume Gomez

Ambassadeur de France pour la gastronomie
Représentant personnel du président de la République
pour l'alimentation et la gastronomie

Chronologie générale

1885
Simon, Vilgrain et Bouchotte rachètent le moulin de Nancy.

1894
Création du Syndicat agricole de la Champagne sous l'impulsion de Gustave de Bohan.

1895
Création d'une école de boulangerie à Paris par l'Association mutuelle de placement des ouvriers boulangers de la Seine.

1916
Constitution de la société des Grands Moulins, réunis à l'initiative de plusieurs meuniers, dont Lucien Baumann, qui préside les Grands Moulins de Corbeil.

1919
Création de la société anonyme à participation ouvrière des Grands Moulins de Paris (GMP).

Constitution de la Société d'entreprise meunière (qui rassemble les moulins de Nancy, de Bordeaux et de Port-Saint-Louis).

1921
Première mouture des GMP, quai de la Gare à Paris.

Création de la Coopérative agricole de la région de Brienne (CARB) et de la Société coopérative agricole de la région de Romilly-Méry (SCARM), deux coopératives du nord de l'Aube.

1924
La Société d'entreprise meunière est absorbée par les Grands Moulins de Paris, dont la famille Vilgrain détient la prépondérance au conseil d'administration.

1927
Création de la Providence agricole à Reims par le président fondateur du Syndicat agricole de la Champagne, Gustave de Bohan.

1928
Création à Noyon de la première usine française d'aliments pour bétail.

1929
Fondation de l'École de boulangerie de Paris (EBP).

1930
Instauration à l'initiative de l'EBP et des Grands Moulins de Paris du CAP boulangerie.

Création gouvernementale d'un Service de contrôle des céréales et farines panifiables.

1934
La Providence agricole devient une coopérative entière et ajoute à ses statuts la possibilité de collecter, stocker, vendre et transformer les céréales de ses adhérents.

1935
Attribution par l'État de contingents de mouture.

1936
L'Office national interprofessionnel du blé (ONIB) fixe un prix d'achat uniforme du blé pour donner à l'État un monopole d'importation des blés contre la spéculation. Il deviendra l'Office national interprofessionnel des céréales (ONIC) en 1940 et sera maintenu après la Seconde Guerre mondiale pour affronter les pénuries de ravitaillement.

1945
Destruction du moulin Vilgrain à Nancy.

Création des fédérations départementales des syndicats d'exploitants agricoles (FDSEA) de la Marne et de l'Aube.

1946
Création de l'Institut national de la recherche agronomique (INRA) et du Centre national d'études et de recommandations sur la nutrition et l'alimentation (CNERNA).

1947
Loi définissant le statut des coopératives.

Émeutes en France pour protester contre le manque de pain.

1949
Réouverture du moulin Vilgrain à Nancy.

Création de la Compagnie de transport de céréales (CTC) par les Grands Moulins de Paris avec les Grands Moulins de Pantin, les Grands Moulins de Corbeil et la SNCF, puis mise en fonctionnement en 1952.

1950
Parution de l'Annuaire de la meunerie française.

1962
La coopérative Providence agricole ouvre une malterie d'orge à Reims (Port Colbert, qui fermera en 2006).

Institution de la politique agricole commune (PAC) dans l'Europe des Six.

La société Feedine fusionne avec la Société de fabrication d'aliments céréales pour le bétail.

1965
L'ensachage automatisé dans les grands moulins quintuple la capacité horaire de conditionnement.

Francine, marque du groupe France Farine, devient une marque nationale dans un contexte de croissance des grandes surfaces.

1968
Les Grands Moulins de Paris introduisent une innovation majeure avec la fabrication de mélanges meuniers commercialisés sous la marque Moul-Bie.

1970
Fusion des Grands Moulins Vilgrain de Nancy avec les Grands Moulins de Bordeaux et les Grands Moulins de Paris (usines de Paris et Lille).

1977
Création de l'Union Providence Malt qui rassemble 15 coopératives en Champagne.

1978
Les Grands Moulins de Paris écrasent 1/5e de la mouture nationale (répartie en 14 % de la mouture intérieure + 39 % de la mouture d'export).

1979
Lancement des produits surgelés en boulangerie. Rachat par GMP de la Société de spécialités surgelées.

1981
Création de Banette par les Grands Moulins Storione à Marseille.

1982
Création du GIE Malt Europe, filiale de Champagne Céréales développement.

Neuf coopératives se regroupent pour créer le GIE Champagne Céréales.

1983
Création de Délifrance par les Grands Moulins de Paris avec un positionnement international.

Création de la filiale de recherche Sucre recherche développement (SRD) de la Providence agricole organisée autour de la filière sucrière.

1984
Création de la SICA Malteurop par Union Providence Malt et Union Champagne Malt.

Formation de l'Union Champagne Céréales par 13 coopératives.

La SCARM et la CARB lancent la marque de farine Copaline.

1986
Aux Grands Moulins de Paris, la création de la « Ronde des Pains » inaugure un nouveau concept commercial.

1987
SRD devient ERD (Éthanol recherche et développement) et centre ses recherches sur l'éthanol.

La Providence agricole rachète l'entreprise Banette à Alain Storione et ses deux frères.

1989
Les Grands Moulins de Paris passent sous le contrôle du groupe de BTP Bouygues.

La farine Campaillette devient un nouveau support de marque aux Grands Moulins de Paris.

Le centre de recherche ERD, en élargissant ses recherches à tous les végétaux, devient ARD (Agro industrie recherches développement).

1990
Création des pôles meunerie et maïserie par Euromill et Champagne Maïs.

1991
L'Union Champagne Céréales donne naissance à la coopérative céréalière Champagne Céréales.

1992
Internationalisation accentuée de Malteurop avec la construction de deux malteries en Allemagne (Rostock, Langerringen) et une en Chine (Baoding).

Réforme de la PAC Mac Sharry.

1993
Décret Balladur sur la codification du pain de tradition française.

1996
Le moulin de Gennevilliers remplace l'ancienne minoterie des Grands Moulins de Paris établie au quai de la Gare à Paris. Le groupe redistribue l'activité industrielle vers le moulin de Verneuil-l'Étang et déplace l'école de boulangerie-pâtisserie dans les anciens chais de Bercy.

Ouverture de la malterie de Baoding.

1997
Décret de définition des cinq stades opératoires de l'appellation « boulanger ».

1998
Un groupe financier mené par AXA reprend les Grands Moulins de Paris.

1999
Nouvelle réforme de la PAC.

2001
Constitution de NutriXo. Les anciens actionnaires menés par AXA Private Equity cèdent leur participation pour permettre la création d'un nouveau groupe meunier formé par l'association des Grands Moulins de Paris avec les minoteries des coopératives champenoises : Euromill Nord, Grands Moulins Storione et France Farine.

Fusion de la CARB et de la SCARM (qui s'étaient rapprochées durant la décennie 1980) pour former Nouricia.

2003
Nouvelle réforme de la PAC.

2004
Innovation de la farine « suprême », en boîte.

2005
Création de Siclaé, groupe industriel de Champagne Céréales, en partenariat avec EMC2, Nouricia, la coopérative de Sézanne et celle de Coligny.

2007
Intégration de Nutrixo et Délifrance dans le groupe coopératif Champagne Céréales.

Acquisition de Chamtor par Champagne Céréales.

2008
Malteurop devient le 1er malteur mondial après l'acquisition de l'entreprise américaine Archer Daniels Midland Company (ADM Malting), instaurant ainsi sa présence au Canada, en Australie et en Nouvelle-Zélande.

Premier bilan carbone et premier rapport développement durable de Champagne Céréales.

2009
Chamtor et ARD entrent dans Siclaé.

13 mars 2012
L'Autorité de la concurrence inflige une amende de 95 millions d'euros aux différents acteurs d'une entente sur le marché des farines en sachet, dont France Farine, les Grands Moulins de Paris, Euromill Nord, les Grands Moulins Storione.

2012
Naissance de Vivescia par la fusion de Nouricia et Champagne Céréales.

Prise de contrôle total de NutriXo par ses deux principaux actionnaires, Siclaé et AtriXo.

Création de Néalia (fusion de Cadsar, Copam et Étienne).

2014
Siclaé devient Vivescia Industries.

2015
Campaillette et Copaline deviennent des concepts de boulangerie.

2016
Délifrance acquiert la société chinoise La Rose noire.

2021
Lancement de la démarche RSE .

2023
Lancement du programme Transitions de Vivescia.

Confiez
à la terre
des grains de blé,
elle nous rendra
plus d'épis
qu'elle n'a reçu
de grains.

FÉNELON (1651-1715)

Un tableau de Yves Levêque, 1986. Le champ de blé au cœur de l'activité de la filière céréalière représentée dans les zones plus sombres par trois dessins : un tracteur à droite pour l'agriculture, un moulin pour la meunerie à gauche et au centre le pain, collection Vivescia.

1

1890-1938

PRODUIRE ET TRANSFORMER LES CÉRÉALES

La fin du XIXe siècle sembla à de nombreux observateurs une période de transformations sociales aussi bien dans les campagnes que dans les villes. La Première Guerre mondiale a bouleversé les populations, les économies et les mentalités. De Nancy à Paris, de Fresne-lès-Reims à Sézanne, la fin du conflit exigeait la mobilisation de nouvelles énergies : les unes pour produire de la farine qui parvienne à nouveau dans les fournils ; les autres pour reconstruire les communautés agraires au moyen de coopératives basées sur des solidarités techniques et humaines volontaires. Les créations des Grands Moulins de Paris, en 1919, de la Coopérative agricole de la région de Brienne et de la Société coopérative agricole de la région Romilly-Méry, en 1921, puis de la Providence agricole, en 1927, annonçaient une histoire inspirée du passé, mais ouverte sur le futur.

1890-1919
1. Les fondements d'une filière agro-industrielle

Les dernières décennies du XIXe siècle ont été ressenties comme des périodes d'incertitude. Innovations techniques et changements sociaux importants s'ajoutaient au contexte d'une longue dépression économique européenne. Au tournant du siècle, une fois la croissance revenue, s'ouvrait une phase de mutation qui toucha autant les pratiques agricoles que les moyens des industries de consommation.

LES FONDEMENTS D'UNE ORGANISATION AGRICOLE

La géographie céréalière de la France à la fin du XIXe siècle

À rebours des évocations nostalgiques d'une campagne éternelle, la fin du XIXe siècle ne fut pas si heureuse au sein de la société rurale française. Nombre de villages perdaient une main-d'œuvre employée à des artisanats très divers. Les effectifs de l'industrie dispersée, en particulier dans le textile, fondaient au rythme de l'exode rural. La perception d'une véritable crise s'accentua après la prospérité relative qui était survenue depuis les années 1850. L'effondrement des prix agricoles en fut le signe le plus apparent. Entamé en 1873, il prolongea un véritable marasme jusqu'au milieu de la décennie 1890 dans le contexte de la Grande Dépression. Certaines productions étaient moins rémunératrices, les pommes de terre ou l'élevage par exemple, mais le cours des céréales fut le plus affecté. En 1887, le prix moyen du froment avait perdu le tiers de sa valeur par rapport à son niveau de 1879. Le meunier pouvait s'en réjouir, le fermier beaucoup moins. Les améliorations culturales introduites, la progression des connaissances agronomiques, l'utilisation de matériel plus efficace, à l'exemple de la charrue Brabant ou des faucheuses, n'empêchaient pas la dépréciation des fermages un peu partout. La concurrence mondiale, accentuée par l'essor du commerce maritime et la densification des réseaux ferroviaires continentaux, porta l'abondance sur les marchés. Mais les importations à bas coûts augmentèrent, au prix de l'avilissement des revenus agricoles. L'élevage ovin était concurrencé depuis l'hémisphère sud, le blé depuis les plaines américaines.

Le protectionnisme douanier parut une solution nécessaire dans le dernier tiers du siècle et fit l'objet de grandes joutes parlementaires. Ce ne fut qu'un des éléments d'une politique agricole que le ministre républicain Jules Méline engagea sur plusieurs fronts. Mais il fut essentiel. L'enseignement, le crédit, la célébration du mérite agricole devinrent ses priorités, contribuant au redressement de l'agriculture dès la fin de la décennie 1890. Une nouvelle croissance des rendements et l'augmentation de la valeur marchande des productions se dessinèrent au début du XXe siècle. Elles vinrent de la mécanisation, de l'essor des amendements, d'une meilleure sélection variétale des plantes, de l'extension des cultures fourragères. La France était un pays essentiellement rural à la veille de la Première Guerre mondiale. Regroupant 43 % des actifs, la population rurale contribuait au tiers du produit national net. Cependant, toutes les régions ne connurent pas le même allant. La spécialisation favorisa l'élevage laitier normand, l'embouche charolaise, le maraîchage du Val de Loire, les vergers provençaux, les vignobles restructurés après la terrible crise phylloxérique. Les céréales étaient en revanche très largement répandues. Seigle et sarrasin dans le Massif

central et en Bretagne, avoine et maïs le long de la vallée de la Garonne, blé, avoine, méteil dans toutes les contrées plus ou moins tournées vers des polycultures diversifiées. Chaque région avait son blé, « tuzelles » dans le Sud-Est, « blanc de Flandres » au Nord, « barbu de Champagne » en Brie. Depuis les travaux de Henry de Vilmorin et la création du « Dattel » en 1883, l'introduction de blés hybrides avait amorcé l'augmentation des rendements.

La Champagne présentait les mêmes évolutions, tournées vers de nouvelles orientations agricoles et le déclin d'activités rurales traditionnelles. L'assolement triennal y dominait et la jachère était largement pratiquée, ceux qui auraient voulu s'en départir étant mal considérés[1]. En 1890, sur toutes les terres champenoises, le froment n'était pas prioritaire face à l'avoine. Le seigle était plus important que l'orge. Les trois départements de Champagne produisaient 3,5 % du blé en France et 43 % de toute la région Nord-Est[2]. Le rapport du nombre de propriétaires cultivant exclusivement leurs terres s'établissait inégalement dans les trois départements. Quand ils étaient 18 % dans les Ardennes en 1905, le taux passait à 29 % dans la Marne et 32 % dans l'Aube. Des différences semblables séparaient le pourcentage de fermiers et métayers. De 47 pour mille habitants dans la Marne, leur nombre montait à 63 pour mille dans l'Aube et 81 pour mille dans les Ardennes. À cette date, les écoliers des autres régions voyaient la Champagne telle qu'elle était décrite dans la *Géographie de la France* de la Librairie Hachette. Ils y lisaient la propension de cette région à l'élevage ovin, la singularité de ses vins renommés, qualifiés de « vins mousseux », l'importance de la bonneterie troyenne et de la biscuiterie rémoise.

Page précédente : **L'agriculture traditionnelle du début du siècle. Couple de paysans à Contrexeville pendant la récolte, vers 1900.**

À gauche : **Jusqu'au début du XXe siècle, la Champagne crayeuse dite alors « pouilleuse » avec son agriculture faiblement mécanisée. La fertilité des parcelles était assurée par des apports organiques issus de l'élevage. Exploitation en polyculture et polyélevage vers 1930.**

En bas à gauche : **Caricature de Jules Méline, homme politique et ministre de l'Agriculture, par Charles Léandres, parue dans *Le Rire* le 12 avril 1902. Il mit en place dès 1892 des mesures protectionnistes pour les produits agricoles.**

Ci-dessous : Champs de blé **de Claude Monet, 1881.**

LA CHAMPAGNE CÉRÉALIÈRE EN 1890

	FROMENT		AVOINE		SEIGLE		ORGE	
	HECTARES	MILLIONS DE QUINTAUX	HECTARES	MILLIONS DE QUINTAUX	HECTARES	MILLIONS DE QUINTAUX	HECTARES	MILLIONS DE QUINTAUX
MARNE	94 000	1,4	123 000	1,2	69 000	0,9	34 000	0,4
AUBE	84 000	1,1	88 000	0,8	32 000	0,3	26 000	0,3
ARDENNES	66 000	0,9	66 000	0,7	13 000	0,1	11 000	0,1
RÉGION	244 000	3,4	277 000	2,7	114 000	1,3	71 000	0,8

SOURCE : ANNUAIRE STATISTIQUE INSEE, RECENSEMENT GÉNÉRAL AGRICOLE, 1890.

À gauche : **L'émergence d'un nouveau syndicalisme agricole. Lithographie du Syndicat central des agriculteurs de France, 1900.**

Ci-dessous : **Page de garde de l'ouvrage *Les Syndicats agricoles et leurs œuvres* de Robert de Rocquigny, 1900.**

À droite : **La Champagne crayeuse possède des sols naturellement pauvres en éléments fertilisants, mais faciles à travailler.**

Double page suivante : **Émile Bareau, *L'Été en Champagne*, seconde moitié du XIXe siècle, huile sur toile, musée des Beaux-Arts de Reims.**

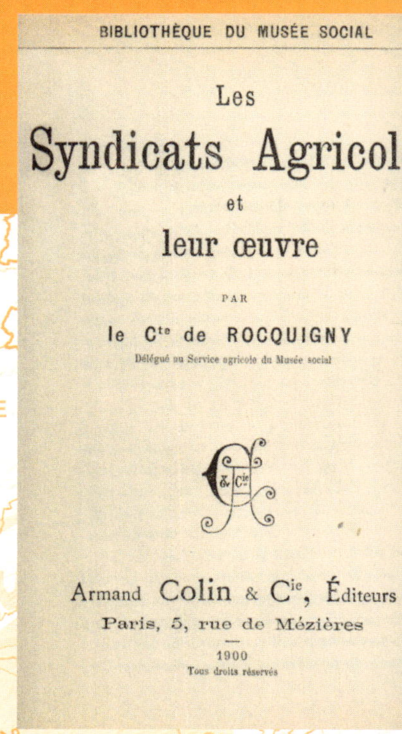
BIBLIOTHÈQUE DU MUSÉE SOCIAL

Les
Syndicats Agricole[s]
et
leur œuvre

PAR
le Cte de ROCQUIGNY
Délégué au Service agricole du Musée social

Armand Colin & Cie, Éditeurs
Paris, 5, rue de Mézières
1900
Tous droits réservés

Naissance du Syndicat de la Champagne

Au-delà de ces différences économiques qui pourraient être déclinées village par village, une autre mutation sociale et organisationnelle prit forme au cours des années 1880 en France. L'esprit d'association vint de la création de syndicats agricoles qui ont pu s'insérer dans le dispositif légalisant les syndicats à partir de 1884. Les premiers avaient été constitués en 1882 dans l'actuelle Seine-Maritime et en 1883 dans le département du Loir-et-Cher, en réponse à la baisse du prix du blé. L'achat en commun de semences, d'engrais, de matériels semblait une voie salutaire aux agriculteurs ligériens. Le terme de « syndicat » était entendu comme un levier de mutualisation professionnelle plus que comme un support de revendications. Le syndicalisme local devint bientôt une autre forme de réponse à la crise agricole.

Le comte de Rocquigny, proche d'Albert de Mun et des œuvres du catholicisme social qui inspirait la formation de nombreuses associations, dénombra 2 133 syndicats agricoles en 1900[3]. Partis de cinq en 1884, dépassant le millier en 1894, ces groupements rassemblaient 234 000 membres en 1894 et plus du double en 1900. L'auteur de cette étude considérait même que les données étaient inférieures à la réalité en ignorant des formations non déclarées. Le mouvement ne faiblit pas. Le ministère du Travail en recensait autour de 5 400 en 1910. Les plus puissants rassemblaient largement. Le syndicat des agriculteurs de la Sarthe réunissait plus de 14 000 membres, celui des agriculteurs de la Vienne au moins 9 000. Dans les Ardennes, le syndicat des agriculteurs, né dès 1884, tenait la 13e place par ordre d'importance numérique en France. Quant au chiffre d'affaires réalisé par des achats collectifs, les 25 premiers syndicats cumulaient un montant de 23 millions de francs en 1900. Le syndicat des Ardennes, avec ses 5 000 membres, présentait

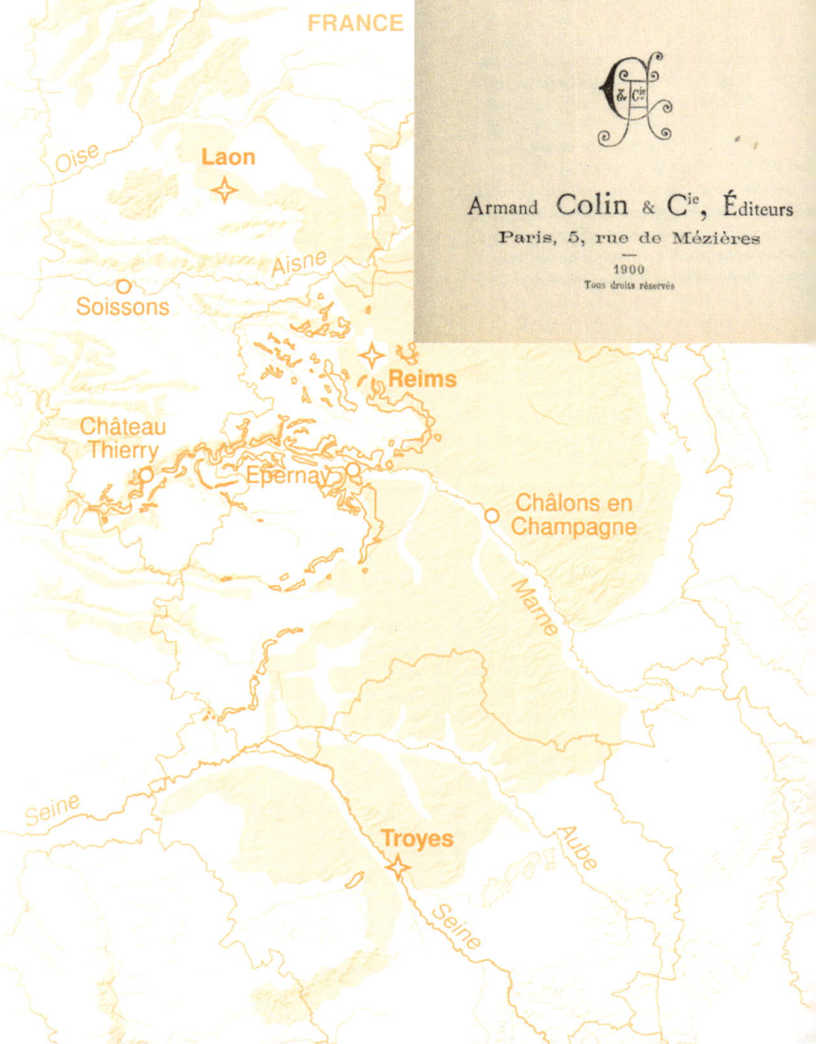

un chiffre d'affaires de 733 000 francs, évidemment loin du Syndicat des agriculteurs de France, institution de premier plan, qui atteignait plus de 5 millions de francs. De tels niveaux s'expliquaient par l'extension du service rendu. À la fourniture initiale d'engrais, les syndicats ajoutèrent des semences, des tourteaux d'alimentation du bétail, des outils agricoles, divers insecticides. Au-delà des avantages budgétaires, la place des syndicats devint essentielle pour prémunir les agriculteurs des fraudes sur certains produits. C'était en particulier le cas des engrais, dont les falsifications allèrent jusqu'à déclencher le processus législatif qui aboutit à la loi de 1905 sur l'origine des produits et la répression des fraudes.

En Champagne, le premier syndicat agricole apparut à Châlons-sur-Marne (Châlons-en-Champagne) en 1887. La Ligue agricole de la Marne était engagée du côté républicain et du radicalisme à l'initiative de son fondateur, le président du comice agricole local, Charles Barré. Sept ans plus tard, en 1894, le Syndicat agricole de la Champagne naissait à Reims[4]. Sous l'égide de Gustave de Bohan qui en prit la présidence, il s'inscrivait dans la recherche d'une paix sociale d'inspiration chrétienne. Proche du catholicisme social et du prosélytisme du filateur Léon Harmel, établi dans la vallée de la Suippe à Warmériville, ses orientations spirituelles et ses conceptions économiques le rapprochaient des tenants de la « rue d'Athènes », conservateurs et monarchistes de la Société des agriculteurs de France. À la tête d'une exploitation à Fresne, près de Reims, qui passa de 100 hectares en 1867 à 140 hectares à la fin du siècle, Gustave de Bohan défendait une vision progressiste, qu'il résumait ainsi dans le *Mémorial de Fresne*[5] : s'organiser d'après les principes de l'Évangile, lutter contre le socialisme d'en haut et d'en bas, qu'il soit révolutionnaire ou d'État, défendre les intérêts professionnels contre le capitalisme. Sa conviction fut renforcée en considérant ce qu'avait réalisé le président du Syndicat des agriculteurs de la Manche, Émile Garnot, dont la venue en Champagne fut décisive pour fonder le syndicat rémois. Le Syndicat agricole de la Champagne souhaitait reprendre le pouvoir face aux négociants dont l'intermédiaire était dénoncé autant par les vignerons que par les cultivateurs de blé. Dès sa première année, l'association rassembla plus d'un millier de membres. Son organisation était déjà pensée. Selon Gustave de Bohan, tout devait s'élaborer dans des réunions de section pour rapprocher les adhérents les uns des autres. Son extension géographique progressive lui permit de déployer son action dans plusieurs domaines. Avant la Première Guerre mondiale, le syndicat contribua à l'impulsion du crédit rural comme à la création d'un syndicat des producteurs de laine très affectés par la concurrence. De son côté, la Ligue agricole de la Marne œuvrait aussi au crédit local, et elle assembla une fédération de syndicats locaux portés à la défense de l'horticulture et de la viticulture. *A posteriori*, cette structuration des agriculteurs champenois fut décisive. Elle établissait des solidarités agricoles, chrétiennes ou radicales, simplifiait le travail des exploitations et surtout érigeait une force nouvelle face à d'autres acteurs très puissants.

« Faisons nos affaires nous-mêmes. Ne nous laissons pas administrer. »

GUSTAVE DE BOHAN, PRESIDENT FONDATEUR DU SYNDICAT AGRICOLE DE CHAMPAGNE

LA MUTATION DE LA MINOTERIE

La structuration de la corporation meunière

La meunerie se structura durant les mêmes années. Elle formait un débouché majeur des exploitations céréalières dès lors que les paysans comptaient de plus en plus sur le marché pour vendre leurs productions. Mais les meuniers français restèrent longtemps sans représentation collective. La situation était déjà différente en Grande-Bretagne, où plusieurs associations s'étaient constituées durant la décennie 1870. Autant l'imaginaire situait le moulin comme un lieu de pouvoir dans les campagnes et les villes, autant les situations locales étaient très variées. L'Exposition internationale de meunerie, de boulangerie et des industries qui s'y rapportent, réunie à Paris en 1885, mobilisa la corporation. Les sujets à débattre étaient nombreux : techniques, de la force motrice à la puissance d'écrasement ; économiques, de la diversification des produits de mouture à la capacité d'élargir la demande ; éducatifs, de la transmission des savoirs à l'introduction de nouveaux savoir-faire. L'intérêt d'une représentation professionnelle s'imposa. L'Association nationale de la meunerie française émergea le 17 novembre 1886 comme syndicat des meuniers. Les statuts créèrent un conseil de direction de 30 membres. Albert Dubray, meunier dans le Val-d'Oise, en devint le président, assisté de trois vice-présidents : Vilgrain, meunier à Nancy, Barre, de Dreux, et Colson-Blanche, de Chantilly. La distribution géographique des membres du comité montrait une dispersion représentative avec 27 départements, seul l'Eure-et-Loir en comptant trois. Le meunier Raverdeau de Romilly-sur-Seine et la maison Hardy-Lebègue établie dans les Ardennes étaient les plus proches de la Champagne. La cotisation des membres actifs et des membres correspondants fut proportionnée différemment. Les premiers, qui devaient exploiter un moulin, acquittaient une contribution proportionnelle à la puissance d'écrasement de leur moulin ; les seconds, ingénieurs, équipementiers, constructeurs, négociants, versaient une cotisation fixe.

Réunions périodiques, prises de position face aux gouvernements, émission de vœux de réglementation et plus encore de liberté commerciale, diffusion des innovations techniques, situation des marchés devinrent le quotidien de l'organisme représentatif. Chaque année, un congrès de la meunerie rassemblait la corporation, constituée par les syndicats et chambres syndicales départementales. Pour diffuser leurs idées, les meuniers disposaient d'une revue qui s'affirma comme la tribune officielle de la corporation, *La Meunerie française*. Elle rapporta dès ses premiers numéros tous les enjeux de la minoterie. La place donnée aux questions économiques et techniques, tout comme les nombreux encarts de réclame qui devinrent une vitrine des innovations, répondait à des questions cruciales. L'approvisionnement du marché en farine ne disparut jamais des préoccupations, mais les moyens pour y parvenir suscitèrent de multiples controverses. Le temps n'était pas si loin où il avait fallu édifier des moulins de fortune dans les gares avec des locomotives pour faire mouvoir les meules durant le siège de Paris en 1870. Lorsque la capacité de production fut accrue à la fin du siècle, c'est la question inverse qui se posa, celle de l'adaptation du nombre de moulins à la demande. Témoin d'une mutation à la fin du siècle, la minoterie devait s'interroger autant sur les investissements productifs ou les seuils de rentabilité que sur la transformation des savoirs, donc sur l'apprentissage du métier. Le *Journal de la meunerie*, une revue mensuelle introduite en 1883 par Charles Bivort pour renseigner la filière, s'en fit l'écho permanent.

N° 588. — 49e Année. PRIX DU NUMÉRO : 3 fr. 50 Janvier 1933

JOURNAL DE LA MEUNERIE

ET DE LA BOULANGERIE

REVUE MENSUELLE ILLUSTRÉE FONDÉE EN 1883

TARIF D'ABONNEMENT	Adresser la correspondance à M. le Directeur.	PUBLICITÉ
France : UN AN, 40 fr. — Étranger, 50 fr. L'abonnement part du 1er de chaque mois	BUREAUX et ADMINISTRATION 4ter, rue du Bouloi, PARIS	S'adresser au Service de la Publicité du Journal de la Meunerie 4ter, rue du Bouloi, PARIS. — Téléph. : Central 83.75 — 88.76

DEUX MARQUES UNIVERSELLEMENT APPRÉCIÉES

DANS LES MINOTERIES DU MONDE ENTIER

BUYL GAAS

N°

HET ANKER

1836

1931

37 39, RUE JEAN JACQUES ROUSSEAU PARIS

ANCIENNE MAISON AMELIN & RENAUD

ARTICLES POUR MOULINS

GAZES A BLUTER

Chaque Maille Blute

GRAND PRIX EXPOSITION de BARCELONE 1929

OUTILLAGE POUR MOULINS

Chaque Article Dure

Ets TRIPETTE & RENAUD Fils

Société Anonyme au capital de 5.000.000 de francs

37 et 39, rue Jean-Jacques-Rousseau, PARIS

FABRIQUE DE GAZES A BLUTER à SAILLY-SAILLISEL (Somme)

ATELIERS : 32-34, rue Auger, PANTIN (Seine)

À gauche : **Un moulin à vent traditionnel au début du XXe siècle.**

Ci-contre : **Le *Journal de la meunerie* de janvier 1933. Cette revue lancée en 1883 par Charles Bivort marque l'essor de la filière meunière.**

La distribution des moulins en France

Lors de l'Exposition universelle de 1900, la présentation de la meunerie française donna l'occasion de comptabiliser les moulins par une statistique officielle établie en 1896. La France aurait compté 37 051 moulins. Si la statistique est révisable, la perception qu'il s'agissait d'une des plus importantes industries alimentaires, sinon la première de toutes, était acceptée. Un quart des moulins fonctionnait avec son seul meunier. Trois moulins seulement employaient plus de 100 ouvriers. Plus de la moitié des établissements (54 %) travaillaient avec un, deux ou trois ouvriers. Ces petits moulins ne répondaient plus à l'expansion du marché de la farine, qu'il s'agisse de blé, de seigle, d'orge, voire de maïs ou de fèves. En 1906, plus de 7 000 moulins avaient déjà fermé. Tous ceux qui employaient moins de cinq ouvriers diminuèrent leur nombre de 20 % en dix ans. La décroissance n'était pas terminée ! Elle tendait à l'industrialisation de la minoterie par le renforcement des capacités d'écrasement des moulins, en tout cas pour ceux qui étaient établis à proximité des grandes villes, et ceux qui exportaient dans les ports et aux frontières. Le retrait des petits moulins et de leur présence dans un paysage agreste où ils étaient familiers vint de contraintes techniques et de la recherche de productivité. L'emploi de la machine à vapeur pour compenser les irrégularités de la force motrice hydraulique fut un premier argument. L'amélioration des transports modifia la géographie contrainte des approvisionnements de la boulangerie. Le choix des appareils dans le processus de mouture fut surtout décisif.

Au tournant du siècle, la meunerie se transforme en multipliant les innovations.

***Ci-contre :* Dans ce numéro du *Journal de la Meunerie* de 1885 sont présentés les nouveaux équipements en meunerie. Une partie d'entre eux, comme les appareils de bleutage, servent à améliorer le tamisage et rendre la farine plus blanche.**

***À droite :* Gravure du fonctionnement d'un moulin « rustique » en pierre traditionnel. Tiré de l'*Encyclopédie* de Diderot et d'Alembert.**

***Ci-dessous :* Les Moulins pittoresques au Palais de l'agriculture et des aliments lors de l'Exposition universelle de Paris en 1900.**

***Page de droite :* Série de gravures de presse représentant le fonctionnement technique des moulins. Ces gravures ont été réalisées par Charles Fichot à l'occasion de l'Exposition de meunerie et de boulangerie aux Champs-Élysées en 1895.**

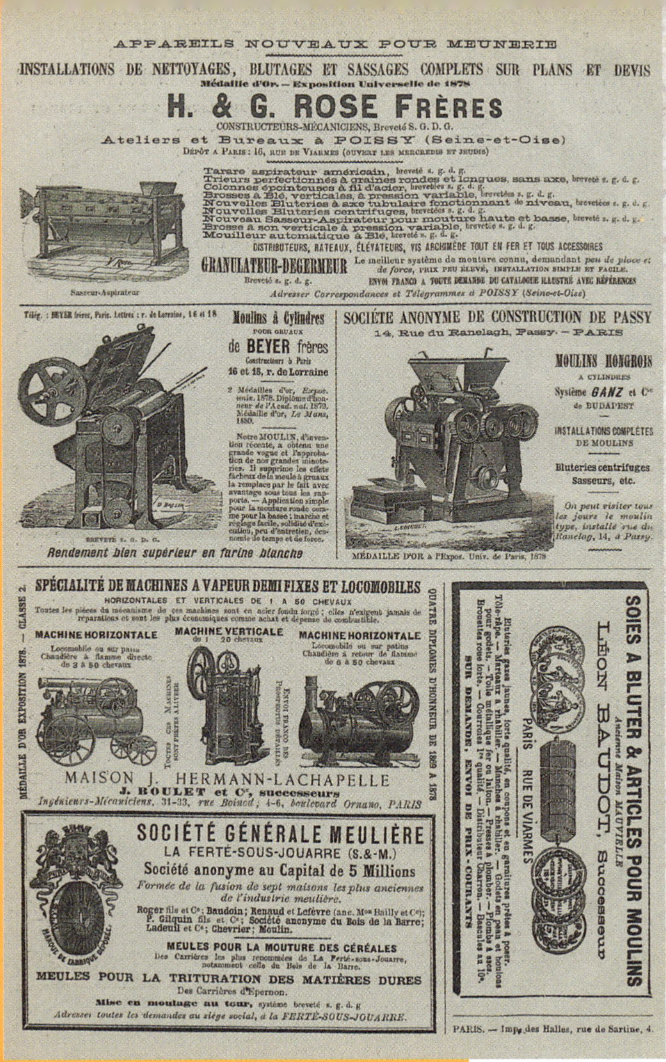
APPAREILS NOUVEAUX POUR MEUNERIE

INSTALLATIONS DE NETTOYAGES, BLUTAGES ET SASSAGES COMPLETS SUR PLANS ET DEVIS

Médaille d'Or. – Exposition Universelle de 1878

H. & G. ROSE FRÈRES

CONSTRUCTEURS-MÉCANICIENS, Breveté S. G. D. G.

Ateliers et Bureaux à POISSY (Seine-et-Oise)

Dépôt à Paris : 16, rue de Viarmes (ouvert les mercredis et jeudis)

Tarare aspirateur américain, breveté s. g. d. g.
Trieurs perfectionnés à graines rondes et longues, sans axe, breveté s. g. d. g.
Colonnes épointeuses à fil d'acier, brevetées s. g. d. g.
Brosses à Blé, verticales, à pression variable, brevetées s. g. d. g.
Nouvelles Bluteries à axe tubulaire fonctionnant de niveau, brevetées s. g. d. g.
Nouvelles Bluteries centrifuges, brevetées s. g. d. g.
Nouveau Sasseur-Aspirateur pour mouture haute et basse, breveté s. g. d. g.
Brosse à son verticale à pression variable, brevetée s. g. d. g.
Mouilleur automatique à Blé, breveté s. g. d. g.

DISTRIBUTEURS, RATEAUX, ÉLÉVATEURS, VIS ARCHIMÈDE TOUT EN FER ET TOUS ACCESSOIRES

Sasseur-Aspirateur

GRANULATEUR-DEGERMEUR Breveté s. g. d. g. Le meilleur système de mouture connu, demandant *peu de place et de force*, PRIX PEU ÉLEVÉ, INSTALLATION SIMPLE ET FACILE.

ENVOI FRANCO À TOUTE DEMANDE DU CATALOGUE ILLUSTRÉ AVEC RÉFÉRENCES

Adresser Correspondances et Télégrammes à POISSY (Seine-et-Oise)

Télég. : BEYER frères, Paris. Lettres : r. de Lorraine, 16 et 18

Moulins à Cylindres pour gruaux de BEYER frères Constructeurs à Paris 16 et 18, r. de Lorraine

2 Médailles d'or, *Expos. univ.* 1878. Diplôme d'honneur *de l'Acad. nat.* 1879. Médaille d'or, *Le Mans*, 1880.

Notre MOULIN, d'invention récente, a obtenu une grande vogue et l'approbation de nos grandes minoteries. Il supprime les effets fâcheux de la meule à gruaux la remplace par le fait avec avantage sous tous les rapports. — Application simple pour la mouture ronde comme pour la basse ; marche et réglage facile, solidité d'exécution, peu d'entretien, économie de temps et de force.

BREVETÉ S. G. D. G.

Rendement bien supérieur en farine blanche

SOCIÉTÉ ANONYME DE CONSTRUCTION DE PASSY

14, Rue du Ranelagh, Passy. – PARIS

MOULINS HONGROIS À CYLINDRES Système *GANZ* et Cie de BUDAPEST

INSTALLATIONS COMPLÈTES DE MOULINS

Bluteries centrifuges Sasseurs, etc.

On peut visiter tous les jours le moulin type, installé rue du Ranelag, 14, à Passy.

MÉDAILLE D'OR à l'Expos. Univ. de Paris, 1878

MÉDAILLE D'OR EXPOSITION 1878. — CLASSE 2.

SPÉCIALITÉ DE MACHINES À VAPEUR DEMI FIXES ET LOCOMOBILES

HORIZONTALES ET VERTICALES DE 1 À 50 CHEVAUX

Toutes les pièces du mécanisme de ces machines sont en acier fondu forgé ; elles n'exigent jamais de réparations et sont les plus économiques comme achat et dépense de combustible.

MACHINE HORIZONTALE Locomobile ou sur patins Chaudière à flamme directe de 3 à 50 chevaux

MACHINE VERTICALE de 1 à 20 chevaux

Toutes ces Machines sont prêtes à livrer

Envoi franco des prospectus détaillés

MACHINE HORIZONTALE Locomobile ou sur patins Chaudière à retour de flamme de 6 à 50 chevaux

MAISON J. HERMANN-LACHAPELLE

J. BOULET et Cie, successeurs

Ingénieurs-Mécaniciens, 31-33, rue Boinod ; 4-6, boulevard Ornano, PARIS

QUATRE DIPLOMES D'HONNEUR DE 1869 À 1878

SOCIÉTÉ GÉNÉRALE MEULIÈRE

LA FERTÉ-SOUS-JOUARRE (S.&-M.)

Société anonyme au Capital de 5 Millions

Formée de la fusion de sept maisons les plus anciennes de l'industrie meulière.

Roger fils et Cie ; Baudoin ; Renaud et Lefèvre (anc. Mon Bailly et Cie) ; P. Gilquin fils et Cie ; Société anonyme du Bois de la Barre ; Ladeuil et Cie ; Chevrier ; Moulin.

Marque de fabrique déposée

MEULES POUR LA MOUTURE DES CÉRÉALES

Des Carrières les plus renommées de La Ferté-sous-Jouarre, notamment celle du Bois de la Barre.

MEULES POUR LA TRITURATION DES MATIÈRES DURES

Des Carrières d'Épernon.

Mise en moulage au tour, système breveté s. g. d. g.

Adresser toutes les demandes au siège social, à la FERTÉ-SOUS-JOUARRE.

SOIES À BLUTER & ARTICLES POUR MOULINS

LÉON BAUDOT, Successeur

Ancienne Maison MAUVIELLE

PARIS RUE DE VIARMES

Bluteries gazes jaunes, forte qualité, en coupons et en garnitures prêtes à poser. Tôle-râpe. — Marteaux à rhabiller. — Manches à rhabiller. — Godets en peau et boulons pour godets. — Toile métallique fer ou laiton. — Presses à plomber. — Plombs à sacs. Brouettes roue forte. — Courroies 1re qualité. — Distributeur Charron. — Bascules au 10e.

SUR DEMANDE, ENVOI DE PRIX-COURANTS

PARIS. — Imp. des Halles, rue de Sartine, 4.

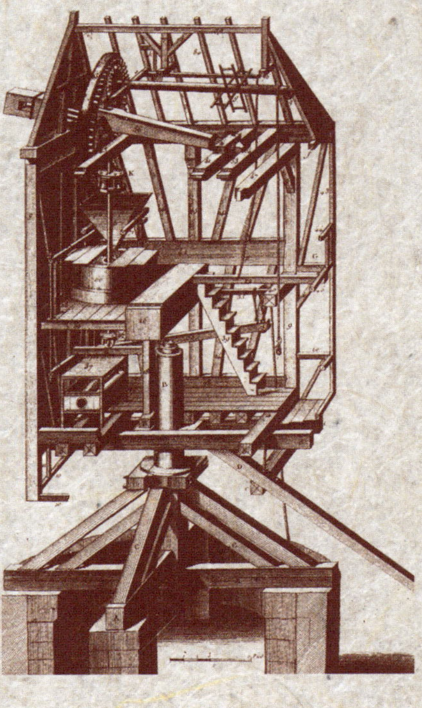

Deux schémas s'opposaient. L'utilisation de meules de pierre n'avait pas figé la technique d'écrasement. La fabrication des meules avait même atteint un degré de perfection marqué par la notoriété de certains constructeurs. La Ferté-sous-Jouarre était un foyer réputé de l'industrie meulière. Face à l'évolution des techniques, les fabricants conçurent de nouveaux modèles. Des meules métalliques reproduisirent les rayonnages nécessaires à la trituration. Des dispositifs de meule inférieure mobile sous la meule dormante fixe améliorèrent le rendement. Le travail au moulin valorisait le savoir-faire du rhabilleur, un ouvrier capable de rénover les meules en pierre en retaillant les stries, pour faire durer le matériel comme pour limiter le besoin de force motrice. L'évolution technique favorisa pourtant une mécanisation de plus en plus poussée.

Le tournant majeur vint de l'application des cylindres de mouture. Les meuniers pouvaient se convaincre des attraits de l'innovation technique à la seule lecture de publicités de constructeurs. La maison Fiechter and Sons de Liverpool résumait bien les atouts présumés dans ses encarts publicitaires du *Journal de la meunerie* en 1883, ajoutant « Remplacez la meule pour maintenir la MEUNERIE (*sic*) au niveau du Progrès[6] ». Les avantages étaient nombreux : écraser les blés les plus durs aussi facilement que les tendres sans les mouiller, isoler les germes et préserver les sons, sasser facilement les semoules, obtenir une farine à meilleur rendement en panification. Les cylindres ne nécessitaient pas de retaillage et leur parallélisme était assuré plus sûrement.

Halle n° 1. — Les moulins en marche

Halle n° 2. — L'intérieur du moulin à cylindres

Halle n° 3. — Les pétrins mécaniques

Halle n° 1. — Le fournil et la boulangerie

Halle n° 2. — La batterie des broyeurs à cylindres

La mouture par cylindres n'était pourtant déjà plus une nouveauté à cette date, mais elle était peu répandue en France. Plusieurs inventeurs avaient lancé cette évolution dès les années 1830. Le pas décisif fut franchi en Hongrie, aux grandes minoteries de Pest, dès 1839, sans que les farines obtenues puissent rivaliser avec les farines de meules. La prépondérance des cylindres devint manifeste en Europe à la fin de la décennie 1870. Des équipementiers hongrois (Ganz) ou suisses (Bühler) amorçaient leur rayonnement international. Les gruaux de type hongrois, purs et blancs, concurrençaient les meilleures farines françaises. Le voyage en Hongrie devint nécessaire pour découvrir et apprendre la technique. Des Français s'y rendirent, comme le Nancéen Louis-Antoine Vilgrain. Dans un contexte de forte inventivité que traduisait le nombre de brevets d'appareils de mouture pris dans le dernier quart du siècle, l'évolution atteignit aussi la France. Mais le passage aux cylindres n'était pas tout. D'autres innovations contribuèrent à transformer les moulins. Le nettoyage du blé connut une amélioration continue au moyen de tarares perfectionnés ou du laveur-sécheur. La bluterie plane, dénommée «*plansichter*» par son nom allemand, améliora le tamisage pour obtenir des farines plus blanches dès la fin des années 1880. Les opérations de sassage pour séparer les produits de mouture par densité affinèrent le processus industriel. Il en alla même jusqu'aux moyens de récupérer les farines folles, échappées dans l'air, qu'il fallait filtrer et récupérer.

Selon nombre d'observateurs, la meunerie française prit également un caractère scientifique au cours de cette période. Des expériences de mouture organisées par la chambre syndicale des grains et des farines de Paris en 1883 affirmèrent la supériorité présumée des pains obtenus avec cette farine blanche. La recherche sur la composition des blés parut un atout supplémentaire pour améliorer le travail des moulins. Le grainetier Vilmorin l'avait exposé au Congrès de la meunerie en 1890. Le laboratoire du Conservatoire des arts et métiers engagea des travaux sur la valeur industrielle des blés. Le questionnement participait d'une circulation internationale des savoirs, répandus en particulier durant les expositions internationales et par des liens professionnels. Le directeur du laboratoire de la boulangerie de Paris, Marcel Arpin, dédia par exemple plusieurs de ses travaux à l'analyse des blés et des farines de Russie. Lors de l'Exposition universelle de Paris en 1900, le Congrès international de la meunerie décida la création d'une association internationale de l'industrie meunière, émanant des syndicats et sociétés de meuniers du monde entier, à l'instigation des délégués de l'Autriche et de l'Allemagne. À la fin du siècle, la meunerie française avait un rang reconnu. Quelques maisons présentaient une notoriété éprouvée. Leurs représentants, experts recrutés dans les jurys des expositions universelles, devaient d'ailleurs placer leur moulin hors des concours pour ne pas être juges et parties. En 1900, ce fut le cas du meunier de Chantilly, Colson-Blanche, de la maison marseillaise Maurel, ou de Louis-Antoine Vilgrain.

L'avènement d'une grande entreprise minotière à Nancy

À la même période, la maison Vilgrain était en pleine ascension. Elle procédait du transfert de la minoterie qu'Émile Bouchotte et son collaborateur Jean-Baptiste Vilgrain avaient développée à Metz depuis le milieu du XIXe siècle. La guerre de 1870 décida d'une réaffectation géographique et de la création d'une nouvelle société. Implantée à Frouard sur la Moselle, la société en nom collectif Émile Bouchotte et Cie mit en route 16 paires de meules en 1873. Trois ans plus tard, la mouture annuelle atteignait 60 000 quintaux. L'ascension entrepreneuriale se poursuivit en peu de temps. En intégrant de nouveaux associés, et surtout en reprenant un moulin à Nancy de la commandite Grégoire et Cie en 1885, les meuniers, qui se déclaraient négociants dans les actes de propriété, bâtirent une affaire de premier plan. C'est là que la conversion aux cylindres avait déjà été adoptée en 1878, comme l'avaient fait d'autres meuniers l'année précédente à Rouen ou Romans. Le capital social dépassait le million de francs en 1892, plus du double quinze ans plus tard. Le cœur de l'entreprise était désormais à Nancy, en plusieurs sites, mais des extensions ne furent pas négligées, notamment vers la Champagne. Le moulin de Pargny-sur-Saulx, acquis en 1893, et celui d'Étrepy, racheté en 1910, étendaient l'affaire vers le département de la Marne et ses cultivateurs. Pour remplacer l'usine de Frouard, plusieurs achats successifs de moulins inaugurèrent le nouveau siècle, en 1901 à Raon-l'Étape, en 1907 près de Lunéville, à Tomblaine en 1910. L'ambition industrielle de la commandite Simon, Bouchotte et Vilgrain, qui devint en 1908 la société Vilgrain et Cie, conduisit à de multiples initiatives. Dès 1894, le moulin de Nancy fut raccordé au chemin de fer de l'Est par un embranchement direct. Les investissements en matériels ne cessèrent de s'amplifier, parfois de manière disparate et en fonction des possibilités d'aménagements spatiaux qui étaient peu commodes. Le stockage des sacs, notamment, s'avéra difficile à optimiser.

En haut : Les moulins de Meaux construits sur pilotis en bois au-dessus de la Marne.

Au milieu : Le moulin de Pargny-sur-Saulx dans la Marne en 1906.

Ci-dessus : Le moulin de Raon-l'Étape en Lorraine.

Ci-contre : Des enfants jouent et posent devant le moulin de Tomblaine, dans les environs de Nancy en 1913.

La société nancéienne gagna en notoriété par ses fabrications. L'apprentissage de la mouture hongroise permit au moulin de Nancy de devenir l'un des foyers de la production de gruaux remarquables. À la fin du siècle, la fabrication mensuelle du gruau de Lorraine dépassait 3 000 quintaux. Leur valeur marchande était très supérieure à la farine commune, mais leur production nécessitait une préparation plus soignée des grains. L'entreprise Vilgrain connut un développement spectaculaire en 1913, en atteignant une mouture annuelle de 680 000 quintaux et une production de près de 100 000 quintaux de gruaux. La progression avait été décisive. Elle s'inscrivait d'ailleurs dans la réputation du moulin. Les en-têtes de facture en portaient la mention : médailles d'or des expositions universelles parisiennes, diplôme d'honneur de l'Exposition de Moscou en 1891, grand prix de l'Exposition de Liège en 1905 et de Turin en 1911, hors concours dans de nombreuses manifestations en participant au jury.

Ci-dessus : **Camion et remorque des Grands Moulins de Nancy, concours de véhicules industriels, juin 1906.**

Ci-dessous : **Les Grands Moulins de Nancy, ici en 1914, marquent le début du développement spectaculaire de l'entreprise Vilgrain.**

Ci-contre : Les figures de la maison Vilgrain.

Jean-Baptiste Vilgrain (1828-1812) s'est associé avec Émile Bouchotte à Metz pour reprendre le moulin de Nancy et fonder la maison Vilgrain et Cie en 1907.

Louis-Antoine Vilgrain succède à Jean-Baptiste à la tête des moulins de Nancy, qu'il modernise. Il est à l'origine du lancement du gruau de Lorraine.

À droite : Récapitulatif des récompenses décernées aux Grands Moulins de Nancy entre 1891 et 1911.

En bas : Le déchargeur à blé et les silos en béton armé des moulins Vilgrain, dont la capacité de stockage s'élevait à 30 000 quintaux.

Page de droite : Différents logos des gruaux proposés par Vilgrain. La farine de gruau est issue de blés tendres, de haute qualité, riches en protéines. Fine et pure, elle a une capacité levante supérieure à une farine de blé classique.

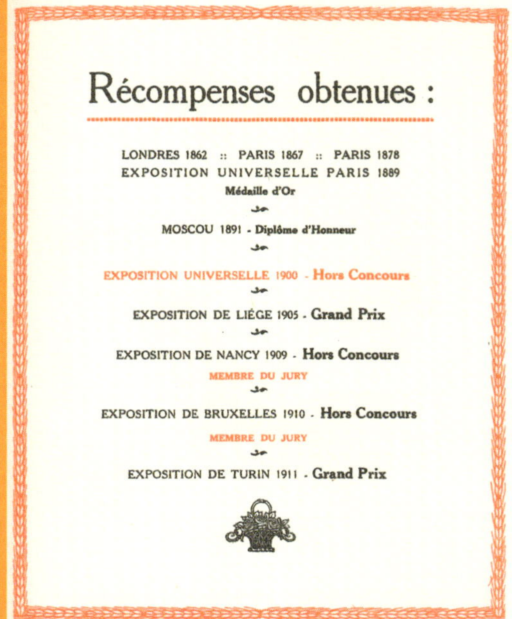

Récompenses obtenues :

LONDRES 1862 :: PARIS 1867 :: PARIS 1878
EXPOSITION UNIVERSELLE PARIS 1889
Médaille d'Or

MOSCOU 1891 - Diplôme d'Honneur

EXPOSITION UNIVERSELLE 1900 - Hors Concours

EXPOSITION DE LIÈGE 1905 - Grand Prix

EXPOSITION DE NANCY 1909 - Hors Concours
MEMBRE DU JURY

EXPOSITION DE BRUXELLES 1910 - Hors Concours
MEMBRE DU JURY

EXPOSITION DE TURIN 1911 - Grand Prix

La décision de tout reconfigurer fut présentée lors d'une assemblée générale le 29 avril 1913. Il fallait d'abord fortifier la société en la transformant en société anonyme. En 1914, elle présentait un capital de 4 millions de francs, à porter à 6 millions en 12 000 actions de 500 francs, dont 8 000 réservées à la société Vilgrain et Cie. La construction d'un moulin moderne, industriel, avec une capacité de mouture de 2 000 quintaux quotidiens, permettant de tout rassembler sur un seul site au lieu de disperser les fonctions, parut indispensable. La Société anonyme des Grands Moulins Vilgrain naquit de l'adhésion générale à ces projets. La transformation était essentielle car elle permettait d'arrêter les sites de Raon-l'Étape, de Lunéville, plus tard de Pargny, et de conserver Tomblaine, qui ne tarda pas à devenir une simple centrale hydroélectrique. Le terrain de l'usine nouvelle dans le quartier des « Grands Moulins » couvrait plus de 72 000 m^2.

Le rayonnement du moulin allait bien au-delà du site usinier. La famille Vilgrain s'identifiait aux grandes familles industrielles et aux grands notables de la Troisième République, appuyés sur des réseaux de sociabilité multiples. Marié à la fille d'un entreprenant meunier des Ardennes, Ernest-Alphonse Hardy-Lebègue, qui était propriétaire de nombreux moulins jusqu'à Roubaix, Louis-Antoine Vilgrain incarnait l'ascension d'une bourgeoisie industrielle régionale. Elle se constituait des grands maîtres de forges, des patrons de brasseries, des entrepreneurs de féculerie en territoire vosgien. En 1909, c'est le directeur du commerce et de l'industrie au ministère du Commerce, Fernand Chapsal, qui lui remit les insignes de chevalier de la Légion d'honneur. Elle lui fut décernée pour avoir installé à Nancy la fabrication de farines de luxe et avoir ainsi contribué à affranchir le marché français tributaire des minoteries hongroises pour obtenir cette marchandise. La minoterie lorraine plaçait Nancy au premier plan, devant Lunéville et Charmes. Administrateur de la Banque de France, membre de la chambre de commerce de Nancy, dont il devint le président en 1903, président du Syndicat des grains et farines de l'Est, président du Comité central des meuniers de France, Louis-Antoine Vilgrain ne manquait pas de relais influents.

GRUAU DE LORRAINE
R
Nancy
SIMON BOUCHOT
ET VILGRAIN
SIMON-BOUCHOTTE ET VILGRAIN NANCY
GRUAU DE LORRAINE
F
GRUAU de LORRAINE
R
SIMON-BOUCHOTTE
ET VILGRAIN
NANCY
GRUAU de LORRAINE
R
SIMON BOUCHOTTE
ET VILGRAIN
·NANCY·
GRUAU DE LORRAINE
F
VILGRAIN ET Cie
·NANCY·
LA FLEUR LORRAINE
VILGRAIN & Cie
NANCY
TOILE PRÊTÉE
GRUAU de LORRAINE
NANCY
F
SIMON-BOUCHOTTE et VILGRAIN
·NANCY·
GRUAU DE LORRAINE
F
SIMON-BOUCHOTTE-ET-VILGRAIN
GRUAU
F
Chrysanthème
GRUAU FRANCO RUSSE
S. REISZ · PARIS
GRUAUX "LE SOLEIL"
S. PHILIPPE · PARIS
GRUAU
S. REISZ
GOURMETS

À gauche: **Des boulangeries de qualité se développent à mesure que la qualité de la farine s'améliore. Photographie d'une boulangerie située au 38, rue des Blancs-Manteaux à Paris en 1910.**

Page de droite

Au milieu: **Affiche publicitaire pour Petitjean, biscuiterie de Reims, datant de 1896.**

En bas: **Au tournant du siècle, on trouve encore de nombreuses porteuses de pain qui livrent directement à domicile, parfois plusieurs fois par jour. Elles livrent les pains en charrette à bras ou dans un grand tablier bleu qu'elles relèvent contre elles.**

LE PAIN AU CENTRE DES PRÉOCCUPATIONS

La boulangerie : un commerce majeur

Fondement de cette notoriété, la farine. Les Grands Moulins Vilgrain adressaient à leurs meilleurs clients une luxueuse brochure de présentation de la « Fleur lorraine, Plomb d'Or ». Le destinataire pouvait lire : « Le succès obtenu par notre Gruau de Lorraine Plomb d'Or a dépassé nos prévisions les plus optimistes. Cédant à la demande de nos amis de la Boulangerie, nous nous sommes décidés à créer une farine supérieure de premier ordre, à l'usage de la "Boulangerie de Luxe[7]". » De fait, la fabrication de cette farine, dont la marque fut déposée le 5 mars 1895, passa de 20 000 quintaux en 1901 à plus de 100 000 avant la guerre. Les ventes étaient réalisées pour plus de 40 % à Paris. Présenté en petits sacs de 500 grammes à 5 kilos, le gruau de Lorraine s'adressa aussi aux ménagères à partir de 1912. Caractéristique des belles farines blanches, obtenues par la mouture en cylindres, le gruau permettait la production d'un pain éponyme. Il justifiait que les vitrines des meilleures boulangeries en portent la mention attractive. À Marseille aussi, le gruau devint une marque de fabrique. La société Pennequin et Storione, fondée en 1891, s'investit d'abord dans le négoce des grains et farines comme « meunier en chambre », faisant travailler à façon les blés achetés et revendant la farine. Sous la conduite de Michel Storione, elle porta son attention vers des farines dites « de force » au gluten garanti. Elle proposait le gruau sous l'appellation « La Marseillaise ». Le moulin qui produisait 390 000 quintaux avant la guerre mit en avant sa minoterie à cylindres et ses farines de type hongrois.

Le pain de gruau avait acquis une grande réputation liée au terme même de « gruau ». Au XVIIIe siècle, il servait à désigner des fragments de grain issus d'un premier passage du blé entre les meules selon le procédé de mouture haute ou ronde. Le second passage livrait de la farine d'une qualité supérieure. L'usage se transmit, d'autant que sa fabrication requérait des conditions multiples : grain permettant un toucher soyeux de la farine, tenue des pâtes incitant l'emploi de blés de force boulangère assurée, parfums spécifiques associés à des terroirs comme s'il s'agissait de grands crus.

Il n'était pourtant qu'un pain parmi d'autres, la variété des façons boulangères n'ayant cessé de s'accroître au cours du XIXe siècle. Pains ronds, pains roulés et allongés, pains fendus, couronnes, flûtes et pains à café étaient connus dans les années 1900. Il y avait aussi une certaine diversité régionale : pain tordu de Bordeaux, pain brié de Normandie, pain dit « de Marseille ». Sans compter tous les pains spéciaux au sarrasin, au seigle, à l'orge, et encore pain anglais, pain allemand ou pains destinés à des usages spécifiques. L'empereur, pain en rosace à cinq branches, restait le pain idéal des banquets, quand le pain viennois gardait tout le prestige qu'il suscita avec de belles farines à l'Exposition universelle de 1867. En bref, plus de 50 sortes de pain se vendaient à Paris à la fin du siècle.

La corporation boulangère couvrait l'ensemble du territoire. L'enquête de l'Office du travail publiée en 1893 notait néanmoins une grande variété de situations entre les artisans. La plupart des boutiques présentaient le même spectacle. La femme de l'ouvrier boulanger, attachée à peser tous les pains qui n'étaient pas de luxe, délivrait les produits et consignait les crédits dans un espace de vente simple. Le portage pouvait s'annexer au magasin. Qu'il s'agisse du roman de Xavier de Montépin, de magnifiques pastels de Steinlen ou de photographies présumées restituer le

Ci-contre : **Dessin des Fêtes de la boulangerie française lors de l'Exposition de meunerie-boulangerie de 1905, dans la galerie des machines. Des porteuses de pain défilent devant les visiteurs.**

pittoresque de la rue, la porteuse de pain figurait un personnage familier au métier épuisant. Dans les grandes villes, le magasin prit de plus en plus la forme d'une boutique élégante, aux peintures extérieures apprêtées et au cuivre rutilant des étagères achetées auprès d'installateurs spécialisés. La boulangerie de haut luxe, dite « viennoise » en référence au commerce des petits pains répandus depuis les années 1840, côtoyait la pâtisserie aux commerces secondaires de sirops et confiseries, et la boutique de gros pain destiné aux clientèles nombreuses. Les vitrines les plus repérables portaient la liste des produits en lettres peintes. Les commerces des quartiers centraux, recherchés par les boulangers dynamiques, devinrent même le cadre d'une débauche décorative, que le Syndicat des boulangers déplorait avant la Première Guerre mondiale tant l'écart entre le caractère élémentaire de la marchandise et la somptuosité de certaines façades finit par choquer. Mais toutes les boulangeries ne faisaient pas fortune. Les 50 sacs de farine extra que le meunier Vilgrain expédia de son moulin de Pargny-sur-Saulx à un boulanger de Châlons-sur-Marne en 1912 pour un montant de 1 750 francs, ne furent jamais payés en raison de la faillite du boulanger[8].

Néanmoins, la tendance fut plutôt à l'accroissement du nombre de boutiques. Paris comptait 2 751 patrons ou patronnes de boulangeries en 1891. Leur personnel artisanal – plus de 9 000 personnes – se distribuait à raison de 44 % d'ouvriers en gros pain, 7,5 % de « viennois » et autant de pâtissiers, 32 % de porteuses et 8 % de porteurs. En banlieue, le nombre de commerces tombait à 513. La liberté d'établissement de la boulangerie décidée par décret en 1863 favorisa la concurrence. À Lyon, le nombre de boulangeries passa de 400 durant la décennie 1860 à 695 en 1911[9]. Mais la liberté du boulanger n'était pas complète. Au Congrès de la boulangerie de 1884, la corporation demanda fortement d'être libérée de la taxe municipale qui pesait encore sur ce commerce. Elle ne fut pas entendue.

À gauche : La une du *Petit Journal* du 28 avril 1907 représente des ouvriers boulangers au travail : l'un enfourne le pain tandis que l'autre porte des miches. En dépit des conditions de travail difficiles, beaucoup de boulangers continuent de travailler et ne participent pas à la grève.

Ci-dessous : Logo du gruau de Lorraine, moulin de Vilgrain.

À droite : Grève des ménagères dans le Nord de la France lors de l'été 1911. La grève s'étend à Maubeuge, Valenciennes, Haumont, jusqu'à Brest et en Saône-et-Loire. Un cortège de femmes manifeste en raison de l'augmentation des produits d'alimentation. Le pain, la viande et les produits laitiers ont connu une inflation importante en raison des sécheresses cette année-là.

Le pain, sujet politique

Le prix du pain était fondé sur le prix de la farine, celui de la farine étant lui-même lié à celui du blé. Une logique inextricable, dont se sont emparés parlementaires et économistes, donnant au sujet un aspect très politique. Il prenait des proportions nationales lorsque les crises de vie chère rendaient la question encore plus sensible. Jean Jaurès, par exemple, exprima ses positions au cours du débat protectionniste sur les prix du blé et du pain en 1887. Il notait que le sujet mettait aux prises l'intérêt des villes et celui des campagnes. Il soulignait : « Les ouvriers ne veulent pas payer leur pain plus cher, et les producteurs de blé, qui bien souvent sont eux aussi des travailleurs, levés avant le jour, veulent vivre[10]. » Le président de la Société d'économie politique et membre de l'Académie des sciences morales et politiques, Frédéric Passy, prit part lui aussi au débat, s'exprimant à la tribune du Congrès de la boulangerie en 1889 par une conférence sur la question du pain et la taxe, en faveur de la liberté. Pour beaucoup d'observateurs, en tout cas ceux du Syndicat de la boulangerie, l'entrave à la liberté commerciale de la boulangerie, risquant l'obligation d'une vente à perte, desservait la qualité du pain.

Les débats ressurgirent maintes fois dans les décennies suivantes, jusqu'à la guerre, lors d'épisodes de vie chère ou d'augmentation du prix du pain, l'article le plus en vue de consommations quotidiennes. La très sérieuse *Revue politique et parlementaire* livra en 1897 un article d'un député du Pas-de-Calais sur la question. Données à l'appui, il apparaissait qu'entre 1885 et 1895, l'écart de prix du blé varia de 45,6 % au maximum, celui de la farine de 34,5 % et celui du pain de première qualité de 23,3 %. S'ils pouvaient connaître des sursauts violents à Paris, les prix du pain variaient en province, mais dans des intervalles proches. En août 1897, le kilo de pain coûtait 38 centimes à Arras, 21 centimes à la boulangerie coopérative de Blois, 32 centimes à Bar-sur-Aube, 35 centimes à Albi. Les préconisations du député visaient à réformer les prix par la réduction des tarifs de transport du blé, par la limitation des droits d'octroi des villes, par la mise en place de l'admission temporaire, sous forme d'un volume, de blés exotiques importés dans les régions où manquaient les céréales, compensée par l'exportation d'un volume de farines équivalent depuis les régions où la production était excédentaire[11].

Le sujet n'était pas épuisé. Au cours des années qui précédèrent la Première Guerre mondiale, le prix du pain explosa à Paris, suscitant mise à sac de boulangeries et exaspération contre la vie chère. Le prix du kilo de pain qui était resté sous la barre des 35 centimes – soit le 1/9e du salaire journalier d'une lingère – connut une hausse continue, le portant à 43 centimes en 1913. La mobilisation des ligues de consommatrices, la mise en exergue du modèle coopératif et les campagnes de presse placèrent le pain au centre de toutes les préoccupations. Il l'était déjà lorsque le père de Louis-Antoine Vilgrain défendait son opposition au protectionnisme douanier et à l'établissement d'un droit de 5 francs par 100 kilos de céréales entrées en France en 1884. Selon Jean-Baptiste Vilgrain, le grand propriétaire amplifierait sa rente, certainement, mais l'ouvrier et sa famille de cinq enfants consommant quotidiennement 4 kilos de pain le paieraient sur leur maigre budget[12].

1914-1938
2. L'essor de la coopération agricole en Champagne

La période de l'entre-deux-guerres reste marquée par des prix incontrôlables, fluctuant au gré de l'inflation. Elle souligne également les écarts de fortune entre des épargnants en faillite et des nouveaux riches aux manières tapageuses. Pour les gens de l'époque, elle a surtout mis en avant la nécessité de repenser les organisations sociales, et en particulier celle de la coopération agricole, pour faire face aux bouleversements provoqués par les quatre années de conflit.

LES REMISES EN CAUSE DE LA PREMIÈRE GUERRE MONDIALE

La question cruciale du ravitaillement en blé

L'approvisionnement alimentaire de la France durant la guerre ne put être maintenu qu'à force d'importations coûteuses. Les céréales avaient atteint 9 % de la valeur des importations en moyenne sur cinq ans. La question du pain décida l'État à intervenir directement sur les marchés. L'encadrement ne cessa de se renforcer jusqu'à la fin du conflit pour contenir les prix alimentaires puis organiser les rationnements. Avoir du blé devint une préoccupation majeure. Importer les matières premières et répartir les approvisionnements engendraient en effet des tâches considérables, de la mise en œuvre contractuelle des marchés extérieurs jusqu'à l'acheminement des blés et des farines en tout point du territoire. Au service du ravitaillement de la population civile, apparu en 1914 sous la direction de Fernand Chapsal, succéda, le 20 mars 1917, un ministère du Ravitaillement. Transformée en sous-secrétariat du ministère de l'Agriculture, la nouvelle administration ne fut pas supprimée avant 1921.

Elle fut confiée à Ernest Vilgrain. Diplômé de l'École de commerce de Nancy, technicien très au fait de la minoterie, habitué des achats de céréales à l'étranger pour l'entreprise familiale, il exerçait des fonctions directement liées aux approvisionnements internationaux en blé depuis 1915. Rattaché au ministère du Commerce, il participa en 1916 à la création du Wheat Executive, un organisme interallié d'achat de blé. Le ministre du Commerce, Étienne Clémentel, était très favorable à cette stratégie concertée pour soutenir l'effort économique commun. Lui-même issu d'une famille de minotiers auvergnats, parlementaire expérimenté et ministre de l'Agriculture en 1913, il défendait une mobilisation économique accrue sous l'égide de la puissance publique. Jean Monnet, qui s'en était entretenu avec le directeur anglais de la réquisition des navires, Arthur Salter, a rappelé dans ses *Mémoires* l'avènement de cette « Commission exécutive pour le blé[13] ». Vilgrain travailla aux côtés d'un Italien et d'un Anglais pour édifier ce système de coopération commerciale internationale depuis Londres. Ils se voyaient chaque jour, échangeaient les informations sur les stocks, déterminaient les achats à faire. Les blés américain, argentin, australien pouvaient bien être expédiés. Encore fallait-il qu'ils parvinssent à destination lorsque la guerre sous-marine fut déclenchée.

En France, la production de céréales se réduisit au fil du conflit. Après trois ans de guerre, la récolte de blé avait fondu de 41 %, celle d'avoine de 59 %. Maintenir le prix du pain demandait donc des mesures drastiques. La taxation de la farine commença en octobre 1915. Puis la réquisition des céréales fut décidée. Le 7 avril 1917, le blé était taxé à son tour. La liberté commerciale n'existait plus. Même la taxation ne suffit plus à contenir les prix. Pourtant, elle tripla entre 1916 et la fin de la guerre. L'encadrement se renforça dans tous les domaines : inspection des meuneries, augmentation du taux de blutage (jusqu'à 85 %), création d'un Office central des céréales, puis d'offices départementaux et d'un comité central de la meunerie, et l'établissement de cartes de rationnement individuel. En 1917, l'État décida que les producteurs de blé ne pouvaient plus vendre qu'à l'État. Les incitations à ne rien gâcher et à se priver de gâteaux devinrent le contexte déprimant de l'arrière. Un conseiller de préfecture qui dirigeait le bureau local des céréales écrivit : « L'ensemble de ces mesures représente le type le plus parfait de l'étatisme[14]. »

Les terres ravagées de Champagne

Si, à l'arrière, la situation était difficile, elle l'était encore plus au front et à ses abords. En Champagne, la vie civile n'était qu'à quelques kilomètres des tranchées, des obus, des morts. À l'automne 1914, les armées s'étaient fixées face à face au nord de Reims. La ferme de la famille de Bohan située à Fresne était en plein milieu du front de plus de 100 kilomètres, dans les positions allemandes. Leurs occupants furent déplacés dans les Ardennes. Les champs qui portaient des céréales quelques mois auparavant étaient désormais lacérés par 13 000 kilomètres linéaires de tranchées et de boyaux[15]. Certains lieux sont entrés dans la mémoire en raison des combats acharnés qui s'y déroulèrent. Les batailles de la Marne, le front de l'Argonne, le Chemin des Dames évoquent toujours l'effroi. La conquête de la cote 108 fit de Berry-au-Bac un lieu d'affrontements terribles en juin 1915, lorsque cinq tonnes d'obus y explosèrent, et à nouveau en avril 1917, dans un sol marécageux et collant, à proximité de la sucrerie détruite. L'hécatombe fut dramatique.

La guerre finie, la Champagne rurale garda les traces des bombardements et de la dévastation dans son sol crayeux. Les terres retournées laissaient un paysage lunaire. Un peu plus loin, dans les Ardennes, l'occupation allemande avait

Page précédente : Les Grands Moulins de Romilly-sur-Seine dans l'Aube (SCARM).

À gauche : Les terres de l'Est de la France ont été durement frappées durant la Première Guerre mondiale. Ici, face à la première ligne ennemie, les soldats français préparent l'offensive dans la craie champenoise, ils organisent un entonnoir où toute la compagnie pourra lancer l'assaut.

En bas : En Champagne, les soldats créent les tranchées qu'ils équipent d'un Décauville, utile au ravitaillement.

imposé de dures restrictions à ceux qui n'avaient pu partir. À Reims, les rues de la ville témoignaient des combats par l'ampleur des ruines. Ceux qui revinrent en Champagne après 1918 constatèrent le drame : 117 communes marnaises à moitié détruites, plus de 27 000 fermes délabrées, presque 24 000 hectares de terres agricoles inutilisables. Ce n'était pas mieux dans le département voisin de l'Aisne, où seules six communes sortirent indemnes. La reconstruction prit quatre ans dans toute la région. La ferme de l'avenir était imaginée par des architectes ruraux dans le Pas-de-Calais comme dans l'Aisne. Hygiène, mécanisation, électricité devaient caractériser une reconstruction agricole inspirée par les projets d'avant-guerre et, plus lointainement, les fermes modèles.

Les élections municipales et législatives confirmèrent l'orientation radicale-socialiste du département de la Marne et la moindre audience de la droite. Partout, en revanche, les monuments aux morts montrèrent unanimement la saignée des populations. Le choix des emplacements était discuté, comme ce fut le cas à Bazancourt où l'inauguration n'eut lieu qu'en 1925. À Fresne, l'effort collectif mobilisa les 206 habitants qui voulurent honorer les 16 morts d'un village quasiment détruit. Mais l'inauguration ne masqua pas les dissensions d'opinion, les opposants à la mairie étant partis ce jour-là à Verdun.

Affiche de propagande de 1916 signée de Suzanne Ferrand « Semez du blé, c'est de l'or pour la France ». Durant la guerre, le blé devient une culture hautement stratégique pour ravitailler le front.

À gauche : **Au lendemain de la guerre, la coopération agricole s'inspire des premières initiatives de l'économie sociale. Caricature de Jean-Baptiste André Godin en 1883. Il tient dans ses mains un plan intitulé « Familistère du Palais social ».**

Ci-contre : **Vue du Vooruit à Gand, une coopérative ouvrière composée de plusieurs bâtiments. Le *Feestlokaal Vooruit*, édifié en 1913, propose aux ouvriers des animations et activités culturelles.**

Ci-dessous : **Dans l'Est de la France, il existe un fort esprit coopératif influencé par le catholicisme social théorisé dans le Mémorial de Frenes de Gustave de Bohan.**

À droite : **Portrait de Léon Harmel, patron catholique influent de la région champenoise de la filature de laine Harmel Frères au Val-des-Bois.**

En bas : **La filature de laine Harmel Frères au Val-des-Bois, présentation des enfants.**

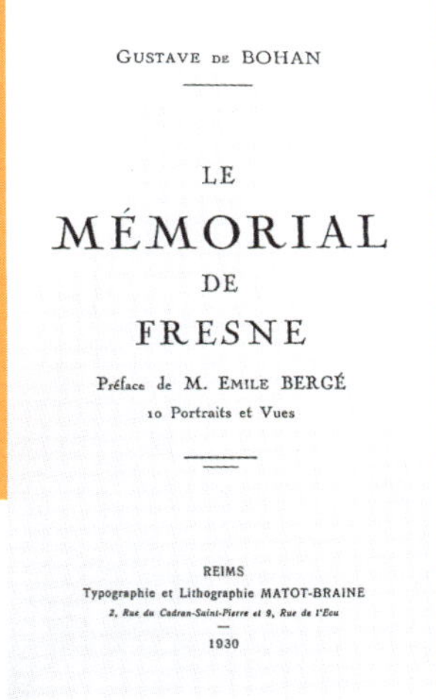
GUSTAVE DE BOHAN

LE
MÉMORIAL
DE
FRESNE

Préface de M. EMILE BERGÉ
10 Portraits et Vues

REIMS
Typographie et Lithographie MATOT-BRAINE
2, Rue du Cadran-Saint-Pierre et 9, Rue de l'Écu
1930

COOPÉRER POUR DÉVELOPPER DES INTÉRÊTS COMMUNS

L'héritage d'un modèle d'économie sociale

Cependant, d'autres préoccupations se firent jour dans les campagnes. Il fallait relancer la production, libérer le commerce, transformer les cadres économiques. Certains acteurs du monde rural aspiraient à des formes d'entraide nouvelles, comme l'avait anticipé la création des syndicats agricoles. À la fin de la guerre, le gouvernement créa un Conseil supérieur de la coopération. Les idées du solidarisme, inspirées par Léon Bourgeois, et celles du mutualisme, qui avaient convergé vers une économie sociale au cours du XIXe siècle, se renouvelèrent. Elles héritaient d'une longue histoire.

Lors de l'Exposition universelle de 1900, un palais de l'économie sociale avait abrité les présentations de plus de 4 000 exposants et de nombreuses conférences. Pas moins de 26 nations participèrent. La diversité des cas refléta l'extension de la coopération et des œuvres mutuelles : apprentissage, syndicats ouvriers, réglementation du travail, logements collectifs, coopératives de consommation, associations agricoles. Parmi toutes les institutions présentes, 4 % relevaient d'initiatives françaises. Certaines étaient spécifiquement agricoles et furent des pionnières : la Société de crédit mutuel agricole de Salins, fondée en 1884 par le Syndicat agricole de l'arrondissement de Poligny, une fromagerie coopérative née dans l'Aisne en 1887, la laiterie coopérative de Chaillé, ouverte en 1888 par des agriculteurs des Charentes.

Développé comme une compensation des effets du capitalisme industriel, le mouvement de l'économie sociale avait plusieurs sources. Les phalanstères de Charles Fourier visaient, dans les années 1840, à rationaliser les coûts de production. Des industriels avaient très tôt recherché une organisation sociale dans le cadre de l'entreprise. De Robert Owen en Écosse à Jean-Baptiste Godin au familistère de Guise, les exemples furent nombreux. La mise en œuvre de coopératives s'inscrivait dans cette quête. Au milieu du XIXe siècle, le saint-simonien Philippe Buchez prônait l'association des producteurs à l'image des fruitières jurassiennes du XVIIIe siècle. En Allemagne, les caisses de crédit agricole Raiffeisen préparèrent l'avènement de banques mutualistes et un très fort mouvement coopératif agraire dès les années 1850. Des assurances mutuelles de coopération agricole se développèrent au Danemark, en Allemagne, en Belgique, plus tardivement en Italie ou aux Pays-Bas. Les coopératives de consommation, portées par une éthique politique affirmée, aussi socialiste que paternaliste ou chrétienne, connurent une croissance formidable en Europe occidentale. Des créations originales devinrent des modèles de référence, comme le Vooruit socialiste de Gand et sa boulangerie qui adaptait ses fabrications aux souhaits des clientèles[16], ou les fermes coopératives au Danemark. L'enjeu était tel qu'une rivalité doctrinale fit bientôt des coopératives le support d'une obédience. En Belgique, les coopératives chrétiennes devinrent le moyen de contrer la propagande socialiste à travers le Boerenbond, sous forme d'associations d'achat et de vente en commun à l'échelle des paroisses. Le mouvement connut une forte expansion en Wallonie, proche des Ardennes, y diffusant son influence. Un peu partout en Europe, la coopération agricole prit forme pour répondre à la déstabilisation du monde des campagnes confronté à la fois au commerce mondial et aux mutations du travail agraire.

L'esprit champenois : entre mutualisme et catholicisme social

Les territoires des Ardennes, de la Marne et de l'Aube avaient été réceptifs à ces mouvements, avec un net avantage pour les Ardennes, qui comptaient presque une centaine de coopératives de consommation, alors que dans l'Aube on en dénombrait moins d'une quarantaine et dans la Marne à peine une vingtaine. Les Ardennes avaient porté un fort mouvement mutualiste dans les foyers industriels du département. L'inverse apparaissait au sujet des caisses de crédit agricole, dépassant la centaine dans la Marne, quand les deux autres départements n'en cumulaient que la moitié[17]. Plus précisément encore, Reims développa l'intérêt mutuel. L'ascension du succursalisme en témoigne. Il débuta en 1868 par la création des Établissements économiques des sociétés mutuelles de la ville de Reims, pour fournir différents produits aux sociétaires au prix de revient. En 1885, la Société rémoise amorça une autre innovation, celle du premier groupement d'achats en commun dans l'épicerie. En 1914, elle comptait 459 adhérents dans la Marne. En 1887, les Docks rémois lancèrent une affaire similaire qui prospéra, tout comme le firent les épiceries Goulet-Turpin après 1900. En 1914, les entreprises rémoises avaient diffusé leur modèle à travers plus de 2 400 succursales en France[18]. L'ambition qui avait présidé à la constitution du Syndicat agricole de la Champagne ne déclina pas non plus. L'influence du patron catholique Léon Harmel grandit même. Le siège du syndicat était établi au Val-des-Bois sur son domaine. Plusieurs réunions générales y avaient lieu chaque année, occasion de faire venir des conférenciers pour discuter les intérêts des agriculteurs. Le catholicisme social, inspiré par le pape Léon XIII et son encyclique *Rerum Novarum,* s'étendit à tous les aspects de la société. Il s'intéressait à la modernisation agricole comme aux misères du monde ouvrier. La Semaine sociale tenue à Rennes en 1924 avec pour thème central celui de la terre dans l'économie nationale en était une preuve manifeste[19].

Les objectifs étaient d'abord de lutter contre le moindre attachement du monde des campagnes à l'Église, et tout autant de combattre l'individualisme promu par les idées libérales. L'évolution économique qui se traduisait par un exode rural incitait les penseurs du catholicisme social à rechercher les voies d'une modernisation, tant dans les pratiques culturales que dans l'amélioration des équipements de la ferme. Les propriétaires fonciers devaient en être des acteurs centraux. Exprimée dès les premières années de l'Œuvre des cercles catholiques d'ouvriers par Albert de Mun et Léon Harmel, cette mobilisation avait favorisé la médiation de syndicats agricoles animés par de grands propriétaires. La préface donnée à l'édition du *Mémorial de Fresne* par le conseiller général du canton de Bourgogne de 1913 à 1925, Émile Bergé, rendait compte en 1930 de cette incarnation par Gustave de Bohan. Agriculteur, lecteur avide de savoirs économiques, il conçut son rôle au sein du Syndicat comme celui d'un fédérateur, en fondant des sections, en développant des mutuelles et des caisses rurales, tout en dispensant une vision qui associait la terre et la conviction religieuse. L'idée d'une Providence bienveillante était partagée par Léon Harmel et Gustave de Bohan.

Du syndicalisme à la fondation de la Providence agricole

Les règles applicables aux syndicats agricoles changèrent après la guerre. La loi du 5 août 1920 sur le crédit et la coopération agricole ouvrit de nouvelles perspectives. Elle facilita les avances à long terme sans intérêt dispensées par les caisses de crédit agricole mutuel nouvellement créées et disposa des règles de protection de l'investissement des sociétaires. Réservées aux sociétés qui demandaient des prêts, ces décisions s'étendirent à toutes les coopératives par un décret-loi du 8 août 1935. Les parts sociales des associations devaient être rémunérées par des intérêts fixes et limités. Les réserves des coopératives n'étaient pas divisibles. Une règle d'équilibre prévalait : un homme, une voix. Cette évolution permit non seulement de mobiliser des moyens financiers par le crédit agricole mais engendra aussi la croissance du syndicalisme. En 1925, le ministère du Travail recensait 1,2 million d'agriculteurs engagés. Au-delà du syndicat local, la création d'unions de syndicats renforçait le mouvement. Le crédit agricole comptait 3 583 coopératives réparties en laiteries (51 %), sociétés de battage et d'utilisation de matériel (17 %), boulangeries (12 %) et caves (7 %). Les coopératives de vente et les coopératives d'approvisionnement ensemble ne dépassaient pas 8 % de ces établissements. À la même période, Charles Gide fit porter ses leçons au Collège de France précisément sur la coopération agricole.

Le Syndicat agricole de la Champagne s'adapta. Le 13 décembre 1921, Gustave de Bohan fut chargé de régler toutes les demandes à déposer à la commission cantonale des dommages de guerre. Quelques mois plus tard, la situation financière du syndicat permettait de le doter de son propre immeuble. En 1928, une assemblée générale de 213 adhérents présents décida de promouvoir une Fédération des syndicats agricoles de la Champagne et régions limitrophes[20]. L'extension géographique appelait l'intégration du Syndicat de Chiers et Meuse. Elle permit aussi de faire entrer des administrateurs issus de la viticulture. L'objet social restait la synergie des syndicats pour l'étude et la défense des intérêts agricoles comme une agence de renseignement. Elle servait à guider les syndicats, en particulier concernant les marchés et les techniques. Une de ses missions modernisatrices était de faciliter l'analyse des terres, engrais et toute autre matière. Elle pouvait également créer ou administrer des institutions professionnelles de prévoyance, des laboratoires, des champs d'expérience, des œuvres d'éducation scientifique agricole ou sociale, notamment une bibliothèque ou des cours. La Fédération avait le droit d'acheter toutes matières et tous équipements pour les louer aux différents syndicats, sans distribution de bénéfices ou de ristournes. Administrée par un bureau d'une quinzaine de membres élus pour neuf ans et renouvelés par tiers, la Fédération devait rendre compte à l'assemblée générale, où les syndicats étaient représentés selon une pondération d'une voix pour 50 membres. La cotisation fut fixée à 12 francs par an et par membre. La liberté d'action syndicale n'était tout de même pas complète. Ne pouvant faire acte de commerce, il parut nécessaire de dissocier l'action du syndicat et les missions d'une coopérative.

La création de la Providence agricole de la Champagne le 3 septembre 1927 s'est inscrite dans ce long héritage d'intérêts collectifs. La référence religieuse resta essentielle. Elle procédait des convictions et des pratiques de ses fondateurs. Des avis furent-ils demandés à des coopérateurs catholiques belges ? En tout cas, il y eut des contacts pour ménager une rencontre à Rouen avec des délégués de Namur. En septembre 1928, le chanoine Cordier, fondateur d'une Ligue agricole belge en relation avec le diocèse normand, s'étonna que les statuts ne lui aient pas été remis pour ménager ses commentaires[21]. Ils furent confirmés en assemblée générale le 10 septembre 1927 et revus le 8 septembre 1934. La coopérative pouvait désormais effectuer toutes opérations de production, de transformation, de conservation, de vente en commun des produits agricoles de ses adhérents et de leurs exploitations. Son capital social originel de 5 000 francs divisés en 50 parts de 100 francs pouvait être porté à 200 000 francs par de nouvelles souscriptions.

L'éthique originelle du Syndicat agricole de la Champagne, très marquée par le catholicisme social, resta la matrice d'un esprit chrétien de la coopérative. Au Syndicat agricole de la Champagne à Reims, les réunions commençaient par une messe à la chapelle de la rue Brûlée. À la Providence, les pratiques intégraient aussi un encadrement religieux. L'aumônier du diocèse siégeait pour donner un avis éclairé à la coopérative. L'abbé Vieillard fit observer un jour que des commerçants de la région de Vitry-le-François vendaient les engrais moins chers que la Providence agricole. Il s'en étonnait et s'en exprima dans le *Journal de la Ligue du bon pain*. En 1937, deux abbés assistaient aux réunions du Conseil. Les assemblées générales étaient précédées de la prière. Les aumôniers assistaient les coopérateurs dans les étapes de la vie. Le grand portail d'entrée du siège rémois de la coopérative au 5, rue Foch le signalait à tout visiteur. Au sommet d'une ferronnerie travaillée pour rappeler les fruits de la terre, grappe de raisin et épi de blé, trônaient le labour profond de la charrue au soc enfoncé dans le sillon et la croix chrétienne. *Cruce et Aratro* ! Les mêmes symboles figuraient toujours sur la médaille frappée au cinquantenaire de la Providence agricole, portant en effigie la figure tutélaire de Gustave de Bohan. La coopérative était portée par une foi catholique que rappela d'ailleurs son président après la Seconde Guerre mondiale. Robert Mangeart jugeait que la coopérative ne répondait pas seulement à des choix économiques de solidarité professionnelle, elle visait à « se comporter comme une grande famille[22] ».

À gauche : Issue du syndicalisme agricole, la Providence agricole de la Champagne est créée en 1927. Médaille anniversaire de la Providence agricole à l'effigie de Gustave de Bohan, son créateur.

Dans l'Aube, sont créées au lendemain de la guerre deux coopératives : la Société coopérative agricole de la région de Romilly Mery (SCARM) et la Coopérative agricole de la région de Brienne (CARB).

***À droite :* Les moulins de Brienne-la-Vieille dans l'Aube (CARB).**

***Ci-dessous :* L'assemblée constitutive de la CARB en 1921.**

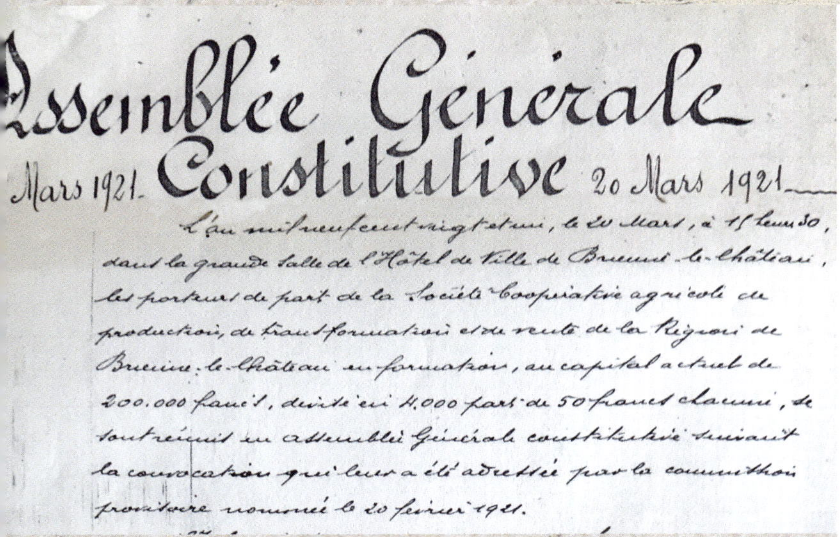

Assemblée Générale
Mars 1921. Constitutive 20 Mars 1921

L'an mil neuf cent vingt et un, le 20 Mars, à 15 heures 30, dans la grande salle de l'Hôtel de Ville de Brienne-le-Château, les porteurs de part de la Société Coopérative agricole de production, de transformation et de vente de la Région de Brienne-le-Château en formation, au capital actuel de 200.000 francs, divisé en 4.000 parts de 50 francs chacune, se sont réunis en assemblée Générale constitutive suivant la convocation qui leur a été adressée par la commission provisoire nommée le 20 février 1921.

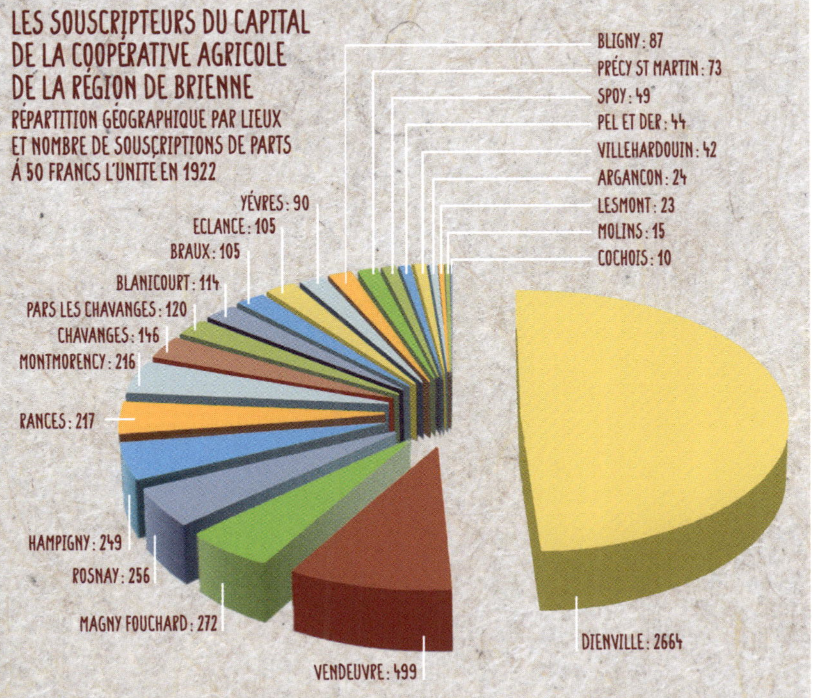

SOURCE : RAPPORT DU CONSEIL D'ADMINISTRATION DE LA CARB, 22 OCTOBRE 1922.

Le républicanisme aubois

Nées avant la Providence agricole de la Champagne, d'autres coopératives répondirent à des objectifs semblables dans le département de l'Aube dès 1921, mais leur filiation idéologique était différente. La Providence émanait d'un syndicat d'obédience catholique antérieur. La Coopérative agricole de la région de Brienne (CARB) et la Société coopérative agricole de la région de Romilly-Méry (SCARM) s'inscrivaient plutôt dans l'influence du radicalisme républicain d'après-guerre.

La fondation de la CARB fut d'abord pensée pour s'opposer au pouvoir des négociants et des meuniers. Le président Izabel a d'ailleurs rappelé, à l'occasion du cinquantenaire en 1971, qu'il s'agissait de « faire échec aux exigences intolérables des acheteurs de blé de l'époque[23] ». L'initiative était partie d'un vétérinaire de Dienville, maire et conseiller général, et premier président de la coopérative constituée le 20 mars 1921. Venus de 12 syndicats de l'Aube, 40 membres fondateurs intéressés portaient le projet. L'assemblée constitutive manifesta l'adhésion des 162 votants. La répartition des membres démontra les polarités géographiques de la coopérative. Sur 360 adhérents qui avaient souscrit 2 810 parts, 50 % venaient de Dienville et contrôlaient 69 % des parts. La plus petite représentation se situait à Bétignicourt, où 3 adhérents avaient pris 4 parts de la coopérative. Au bout de trois heures de réunion, la CARB était sur pied.

Quelques mois après ses débuts, la coopérative structura son fonctionnement, en particulier pour acheter les grains. Les délégués locaux ne devaient plus directement inscrire de marché. Le territoire de la coopérative serait désormais divisé en secteurs, visités chaque semaine par le directeur ou un employé. Le délégué local serait chargé dans chaque commune d'indiquer les intentions de vente des coopérateurs et de désigner les vendeurs. Le contrat se nouait avec la coopérative, intermédiaire entre le cultivateur et le moulin. Pour ceux qui étaient à proximité du moulin, l'inscription des apports était consignée directement sur place. Dans les communes éloignées, un programme hebdomadaire similaire à la tenue des marchés organisait les déplacements.

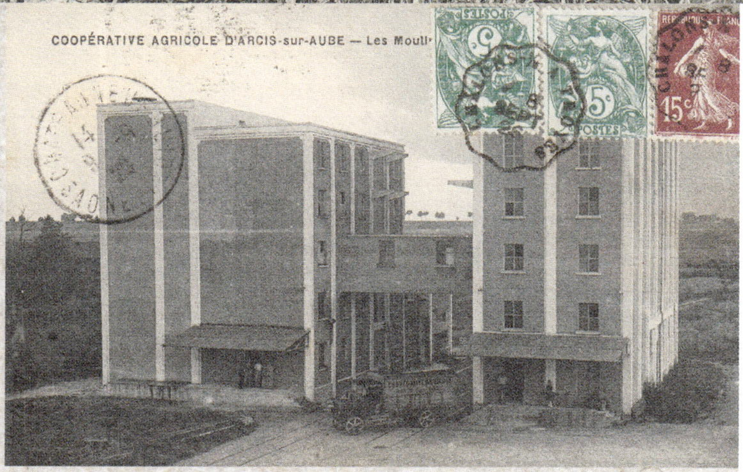

À gauche : **Deux hommes assis sur un pont, devant le moulin Hérissez Raverdeau à Romilly-sur-Seine, dans l'Aube.**

Au milieu : **En 1922, la coopérative agricole d'Arcis-sur-Aube.**

À droite : **Affiche du centre de propagande des républicains nationaux de 1934 relative à la baisse du cours du blé depuis 1932.**

À Romilly-sur-Seine, une autre coopérative prit forme également en 1921. Les motivations de ses fondateurs étaient semblables à celles de la CARB, mais l'extension territoriale de celle-ci était plus importante. À l'initiative de son président Camille Bouhenry, la coopérative devint propriétaire d'un moulin un an après sa création. La construction des Grands Moulins Raverdeau, importants au point de susciter des représentations de carte postale, remontait aux premières années du Second Empire. Disposé pour obtenir une importante mouture commerciale, le bâtiment fonctionnait avec des cylindres Ganz depuis 1886. Il devint le support d'une activité croissante de la SCARM.

L'ESSOR VOLONTARISTE DES COOPÉRATIVES

Un mouvement extensif, mais fragile

D'autres fondations firent du mouvement coopératif champenois et ardennais une place forte. Dans le sud de la Marne, sur le canton d'Anglure, un syndicat avait déjà été créé en 1889, tourné vers la fourniture d'engrais. En 1900, son action fut remarquée lors de l'Exposition universelle en raison de la batteuse mécanique qu'il mettait à disposition de ses membres, permettant aux paysans modestes de « lutter avec la grande culture[24] ». Dès 1919, le syndicat fut transformé en coopérative d'Anglure. La Coopérative agricole d'Arcis-sur-Aube (CAA) procéda d'une réunion locale d'agriculteurs en 1922. Elle avait son propre moulin. La Société coopérative d'approvisionnement de la région d'Arcis-sur-Aube (SCARA) compléta son dispositif en amont des cultures à partir de 1927. Ces coopératives s'inscrivaient dans une philosophie humaniste qui n'était pas religieuse[25]. À Châlons-sur-Marne, la Coopérative des producteurs réunis, issue de la Ligue agricole de la Marne en 1922, portait plus fortement l'esprit laïc de la Gauche républicaine. Dans les Ardennes, la fusion de la Ligue agricole ardennaise et du Syndicat des agriculteurs des Ardennes, l'un des plus anciens en France, donna naissance à la Coopérative agricole ardennaise en 1924. Au cours des années 1930, face au contexte déprimé de l'agriculture céréalière, d'autres coopératives furent formées. À Valmy, aux lisières de l'Argonne, la coopérative débuta ses services en 1933, promue par le sénateur de la Gauche démocratique Henri Patizel. Dans les Ardennes, à Asfeld, à Rethel, à Vouziers, dès le début de la décennie, de

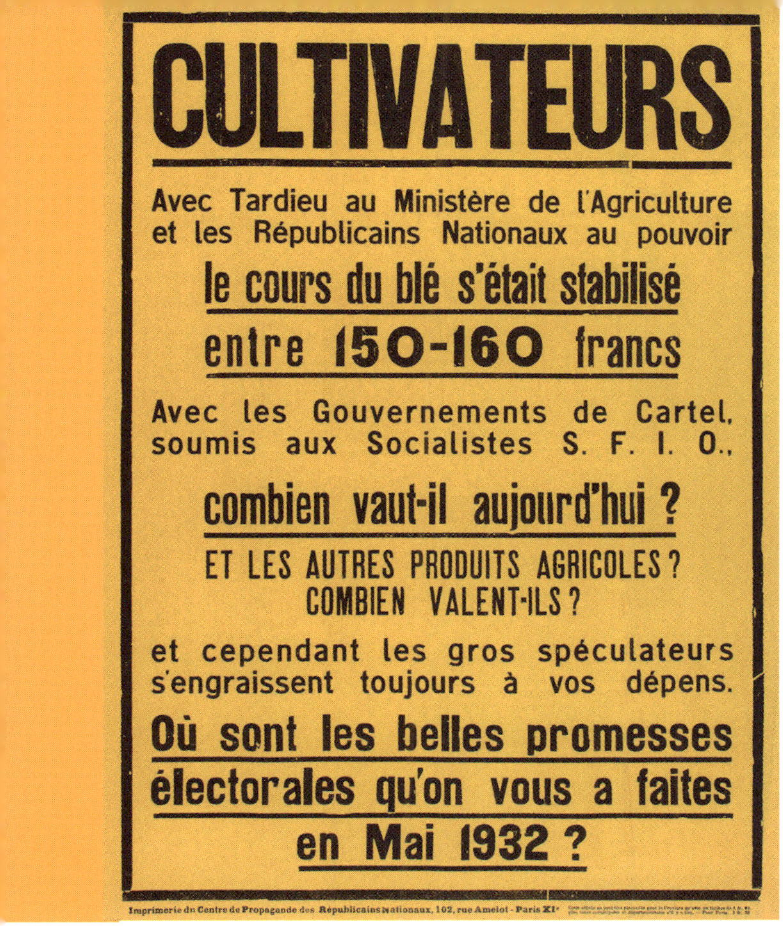

nouvelles coopératives apparurent pour développer toutes les fonctions céréalières. Régionalement, elles étaient pour partie contrôlées par le Comptoir agricole des Ardennes (CADA), filiale de la meunerie Vilgrain de Nancy qui leur louait des entrepôts. Ce mouvement n'était pas strictement régional. En France, le nombre de coopératives céréalières passa de 650 en 1935 à 1 100 en 1939, effectuant plus de 85 % de la collecte des blés[26]. Les coopérateurs se multipliaient. À la CARB, il y eut 497 adhérents six mois après la fondation, 758 un an plus tard, 1 088 en 1930.

Mais l'organisation du modèle économique associatif n'était pas sans travers. À peine un an après sa fondation, les administrateurs de la CARB relevaient que le mouvement des blés était insuffisant. Le compte rendu du conseil d'administration en fit état sans fard : « Le peu de sincérité des sentiments coopératifs qui animent quelques-uns de nos adhérents et la suprématie indéniable que possèdent sur leurs actes le vieil esprit individualiste et l'intérêt particulier l'expliquent[27]. » Dont acte ! Des erreurs de gestion manquèrent aussi de faire échouer l'entreprise. La coopérative de Brienne resta plusieurs mois sans conseil d'administration au début des années 1930, gérée au fil des assemblées générales annuelles. Le président du conseil d'administration Victor Brelest évoqua cette détresse en août 1936 : « La cour de votre usine était déserte. Plus aucun coopérateur n'amenait de blé. Votre moulin ne tournait plus ou presque plus. Les banques, non seulement, n'accordaient plus aucun crédit, mais refusaient d'escompter nos effets[28]. »

La Providence agricole aussi dut s'adapter au fil des législations nouvelles, en particulier lorsque le Front populaire mit en place l'Office national interprofessionnel du blé en août 1936 pour remédier au déséquilibre persistant du marché français du blé par des interventions de régulation. Ses objets ne changeaient pas pour autant. Le 13e article des statuts le rappela explicitement : « Les sociétaires s'engagent à fournir à la coopérative la totalité du blé qu'ils récoltent ou qu'ils détiennent, et à faire avec elle la majeure partie de leurs opérations d'achats en commun[29]. » Elle n'échappait pas au contrôle scrupuleux du ministère de l'Agriculture, ni à celui du directeur des services agricoles régionaux. Lors d'une réunion du conseil d'administration, le comptable de la coopérative dut répondre à plus de 50 remarques du contrôleur de l'Office du blé sur le fonctionnement de la coopérative. Ce dernier avait passé cinq semaines à tout éplucher. Le report des délibérations du comité de direction sur un registre spécial était par exemple fortement suggéré. Le comptable estima que « la discrétion est d'un tel intérêt qu'on ne doit pas confier à un registre l'éventualité d'une réalisation dont la révélation peut être dangereuse[30] ». Entre la liberté associative de la coopérative et les cadres administratifs, la contrainte s'accentua. À la conclusion du rapporteur de l'Office du blé qui demandait une « réorganisation générale de la Société, dans les délais les plus rapides », le comptable de la Providence rétorqua en conseil que « cette conclusion bien cavalière » n'était pas du tout en rapport avec la conduite de la coopérative. Il fallait « protester vivement, demander à l'Union des coopératives et aux parlementaires d'intervenir[31] ». Les droits du contrôle ne devaient pas démunir la coopérative des siens, au risque d'une méticulosité technocratique finalement insupportable. Le mot d'ordre du Syndicat agricole de la Champagne qui prônait « Faisons nos affaires nous-mêmes » n'était pas oublié. Le contrôleur financier de la coopérative n'avait-il pas déclaré l'année précédente : « La coopérative Providence est la plus solide des coopératives de la Marne et des Ardennes au point de vue financier puisqu'elle n'a aucune dette et a marché uniquement avec ses fonds propres jusqu'à présent[32]. » La coopérative noua tout de même quelques mois plus tard une alliance avec une banque nancéienne pour assurer sa couverture financière.

La Providence agricole avait déjà acquis une position importante. L'organisation de son bureau révélait en 1935 une géographie prioritairement marnaise. Sur 10 membres, deux seulement venaient des Ardennes. Le président Jean de Dartein était agriculteur à Braux-Sainte-Cohière, à l'est du département. En 1938, les présents au conseil d'administration parcouraient 200 kilomètres pour les plus éloignés. Une réunion de l'assemblée générale pouvait déplacer 985 personnes, soit le sixième des adhérents qui se partageaient 20 311 parts de 100 francs[33]. Ces assemblées étaient essentielles pour que la coopérative fonctionne, comme le soulignait l'administrateur Robert Mangeart en novembre 1938 : « Groupons-nous toujours plus unis autour de notre coopérative, pour lui demander tous les

Une moissonneuse-batteuse équipée d'une machine à vapeur dans les années 1930. Les premières batteuses étaient entraînées à la manivelle puis par la force animale. Leur usage se diffuse avec la machine à vapeur.

services qu'elle peut nous rendre[34]. » C'était le moyen de formuler des incitations, comme la nécessaire augmentation des achats d'engrais, de tourteaux ou de ficelle et l'intensification du trafic des céréales secondaires « si les coopérateurs comprenaient bien leur intérêt[35] ». Tous ne partageaient pas forcément les ambitions de la coopérative. Entre 1934 et 1938, 5 % des membres la quittèrent.

La SCARM connut aussi des périodes critiques. Son bilan fut redressé après que l'Office du blé a exercé son contrôle. Le 22 mai 1939, les auditeurs de l'assemblée générale furent contrariés par la nouvelle administration : « Il n'est pas normal que d'autres coopératives ou commerçants fassent leurs affaires et que celle-ci non seulement ait travaillé dix-huit ans pour rien, mais arrive aujourd'hui à accuser un déficit de 4 millions et demi ; déficit qui était à prévoir depuis plusieurs années. Vous voyez donc que la succession n'est pas belle… mais nous repartons d'un nouveau pied[36]. »

Le développement des silos

L'état d'esprit entreprenant anima pourtant chaque coopérative. Les moyens de la CARB étaient modestes : 2 000 sacs à farine et autant pour le blé, une machine Singer pour les raccommoder. Mais aussi, preuve d'une indispensable mobilité sur les routes de campagne, un camion Berliet à 15 000 francs et une automobile La Licorne de 7 chevaux du plus récent modèle. Les coopérateurs firent l'acquisition d'un moulin à Brienne-la-Vieille pour moudre leur propre blé. En 1927, la coopérative eut ses locaux neufs. Puis elle décida de construire un nouveau moulin, prévu pour écraser 300 quintaux par 24 heures. Financé avec 2 millions de francs d'obligations des coopérateurs, il fut inauguré en 1931 par le ministre de l'Agriculture André Tardieu. La SCARM augmenta elle aussi le nombre de ses adhérents dans des délais courts. Elle s'appuyait sur 1 765 coopérateurs en 1926. Le moulin écrasait 600 quintaux par jour. Il fallut organiser le stockage des grains. La SCARM disposa d'une unité de 28 000 quintaux à Romilly en 1936 et de magasins répartis sur son territoire à Nogent, Saint-Mesmin, Fouchy. Au total, le bilan de la coopérative indiquait à l'été 1938 un actif de 24 millions de francs, dont la moitié provenait du blé stocké (21 %) et des clients en portefeuille (29 %)[37].

La construction de silos devint un enjeu majeur du développement coopératif. Elle palliait le manque de place à la ferme. Elle substituait un équipement neuf à des greniers défectueux. Elle évitait une attente de trésorerie à la vente du blé. Il fallait néanmoins s'assurer de pratiques impératives pour éviter les discussions ultérieures : blés pesés à la réception, appréciation des quantités d'impuretés ou des maladies qui entacheraient la qualité. Le conseil d'administration de la CARB jugeait dès 1921 que l'ensilage devait être une opération blanche pour la coopérative, sans frais induits. La Providence agricole suivit aussi une politique d'équipement en silos, mais plus tardivement. En 1934, elle avait envisagé un projet d'union de plusieurs coopératives de stockage du nord-est de la France, dont la Fédération fut scellée à la brasserie de Strasbourg à Reims. Le moment était opportun. La récolte fut très bonne et le stockage devint un atout des coopératives dans la stratégie gouvernementale, passant d'une solution temporaire de régulation à un moyen de valorisation commerciale. Les mesures de soutien que l'État manifesta en participant au financement des stockages, conséquence de la loi prise le 30 avril 1930 pour mettre en place un stock de sûreté et pallier la défection des négociants touchés par la crise économique, confortèrent donc l'assise des coopératives[38]. En 1932, 40 coopératives meunières et 110 céréalières pouvaient stocker un million de quintaux de blé en France. Les coopératives auboises stockaient un quart de la production de 1933. Dans la Marne, le taux descendait à 5 %. En 1937, la Providence s'engagea dans la construction de six silos dont la capacité s'échelonnait entre 12 500 quintaux à Reims et 5 600 à Pogny. Elle s'appuya sur des subventions publiques pour les bâtir, à hauteur de 85 % des investissements. Au total, il fallut engager plus de 4 millions de francs.

« Groupons-nous toujours plus unis autour de notre coopérative, pour lui demander tous les services qu'elle peut nous rendre. »

ROBERT MANGEART, ADMINISTRATEUR DE LA PROVIDENCE, 1938.

En haut : **Durant l'entre-deux-guerres, la construction des silos permettant le stockage des céréales se développe partout en France.**

Au milieu : **Société coopérative des magasins et silos de Verdun-sur-le-Doubs.**

Ci-dessus : **Les silos en fer des moulins Vilgrain, d'une capacité de 40 000 quintaux.**

L'ajustement de la meunerie

Quand les coopératives ne traitaient pas elles-mêmes les céréales, la relation avec les meuniers suscitait liens obligés et rapports de force. La situation de la Providence agricole le révélait nettement en 1938. La comptabilité portait des engagements à hauteur de plus de 5 millions de francs. Sur le total de janvier et février, une quinzaine de meuniers étaient inscrits en compte, mais un seul dominait les achats, les moulins Vilgrain à Nancy. À eux seuls, ils représentaient 54 % des factures de la coopérative rémoise. Les coopératives n'étaient pas seulement des intermédiaires marchands. Elles s'approprièrent peu à peu recommandations ou préconisations à l'égard des adhérents. En janvier 1929, la qualité des orges de la CARB fut jugée bonne, au contraire de celle du blé qui était médiocre. Le choix de la variété « hybride 23 », qui s'implantait dans la région par son rendement supérieur aux blés anciens, fut critiqué. La coopérative souligna que la richesse en gluten était inférieure et que sans son intermédiaire la minoterie ne l'achèterait pas ou à des prix plus bas. La solution paraissait être « de faire donner aux vieux blés de pays, riches en gluten, le maximum de rendement par l'intensification des fumures[39] ». Ces débats n'étaient pas ignorés des membres des sociétés agricoles. À la Providence agricole, le sujet fut aussi débattu. En 1938, l'administrateur Robert Mangeart livrait un avis important : « Je sais bien que la question est controversée et que je recueillerais plus d'applaudissements en critiquant uniquement le travail des meuniers et des boulangers. Je puis me tromper, mais j'ai la conviction, après avoir beaucoup lu, beaucoup observé, que les variétés de blé et le sol ont une influence sur la qualité. Je crois que nous n'avons pas le droit, nous producteurs, de nous désintéresser d'une question aussi vitale et de rejeter sur autrui toutes les fautes qui ont déterminé la diminution de la consommation du pain[40]. » La force boulangère des blés devenait une question fondamentale.

L'objectif coopératif n'en restait pas moins la croissance des ventes. Pour sa première année de fonctionnement, la CARB reçut de ses adhérents 54 642 quintaux de blé, 5 291 d'orge et 1 353 d'avoine[41]. Quelques-uns livrèrent aussi du seigle, du trèfle, de la luzerne, du sainfoin, des vesces, du sarrasin. La coopérative revendit 60 % du blé, 80 % de l'avoine, 90 % de l'orge. À peine dix ans plus tard, l'exercice 1929-1930 livra le double de blé, le quadruple d'orge et d'avoine. La coopérative réalisa un chiffre d'affaires supérieur à 20 millions de francs, dont 48 % grâce aux ventes de blé et 34 % par la farine. La Providence agricole se situait à un rang plus élevé. En 1937, elle négociait 378 000 quintaux de blé. Cela représentait environ 10 % de tout le blé produit sur les trois départements de Champagne et des Ardennes. À la Champagne déclarée « pouilleuse », s'opposait progressivement la fertilité constatée des « sommes », des bonnes terres et des parcelles bien travaillées.

1914-1938
3. Un triptyque essentiel en France : du blé, de la farine et du pain

En 1917, Étienne de Nalèche, le directeur du *Journal des débats*, décrivait dans une lettre au sucrier Pierre Lebaudy des bouleversements impensables : « Des villages de Savoie sont restés sept ou huit jours sans pain [...] quant au blé, on le cache et on le donne à manger au bétail[42]. » À la sortie de la Grande Guerre, toute la filière, depuis le blé jusqu'au pain, était à réorganiser. Cette période est marquée par le tournant vers l'industrialisation des pratiques et une meilleure structuration des circuits marchands.

UNE DISPARITÉ ACCENTUÉE ENTRE PETITS ET GRANDS MOULINS

La construction de moulins de très grande capacité de production fut un fait majeur de la minoterie française au début des années 1920. Le rendement moyen d'un quintal de blé traité par un moulin de moins de 200 quintaux et un moulin moderne de plus de 4 000 quintaux allait de 65 % de farine supérieure à 72 %. La production d'une farine de qualité régulière n'était possible qu'en contrôlant le diagramme du moulin. Le grand moulin rendait une farine plus blanche, jugée plus pure, grâce au lavage des blés et au meilleur classement des produits. Les farines obtenues augmentaient la quantité de pains livrables. Par ailleurs, les données d'exploitation économisaient la force motrice, réduisaient la main-d'œuvre, valorisaient un emplacement relié aux chemins de fer ou à proximité d'un accès fluvial. Enfin, le pouvoir d'un grand moulin industriel se jugeait à la capacité d'importation de blés étrangers par chargements entiers et par l'achat des blés dits « indigènes » en limitant le nombre de négociants intermédiaires.

Le fameux Quai de la Gare

À Paris, l'initiative de construire un grand moulin fut prise en 1915, lorsque Lucien Baumann, l'administrateur délégué des Grands Moulins de Corbeil, sollicita les établissements suisses Bühler. Il leur fallait concevoir une étude technique et fournir des équipements. La société des Grands Moulins réunis acheta un terrain de 5 000 m² à proximité des entrepôts du quai de la Gare l'année suivante. Le projet se justifiait par la consommation de pain à Paris et ses 4 000 boulangers. Jusque-là, six moulins traitaient 3 000 quintaux par jour, mais les livraisons de farine n'étaient pas homogènes. Le grand moulin projeté assurerait quotidiennement 6 000 quintaux.

La mise en œuvre fut plus longue que prévu, retardée par le contexte de la guerre. L'architecte Georges Wybo, qui avait déjà conçu le casino de Deauville et les magasins du Printemps, traça les plans. Albert Guellin, dont la famille était attachée depuis longtemps au minotier Hardy-Lebègue dans les Ardennes et aux Vilgrain, prépara le diagramme de mouture. Placé entre des entrepôts généraux et les nouveaux entrepôts frigorifiques, le moulin inaugura sa première mouture le 14 mai 1921. Alors que les prévisions initiales étaient régulièrement augmentées, plusieurs extensions devinrent nécessaires. Le raccordement direct au chemin de fer d'Orléans permettait de décharger des convois de 15 wagons de grains. Une estacade en bord de Seine supportait une station d'aspiration pneumatique du blé depuis les péniches, au rythme de 135 tonnes à l'heure. Les silos dotés de plusieurs dizaines de cellules en béton armé ménageaient une capacité de stockage de 120 000 quintaux. Plus de 100 appareils de broyage livraient une mouture très progressive avant des blutages séparés de plus en plus fins. Les produits finis sortant du moulin étaient emmagasinés dans un bâtiment de huit étages et ensachés par des appareils automatisés. La société Grands Moulins de Paris produisait vingt fois la mouture des autres moulins de France, au point qu'en 1930, plus de 6,5 millions de quintaux de blé y furent convertis en farine. Par la rationalisation technique et l'importance des équipements, le moulin du quai de la Gare entra dans une imagerie architecturale déclinée dans les revues professionnelles et les magazines de l'époque Arts déco.

PARIS

À gauche et page précédente : Descente de sacs de farine par toboggan aux Grands moulins de Paris en 1925.

En haut : Pour approvisionner la capitale, la Société des Grands Moulins Réunis lance la construction d'un grand Moulin quai de la Gare à proximité de la Seine. Le projet est lancé en 1915 et la construction confiée à Georges Wybo, qui en dessina les plans et à Albert Guellin qui prépara le diagramme de mouture.

En bas : Vue des berges de la Seine depuis le quai d'Austerlitz, d'où sont visibles les Grands Moulins de Paris.

Les grands édifices français de la meunerie

Des considérations similaires présidèrent aux constructions de moulins neufs à Lille et à Bordeaux, sous l'égide de la Société des entreprises meunières, avant d'entrer dans le giron des Grands Moulins de Paris. L'entreprise Bühler, qui équipa les deux sites, considérait le moulin de Marquette-lez-Lille, dans un style architectural néo-flamand, comme le plus beau de France, un symbole régionaliste[43]. La hauteur des bâtiments n'étant pas limitée par un règlement municipal, le moulin nordiste ouvert en 1923 devint un modèle du genre. Intercalé entre le chemin de fer du Nord et le canal de la Basse-Deûle, il élevait les silos pour atteindre 100 000 quintaux, les 35 mètres du bâtiment du nettoyage, les 45 mètres du moulin et les 40 mètres du magasin à farine. C'était l'application scrupuleuse du manuel de construction des moulins de Baumgartner, connu depuis le début du siècle[44]. Dans son alignement parfait et spectaculaire, très représentatif des conceptions modernistes qui s'imposaient dans l'architecture industrielle, le moulin permettait d'obtenir l'équivalent des trois-quarts de la production à Paris.

Ambition majeure et risques aléatoires restaient conjoints dans cette industrialisation accélérée de la minoterie. En 1922, un incendie ravagea le moulin de Bordeaux presque achevé, à l'exception des silos. Il n'ouvrit qu'en 1924 au quai de Brazza. Le site bordelais était stratégique. La guerre avait fait du port girondin le terminal des blés importés d'Argentine en lourds cargos remontant la Garonne, comme Marseille l'était pour ceux de la Méditerranée. L'Union commerciale de Bordeaux-Bassens fut la première à établir, en 1917, une station de réception des céréales avec des aspirateurs pneumatiques. Le moulin prévu en juin 1918 commença sa production le 22 mai 1924 avec une capacité de 4 000 quintaux par jour. Sur place, 200 personnes s'employaient à moudre les blés de l'étranger ou de France pour exporter des farines vers l'empire colonial[45].

De tels niveaux de puissance productive n'étaient pas une innovation liée à la guerre. Ils prolongeaient ce qui avait déjà été engagé avant le conflit. À Corbeil, les premiers silos verticaux avaient été établis à la fin du XIXe siècle.

Tableau représentant la reconstruction des Grands Moulins de Bordeaux en 1922. La minoterie est construite entre 1920 et 1921 mais un incendie en 1922 contraint à la reconstruction d'une grande partie des bâtiments. Sa production des semoules est vendue aux fabriques de pâtes alimentaires de la ville et les farines étuvées sont expédiées dans les colonies d'Afrique occidentale et d'Indochine.

À gauche : Le 28 mai 1922 survient l'incendie des Grands Moulins de Bordeaux. Le feu aurait commencé au sein du bâtiment central avant de s'étendre au reste des édifices.

En haut : Vues de l'usine de Marquette-lez-Lille dont la construction a commencé en 1920. À son ouverture en 1923, 366 ouvriers y travaillent et produisent 600 tonnes de mouture par jour. Elle est rachetée en 1928 par la société des Grands Moulins de Paris.

Double page suivante :

À gauche : Chargement des sacs « Grands Moulins de Paris ».

À droite : Le carnet des bonnes recettes de Victoire. Elle tient dans sa main un sac de farine des Grands Moulins de Paris.

GM
TOILE
5
GRANDS MOULINS DE PARIS

Les bonnes recettes de Victoire
des crêpes...
des beignets...
Délicieux
d'après H. Prost

À Nancy, le projet de 1913 fut certes entravé par le conflit, mais le grand moulin ouvrit bien en 1919. Dès les années 1920, il doubla sa production de l'avant-guerre, entièrement automatisé et mu à l'électricité depuis la centrale électrique implantée à Tomblaine. À Marseille, les Grands Moulins d'Arenc, repris par la famille Storione en 1928, étaient également remarquables, bâtis sur des conceptions d'avant-garde en 1911. D'un moulin à l'autre, les modèles architecturaux et les dispositifs techniques se diffusaient. Des similarités résultaient de cette circulation conceptuelle. Lorsqu'en 1930 les Grands Moulins Vilgrain programmèrent de nouveaux investissements commandés à Bühler, le chef meunier fit d'abord un déplacement dans l'Indre pour visiter un moulin récemment équipé de machines semblables. Les carrières itinérantes des directeurs de moulins renforçaient ces échanges d'un site à l'autre. Le cas de Lucien Mayer est exemplaire. Formé à l'Institut chimique de Nancy, il entra comme ingénieur aux Grands Moulins Vilgrain en 1906. Il prit la direction de la Meunerie coopérative de Roubaix en 1911, puis celle de la Meunerie lilloise après la guerre. En 1924, il vint à Paris pour structurer la direction générale des Grands Moulins, avant de prendre la direction des Grands Moulins de Bordeaux.

Une meunerie plus modeste et majoritaire

Mais tous ces grands moulins ne représentaient pas l'ensemble de la minoterie. En 1921, il restait encore 6 500 moulins dont le meunier travaillait seul. Sur les 20 168 moulins recensés en France, un seul occupait plus de 500 ouvriers... à Paris. Ceux qui dépassaient un effectif de 50 personnes comptaient pour 0,1 % du nombre de moulins. La distribution régionale laissait voir des situations techniques très différentes. En Champagne, la moitié à peine des moulins fonctionnait avec des cylindres. Dans les Bouches-du-Rhône, le taux s'élevait à 79 %. Mais en Gironde ou dans le Nord, les petits moulins et les meules restaient majoritaires. Partout, cependant, la meunerie formait une activité agroalimentaire prépondérante, surtout au regard des malteries, des sucreries et des brasseries établies dans les mêmes départements. Seuls ceux du Nord et des Ardennes se distinguaient dans cette distribution par la concentration d'autres industries alimentaires.

En 1929, les départements de Champagne et des Ardennes avaient reconstitué leurs forces productives. Ils comptaient 122 minoteries, 105 brasseries et 17 malteries. Lorsqu'en 1936 les moulins furent décomptés en France selon leur puissance productive, 23 moulins dépassaient une capacité d'écrasement annuelle de 300 000 quintaux de blé et 121 se situaient entre 100 000 et 300 000 quintaux. L'immense majorité, 95 % des moulins, écrasait moins de 50 000 quintaux dans l'année et, parmi eux, le tiers n'atteignait que 10 quintaux quotidiens. La profession comptait à cette date 9 393 moulins[46].

LES MOULINS ET LE TRAVAIL EN FRANCE : 1896-1931
(NOMBRE DE MOULINS SELON LE NOMBRE D'OUVRIERS)

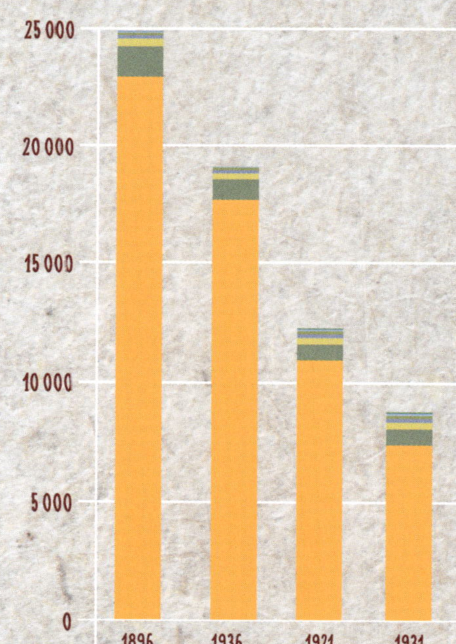

	1896	1936	1921	1931
500 À 1000			1	3
201 À 500	1		2	4
101 À 200	2	1	3	9
51 À 100	11	12	17	22
21 À 50	122	127	122	113
11 À 20	335	323	300	284
6 À 10	1264	815	633	583
1 À 5 OUVRIERS	22950	17702	10893	7414

SOURCE : ANNUAIRE STATISTIQUE INSEE, RECENSEMENT GÉNÉRAL AGRICOLE, 1890.

GÉOGRAPHIE DES MOULINS, MINOTERIES ET ÉTABLISSEMENTS INDUSTRIELS EN ÉTAT DE FONCTIONNEMENT EN 1920

	MOULINS À CYLINDRES	MOULINS À MEULES	MOULINS À EAU ET VENT	MALTERIES	BRASSERIES	SUCRERIES
ARDENNES	3	0	4	3	15	0
AUBE	41	10	24	3	0	0
MARNE	36	16	29	8	3	2
REGION	80	26	57	14	18	2
BOUCHES-DU-RHONE	125	25	7	0	5	0
GIRONDE	20	25	50	0	6	3
NORD	86	58	131	103	753	3
SEINE	15	2	3	2	15	0
TOTAL FRANCE	4 786	4 229	14 101	245	1 372	79

SOURCE : ANNUAIRE STATISTIQUE INSEE, RECENSEMENT GÉNÉRAL AGRICOLE, 1890.

***À gauche :* Aux côtés des grands moulins subsistent encore dans les années 1930 de petits moulins qui continuent à investir et à développer leur production. Ici, la centrale hydroélectrique du moulin de Tomblaine.**

***À droite :* Dans le port, vue sur les silos à grains de Marseille en 1931. Le négociant en farine Michel Storione acquiert les Grands Moulins d'Arenc à Marseille en 1928 et modernise les installations.**

L'AVÈNEMENT D'UN CAPITALISME MINOTIER

Plusieurs meuniers s'associent pour créer les Grands Moulins de Paris, officiellement fondés en 1919.

Page de droite

En haut : **À cette époque, les grands moulins se développent à cadence forcée. Un document présente l'évolution et agrandissements des Grands Moulins de Nancy entre 1885 et 1935, depuis le modeste bâtiment à roue jusqu'au complexe industriel moderne.**

La création des Grands Moulins de Paris

La création de « Grands Moulins de Paris » a croisé intérêts et rivalités d'affaires. Le 23 mai 1916, trois meuniers parisiens – André-Hilaire Boussac, Joseph-Arthur Trouard-Riolle et Louis-Blaise Heurteux – prirent l'initiative de créer la société des Grands Moulins réunis au capital de 8 millions de francs. Administrateur délégué des Grands Moulins de Corbeil, Lucien Baumann était un associé influent de cette nouvelle société. Les Baumann avaient fondé avant la guerre les Grands Moulins de Strasbourg qui sortaient 150 000 sacs de farine par mois. Leur famille avait pratiqué le négoce de grains au début du XIXe siècle, puis s'était investie dans la meunerie. L'objectif des Grands Moulins réunis n'était pas d'exploiter directement des moulins, mais d'aider, par leur concours financier, commercial et technique, à développer la minoterie en France. Qu'il s'agisse des plans, du diagramme de mouture, des soumissions techniques, du choix des blés, de la gestion de l'exploitation, ils visaient la rationalisation minotière. Une semaine après l'armistice de 1918, les Grands Moulins réunis prévoyaient d'appliquer leur schéma au Mans, à Casablanca, à Bayonne, à Bordeaux, à Angers et à Paris. Malgré un solide tour de table financier, la société ne parvint pas à imposer son programme.

Le deuxième acte, achevé le 5 avril 1919, avança l'affaire parisienne par la création de la société Grands Moulins de Paris, dont l'objet fut d'abord d'acheter et d'exploiter des moulins dans la capitale. Le conseil d'administration originel rassemblait un armateur, un préfet honoraire, le président des Magasins généraux d'Austerlitz à Paris, un industriel parisien, un négociant, les deux minotiers Boussac et Heurteux, un autre de Nogent-sur-Seine (Léon Sassot) et un représentant de la banque Claude-Lafontaine. La constitution du capital portait sur 10 millions de francs, divisés en 20 000 actions de 500 francs réparties en 16 000 actions, dites « de priorité », et 4 000 ordinaires. Les premières offraient un dividende supérieur, les secondes un droit de vote plus important. La fondation réservait 5 000 actions de travail (portées par une société coopérative de main-d'œuvre) et des parts bénéficiaires de boulangerie (d'un nombre illimité à raison d'une part non cessible) pour chaque boulanger client de la Société. Celui-ci recevait une répartition de 20 % des bénéfices effectués au prorata de l'activité. La boulangerie ne verrait ainsi pas l'industriel comme un profiteur. Les textes des statuts l'exposaient explicitement. L'alliance du capital et du travail, promue par une loi du 26 avril 1917, trouvait une application immédiate. Le cinquième des sièges était réservé à la coopérative de main-d'œuvre[47]. La Société avait déjà un modèle, la Coopérative Wholesale Society de Manchester, qui exploitait avec succès 16 moulins dans différentes régions et écrasait chaque jour 23 000 quintaux de blé.

Les statuts furent calqués sur ceux des Grands Moulins de Bordeaux, établis en 1918, au capital de 3 millions de francs souscrits par 52 personnes, minotiers du Gers, négociants de Bordeaux et ouvriers de Coutras. À Paris, la nouvelle société rassembla 46 souscripteurs. Quatre d'entre eux contrôlaient 56 % des actions. La distribution géographique des actionnaires était très parisienne, mais s'étirait par intérêts divers en province. Les Coiffard, négociants bordelais, les Baumann, minotiers à Illkirch, et deux minotiers d'Angers et de la Flèche émargeaient ainsi aux Grands Moulins de Paris.

Le troisième acte s'est engagé par un rapprochement entre le meunier Boussac et la famille Vilgrain, puis par la réorganisation financière de la société initiale. Concepteur des épiceries de secours connues sous le nom de « baraques Vilgrain » en 1919, parfait connaisseur de la situation de la minoterie française avec ses fonctions gouvernementales, Ernest Vilgrain savait bien qu'il contribuerait ainsi au redressement du pays, à son alimentation et à l'approvisionnement de la capitale. Marcel Vilgrain, le frère d'Ernest, qui avait participé à la direction technique des Grands Moulins réunis, devint l'un des membres du comité de direction des Grands Moulins de Paris. Cette convergence fonda une puissante entreprise aux participations capitalistes nombreuses et à la capacité d'innovation renouvelée, sous l'égide de la Société des entreprises meunières formée peu après. Des difficultés financières et organisationnelles n'en marquèrent pas moins les premières années, imposant des corrections statutaires, comme celle de la substitution d'une caisse de secours à la coopérative de main-d'œuvre initiale en 1923.

Au milieu : **Acte de création des Grands Moulins de Paris, 1919.**

En bas à gauche : **Le secteur meunier se concentre et est souvent accusé de fonctionner comme un véritable trust. Action de 250 francs émise à Paris en 1924 par la Compagnie agricole de minoterie.**

En bas à droite : ***Le Populaire*** **titre dans son numéro du 16 décembre 1927 « Les grands meuniers broient : le grain, les producteurs et les consommateurs ». On peut lire dans cet article : « La meunerie française forme un vaste trust. On comptait en France, en 1912, au total 29 000 moulins. En 1924, il n'y en avait plus que 15 000, soit un peu plus de la moitié. Dans la région parisienne, 70 moulins ont fermé boutique en 1925. Les Grands Moulins de Paris étaient agencés en 1924 pour traiter 2 500 quintaux par jour, tandis qu'actuellement ils sont outillés pour broyer quotidiennement 22 000 quintaux, soit neuf fois plus. »**

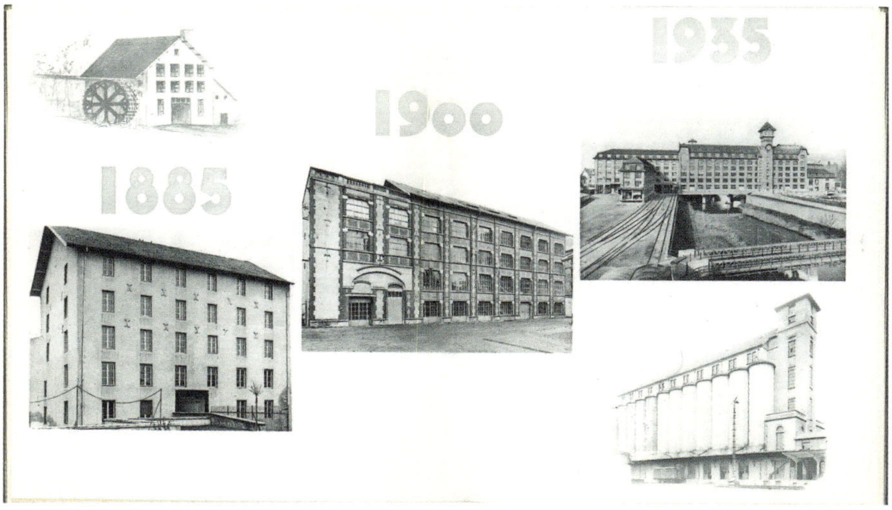

GRANDS MOULINS DE PARIS

SOCIÉTÉ ANONYME A PARTICIPATION OUVRIÈRE
au Capital de 10.000.000 de francs
Divisé en 16.000 actions de priorité et 4.000 actions ordinaires.

SIÈGE SOCIAL A PARIS
59bis à 65 Quai de la Gare

STATUTS

Déposés aux minutes de Me LANQUEST, Notaire à Paris
le 2 Avril 1919

1919
IMPRIMERIE BREGER AINÉ & Cie
127, Faubourg Poissonnière
PARIS

Les « trusts » de la meunerie

Les jeux rivaux entre minotiers n'en finirent pas pour autant. Trois grands pôles cristallisèrent les oppositions.

Tout d'abord, les Grands Moulins de Strasbourg, contrôlés par les Baumann, qui fédéraient une puissance implantée en territoire allemand jusqu'à la guerre. Ils avaient reconstruit un moulin très puissant à Illkirch et multiplié les acquisitions. Ils signèrent un accord en 1911 avec 27 moulins des principales villes rhénanes pour régler les contingents de farines à envoyer entre régions, les prix et les conditions de vente. Une telle organisation s'inscrivait dans la multiplication des cartels du début du XXe siècle. Les Baumann avaient aussi étendu leur réseau vers Marseille en créant un comptoir d'approvisionnement de blé à destination du moulin de Port-Saint-Louis du Rhône, où ils gardèrent des intérêts jusqu'en 1927. Réintégrées dans le territoire français, les affaires des Baumann concurrençaient directement celles des Vilgrain. Ils entrèrent au capital des Grands Moulins de Paris tout en étant présents aux Grands Moulins de Pantin et de Corbeil.

Puis, la Compagnie agricole de minoterie créée en 1922, encore avec les capitaux des Baumann, de la Banque de Paris et des Pays-Bas et de la banque Rothschild, forma une autre entreprise très ambitieuse. Associée au Crédit central minotier, elle irradiait au Mans, à Nogent-sur-Seine, à Angers, à Troyes, à Lyon. Son originalité consistait à faire appel aux agriculteurs pour les associer au capital de l'entreprise. Elle prévoyait de payer aux syndicats, aux coopératives ou aux cultivateurs eux-mêmes une bonification par quintal de blé livré à la Compagnie et de leur retourner un avantage à l'achat des issues des moulins associés. Elle amplifia cette ouverture en suscitant la création de groupes coopératifs de boulangers pour acheter des céréales en commun. Elle détenait ainsi un capital de 5 millions de francs à sa création et six fois plus en 1930, produisant 2 millions

COMPAGNIE AGRICOLE DE MINOTERIE

Société Anonyme au Capital de 30 Millions de Francs
divisé en 120.000 actions de 250 francs chacune,
dont 8.000 dites privilégiées portant les Numéros 1 à 8.000

Statuts déposés en l'Etude de Me ARNOLD, Notaire à Troyes, modifiés suivant décisions des Assemblées Générales extraordinaires des 4 Janvier, 18 Septembre, 23 Octobre 1923, 4 et 14 Février et 14 Mars 1924.

SIÈGE SOCIAL A PARIS
R. C. Seine N° 207-532

ACTION DE 250 FRANCS
AU PORTEUR
ENTIÈREMENT LIBÉRÉE

N° 044961

PARIS, le 15 Avril 1924

Un Administrateur, Un Délégué du Conseil d'Administration.

DROIT DE TIMBRE acquitté par Abonnement
AVIS D'AUTORISATION inséré au JOURNAL OFFICIEL des 30 Mars et 10 Avril 1924

SIX — LE POPULAIRE

La Vie Economique et Socia

SYNDICALISME DE CLASSE

Cohésion ouvrière

Les conventions collectives de 1919 passées entre l'Union des Industries métallurgiques et minières et la Fédération confédérée étaient en réalité des rapports de force et constituaient à un moment de l'action syndicale la traduction, la transcription de la force prolétarienne vis à vis du patronat.

Les conventions collectives de ce type sont donc de véritables thermomètres de la pression ouvrière. Ce ne sont ni des instruments de collaboration, ni des éléments d'un syndicalisme de paix sociale ; elles donnent au prolétariat des moyens d'action plus étendus ; elles ne fragmentent pas, elles ne morcellent pas l'action revendicatrice quotidienne ;

L'IMPERIALISME DES PETROLIERS

L'entente des trusts n'est qu'une série de trahisons réciproques

Voilà donc que les ennemis d'hier se réconcilient.

En septembre 1922, les délégués de la Standard, de la Royal Dutch, de l'Anglo-Persian, du Syndicat Franco-Belge fondent le *Groupement International des Sociétés naphtières de Russie*.

On se met d'accord sur le programme suivant : il est bien enten-

LA CONCENTRATION CAPITALISTE DANS LA MINOTERIE FRANÇAISE

Les grands meuniers broient :
LE GRAIN,
LES PRODUCTEURS
ET LES CONSOMMATEURS

La meunerie française forme un vaste trust. On comptait en France, en 1912, au total 29.000 moulins. En 1924, il n'y en avait plus que 15.000, soit un peu plus de la moitié.

Dans la région parisienne, 70 moulins ont fermé boutique en 1925. « Les Grands Moulins de Paris » étaient agencés en 1924 pour traiter 2.500 quintaux par jour, tandis qu'actuellement ils sont outillés pour broyer quotidiennement 22.000 quintaux, soit neuf fois plus. Toutes les opérations se font par des moyens mécaniques et la main-d'œuvre est

14.684 millions de francs. A côté de cela, en 1925, il a été réservé une provision de 21 millions pour couvrir le risque éventuel d'opérations ultérieures.

« Les Grands Moulins de Corbeil » se font tout bonnement remarquer par la progression constante de leurs bénéfices : 2.232.000 fr. en 1913 ; 15.569.400 fr. en 1926. Ils se font aussi remarquer par certaines opérations frauduleuses trop connues du public pour qu'il soit nécessaire de les lui rappeler.

CONVOCATIO

PARTI SOCIALISTE

Organisations centrales

FEDERATION DE LA SEINE. — Congrès Fédéral. — La 9e session du Congrès de la Fédération se tiendra dimanche prochain, 18 décembre, à Pantin, salle des Fêtes, rue de Paris, à 14 heures précises.

Ordre du jour : Ratification de candidatures législatives. Rapport des motions. Vote. Désignation de la délégation fédérale au Congrès National extraordinaire de Noël.

et

de quintaux de farine par an. La Compagnie prit aussi de nombreuses participations minotières en Syrie, au Levant, en Bulgarie, en Espagne, appuyée sur le Crédit central pour le développement de la minoterie, de l'industrie et du commerce, présidé par Lucien Baumann.

Enfin, la Société des entreprises meunières assembla les intérêts des Grands Moulins réunis, des Grands Moulins Vilgrain et de plusieurs sites au nord de la France sous le contrôle de la famille Hardy-Lebègue, alliée des Vilgrain. Son capital s'élevait à 15 millions de francs au début des années 1920. Elle élargit son dispositif industriel en s'assurant des ravitaillements en blé grâce à la constitution d'une éphémère Coopérative d'approvisionnement, de transport et de crédit. Des liens d'affaires importants l'associèrent à la maison londonienne d'importation de blés de Cecil Sanday qu'Ernest Vilgrain avait connu dans ses fonctions antérieures. La reprise de la Société des entreprises meunières par les Grands Moulins de Paris changea le dispositif entrepreneurial. Le 8 novembre 1923, l'assemblée générale annonça à la fois le renforcement des moyens financiers et l'extension des moyens de production. La société reprit les moulins de Port-Saint-Louis-du-Rhône pour répondre à la consommation du Midi, puis l'exploitation de la Meunerie lilloise en 1924. Le siège social parisien de la société passa au 15, rue Croix-des-Petits-Champs. Le développement des Grands Moulins de Paris suivit l'organisation pensée par les Grands Moulins réunis : rationalisation technique, surveillance des opérations principales par un contrôle indépendant du directeur de chaque moulin, mise en comparaison des résultats de plusieurs sites. Cette organisation avait déjà prévalu avant la guerre dans plusieurs groupes, aux Grands Moulins de Corbeil, à la Meunerie bruxelloise, aux Grands Moulins de Nancy et à ceux de Strasbourg, à la Société de minoterie de Buenos Aires. En 1925, le bilan des Grands Moulins de Paris s'élevait à 223 millions de francs, dont plus du quart relevait du matériel et des bâtiments. À la veille de la Seconde Guerre mondiale, le bilan avait déjà crû d'un quart et le bénéfice net atteignait plus de 2,6 millions de francs.

À Nancy, les Grands Moulins Vilgrain, qui arboraient fièrement une photographie du moulin en couverture des rapports aux assemblées générales, pouvaient moudre en 1924 presque un million de quintaux de céréales. Leur actif s'élevait au quart de celui des Grands Moulins de Paris. Les immeubles y étaient comptés pour 10 millions de francs, les fonds de commerce pour le cinquième et la sacherie le dixième. Ce poste était considérable à le comparer avec celui des coopératives agricoles. L'inventaire des toiles en magasin stipulait en 1926 la détention de 391 000 sacs divers, à farine, à blé, à issues, neuves ou usagées, certaines prêtées, d'autres consignées (22 %). La géographie des sacs dans les dépôts distribuait un large maillage en Lorraine et au-delà, en Alsace (3 347 sacs de farine en 100 kilos à Strasbourg, 192 à Molsheim), en Sarre (1 400), dans les Vosges (79 sacs à Remiremont)[48]. L'affaire prospéra. La somme consacrée aux dividendes passa de 360 000 francs en 1919 à 2 millions en 1929. Pour une progression du capital doublée, le dividende sextupla.

De telles entreprises minotières suscitèrent d'innombrables hostilités dès les années 1920. Le caractère industriel était présenté comme destructeur des petits moulins. L'organisation rationalisée, qui permettait d'agir sur les marchés du blé par des interventions régionales et plus encore en jouant de la spéculation sur les blés d'importation, était mal vue. Les cultivateurs de céréales percevaient leur dépendance aux acheteurs de grains. La presse ne manquait pas d'ajouter des articles dénonciateurs en corrélant l'opprobre avec le prix du pain. Le journal *Le Populaire* titra le 16 décembre 1927 : « Les grands meuniers broient le grain, les producteurs et les consommateurs[49] ». Le quotidien socialiste suggérait de nationaliser la meunerie pour en faire un service public. La Compagnie agricole de minoterie ne résista pas au krach de 1929, tandis que la puissance des Moulins de Strasbourg et de Corbeil-Pantin s'accrut. Paris, Nancy, Lille, Port-Saint-Louis-du-Rhône et Bordeaux eurent partie liée sous le contrôle des Vilgrain, qui devinrent majoritaires à Paris en 1935.

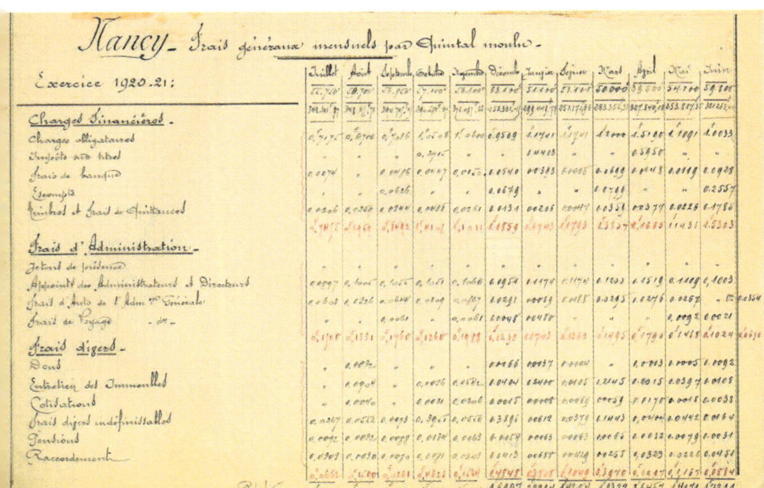

Page de gauche

Au milieu : **Frais généraux mensuels par quintal moulu pour l'exercice 1920-1921 de l'usine des Grands Moulins de Nancy.**

En bas : **Évènement au Grands Moulins de Nancy.**

Ci-contre : **Couvertures de 1923-1924 et de 1936 des rapports annuels des Grands Moulins de Nancy.**

Ci-dessus : **Grands Moulins de Nancy. La passerelle contient un transporteur réversible qui emporte le blé et amène les sacs de farine. Un transporteur souterrain de 400 m de long relie l'installation du canal à l'ensemble de l'usine.**

En haut : **Façade et logo des Grands Moulins de Nancy.**

Ci-dessous : **Une salle d'appareils à cylindres avec le système de refroidissement équipée du réseau Monorails pour la manutention des cylindres, aux Grands Moulins de Nancy.**

Un premier tournant de modernisation s'opère durant l'entre-deux guerre. Une attention particulière est portée à l'amélioration de la qualité du grain et de la culture des céréales.

À gauche : Photographie de Denise Bellon du chargement des gerbes de blé en 1934.

Ci-dessous : Un champ à Domont dans le Val-d'Oise où sont cultivés betteraves et blé, 1930.

LE BLÉ AU CENTRE DE TOUTES LES PRÉOCCUPATIONS

Le choix des blés : le prix et la variété

Les fluctuations des prix du blé furent permanentes durant ces années. Ce n'était pas un fait nouveau au regard de l'histoire longue des mercuriales céréalières, mais la Grande Dépression de la fin du XIXe siècle puis la Première Guerre mondiale en rappelèrent l'instabilité. De 1920 à 1936, le prix moyen du blé monta jusqu'à 183 francs les 100 kilos (1926) et baissa jusqu'à 74 francs (1935). En 1938, il bondit à 208 francs. Des concurrences doubles affectaient les prix, celles de l'intérieur entre départements producteurs et régions déficitaires, celles de l'extérieur portées par l'amélioration des transports, la baisse du fret et l'expansion agricole mondiale. En France, 27 départements produisaient plus d'un million de quintaux de blé par an et 33 autres moins de 500 000 quintaux en 1933[50]. Le blé couvrait 5 millions d'hectares avec une inégalité départementale marquée. Avec 10 quintaux par hectare dans l'Aube, 14 dans la Marne et les Ardennes, ces départements étaient dans le milieu du tableau. Sur une superficie emblavée double, les départements champenois produisaient autant que le Nord, qui avait un rendement de 23 quintaux à l'hectare[51]. Le blé n'était pas la seule production céréalière champenoise. Si le méteil était devenu très rare (15 % de la production nationale), le seigle et l'orge apportaient 7 % de la récolte française. Depuis la guerre, les départements de Champagne avaient accru leur récolte d'orge de 46 % dans la Marne et de 81 % dans l'Aube.

Les choix des blés à moudre procédaient d'un équilibrage compliqué entre prix et usages. Un moulin modeste puisait ses céréales dans un périmètre local et devait en accepter la diversité ou l'insuffisance. Les Grands Moulins Vilgrain opéraient aussi sur le marché local. En 1919, ils achetaient, par l'entremise de la société Hardy-Lebègue implantée dans le Nord, de 100 000 à 150 000 quintaux de blé de pays dans

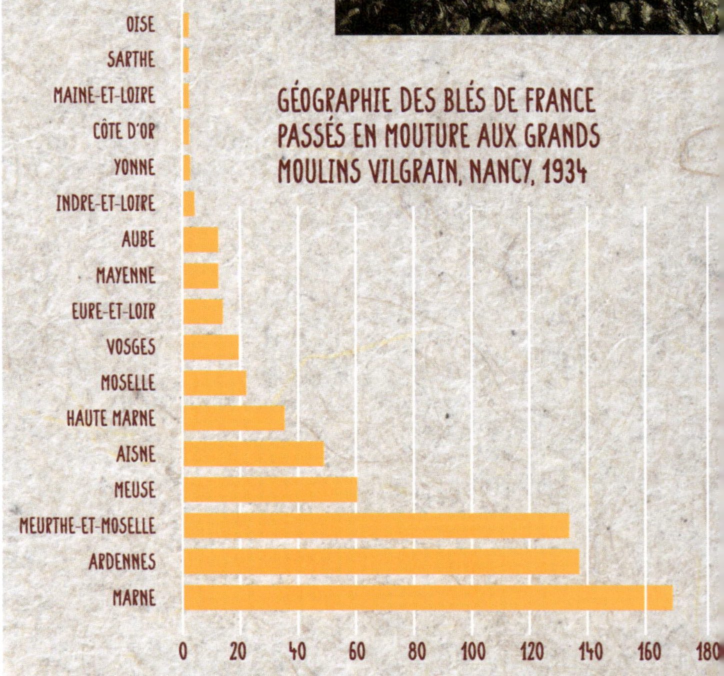

LES BLÉS DE FRANCE REPRÉSENTENT 8 % DE LA MOUTURE DE L'ANNÉE.
INDICATION PAR DÉPARTEMENTS EN MILLIERS DE QUINTAUX DE BLÉ

SOURCE : CONSEIL D'ADMINISTRATION, 1934.

l'année. Ils complétaient ainsi leur approvisionnement en blés indigènes venus de plusieurs dizaines de départements. Les départements lorrains en fournissaient le quart. De Champagne, le département de la Marne livrait 15 % des blés du moulin Vilgrain. Signe de cette dépendance aux fournisseurs au début des années 1930, lorsqu'il y eut l'opportunité de reprendre les magasins dépôts d'Hardy-Lebègue dans le Nord et acheter le blé en culture, ou de reprendre les magasins dépôts d'Hardy-Lebègue dans le Nord et acheter le blé en culture, la stratégie fut pensée contre les coopératives agricoles. Au conseil d'administration des Moulins Vilgrain le propos fut explicite : « éviter que les organisations existantes ne passent entre les mains des coopératives agricoles et ainsi recevoir les blés réglés au poids fort, la culture donnant un boni par sac ». Avoir ces blés était intéressant car il présentaient un bon taux de gluten. Les Grands Moulins de Paris achetaient aussi des blés locaux dans une certaine proportion. En 1932, l'usine de Lille s'approvisionnait directement en culture et auprès des coopératives ou syndicats agricoles à 45 % de ses blés.

Le recours nécessaire aux importations persista en dépit des incitations nationales aux cultures de blé à fort rendement. Elles constituaient le 5e poste des achats français à l'étranger durant l'entre-deux-guerres. À Nancy, les blés exotiques représentaient au maximum la moitié de la mouture, le plus souvent un tiers. Seuls les blés permettant de fabriquer les farines de force « qui se vendent dans les villes d'eaux ou sur les plages, et surtout la farine exportée vers l'Allemagne ou la Tchécoslovaquie » étaient incorporés. En 1926, les blés étrangers étaient achetés en Russie (28 %), en Amérique du Nord (45 %), en Australie (16 %), en Amérique du Sud (8 %)[52]. Avant-guerre à Strasbourg, il y a même du blé venu des Indes, à hauteur de 74 % des mélanges de mouture[53]. Aux Grands Moulins de Paris, les importations se justifiaient de la sorte : « Le déficit de notre récolte, comme aussi l'insuffisance de la teneur en gluten de nos blés de pays, nous oblige à importer des quantités considérables de blés exotiques.[54] » La minoterie industrielle sélectionnait ses blés suivant des proportions déterminées scientifiquement. Les Grands Moulins de Paris proposèrent un lien renforcé avec les agriculteurs en amont et les boulangers en aval. En 1930, ils développèrent des méthodes d'achat direct aux associations et syndicats agricoles, mettant à leur disposition des « services scientifiques pour les guider dans le choix des semences de façon à améliorer la qualité des blés indigènes et restreindre les importations au strict minimum nécessaire[55] ».

De telles préoccupations s'inscrivaient dans un cadre plus large. La Semaine du blé organisée à Paris en 1923 rassembla nombre d'experts internationaux pour trouver les moyens de produire les meilleurs blés en fonction des besoins à partir de l'étude agronomique et génétique des céréales. Tenue à Rome, la première Conférence internationale du blé rassembla en 1927 les 120 délégués de 30 pays et d'éminents savants, comme le Russe Vavilov ou le Canadien Newmann, qui dirigeait le service de l'amélioration des céréales de son pays. L'un des observateurs de la conférence releva l'importance des recherches au point de vue de la valeur boulangère des blés. Il jugeait que le sujet prendrait de l'importance « le jour où les minotiers consentiront à payer une prime à la qualité[56] ». Le sujet était majeur et intéressait partout. Dans la Somme, un biologiste généticien, Raoul Lemaire, commençait ses recherches sur l'obtention de blés propres à garantir la qualité nutritionnelle du pain. En 1924, il avait fondé une station phytogénétique de 84 hectares, où il créa les « bi-blés », à semer au printemps comme à l'automne, et des blés de force supérieurs aux blés du Manitoba[57]. Lorsque le cours du blé diminua dans les années 1930, les représentants des agriculteurs firent pression pour limiter l'introduction de blés exotiques dans la mouture et ainsi renforcer la valorisation des blés indigènes. En 1932, les Grands Moulins Vilgrain n'en fulminèrent pas moins devant l'obligation d'abaisser le taux de blés importés dans la mouture de 40 % à 3 %, car cela modifiait les qualités standardisées des farines.

L'encadrement législatif croissant de la filière jusqu'à l'avènement de l'ONIB

L'articulation prix/qualité/marché était cruciale pour tous les acteurs, car le contexte de surabondance des blés à la fin des années 1920 engendra des prix erratiques. Les réponses politiques multiplièrent les textes législatifs. Le soutien au blé national limita les importations, mais cela freina aussi les exportations de farine. Un syndicat de la meunerie d'exportation s'organisa avec à sa tête le président du Syndicat des semouliers de Marseille. En janvier 1933, l'expérience des contrats de report et la dénaturation des blés pour en faire une nourriture de bétail furent tentées. La loi du 10 juillet 1933, dénommée « loi de défense des blés », proposa un prix minimum de 115 francs le quintal pour contrer la décroissance des cours. Les cultivateurs y voyaient leur intérêt. Les acheteurs beaucoup moins, puisque le tarif ne distinguait pas les qualités. Le conseil d'administration des Grands Moulins de Paris concéda que la loi avait permis d'éviter un cataclysme agricole et amélioré une situation désastreuse. Mais il manifesta aussi son soutien total à la création de comités interprofessionnels départementaux composés de meuniers, de cultivateurs et de négociants pour empêcher les fraudes de toutes sortes. Car pour écouler à tout prix leur récolte, certains n'hésitaient pas à vendre sous le tarif à des meuniers ou des courtiers accommodants.

Ci-dessous: **Créé par la loi du 15 août 1936, l'Office national interprofessionnel du blé (ONIB) est un établissement public à caractère interprofessionnel placé sous la double tutelle du ministère des Finances et du ministère de l'Agriculture. Sa création avait pour objectif de remédier au déséquilibre persistant du marché français du blé par des opérations d'intervention sur les marchés (achat, stockage, vente).**

En bas : **Un champ à Bouffémont dans le Val-d'Oise, dans lequel deux agriculteurs fauchent du blé, 1930.**

À droite : **Une attention nouvelle est portée au métier de boulanger et aux techniques de production du pain. Ici, un boulanger devant son nouveau pétrin à Reims.**

TEXTE OFFICIEL
DE LA
LOI DU 15 AOUT 1936

OFFICE
NATIONAL
INTERPROFESSIONNEL
DU BLÉ

Prix : 3 francs

Etienne CHIRON, éditeur, 40, Rue de Seine - PARIS (6e)

Plus d'une douzaine de lois et trois centaines de décrets tentèrent de stabiliser la question du blé entre 1932 et 1936. Ce fut l'écho d'une politisation renforcée des campagnes entre l'affirmation d'un agrarisme conservateur virulent et l'enracinement d'une vision républicaine du monde rural[58]. Fallait-il soustraire le marché des blés aux concurrences extérieures ou réguler les distorsions intérieures ? Fixer un seuil de rémunération ou laisser le marché libre ? Contrôler la meunerie ou empêcher l'augmentation du prix du pain ? De nombreuses lois furent débattues. Dès 1934, le prix minimum ne paraissait plus être la solution en raison de son application difficile et de fraudes. Mais son abrogation effondra le marché.

Le décret-loi du 8 août 1935 marqua un autre tournant : « Le développement de véritables institutions de coopération agricole présente une très grande importance au point de vue de l'organisation d'une des branches primordiales de la production française. » Il était inspiré par le Conseil supérieur de la coopération agricole, créé en mars 1935. Il soutint le décret-loi pris le 30 octobre 1935 qui supprima la taxe sur le blé et imposa une limitation de la capacité d'écrasement de la meunerie, sous la forme d'un contingentement défini sur la production des trois années précédentes. Le Comité professionnel de la meunerie qui fut créé simultanément devait veiller à cette réglementation des moulins. Tous les meuniers n'étaient pas hostiles au contingentement. Il permettait aux petites affaires de subsister. Il devait aussi assainir une industrie suréquipée.

La création de l'Office national interprofessionnel du blé (ONIB) engendra des rapports entre agriculteurs, meuniers et État marqués du sceau du contrôle administratif. La loi publiée le 18 août 1936 avait des antécédents pour tendre vers un office du blé. Jean Jaurès avait déjà soulevé l'idée d'un organisme d'État chargé d'importer les blés. En 1925, le député socialiste Compère-Morel porta la question d'un service public agricole. D'autres hommes politiques, comme le président de la chambre d'agriculture de la Marne, le sénateur Henri Patizel, proposaient la création d'une société commerciale du blé. La loi créant l'ONIB suscita nombre de réactions[59]. L'Office devait surveiller les prix, voire les bloquer, à l'aide de comités départementaux. La cotation des blés était interdite dans les bourses de commerce. Il détenait le monopole d'importation et d'exportation des blés, des farines, des céréales panifiables, des semoules et des sous-produits. Les coopératives devenaient les seules détentrices du droit de commercialiser les blés. Le marché à terme disparaissait pour longtemps.

L'Assemblée générale des producteurs de blé (AGPB) constituée en 1924 n'était pas favorable à l'ONIB. Trop administratif et trop centralisateur. Du côté de la meunerie, les positions étaient plus contrastées, étirées entre l'approbation de la meunerie familiale et l'opposition des grands moulins. Les Grands Moulins de Paris escomptaient que cela mette fin à l'anarchie commerciale, mais l'instauration de la taxe à la mouture paraissait inique aux minoteries industrielles. Les coopératives hésitaient entre la défense de la culture et une organisation nécessaire de leurs infrastructures. L'agrément des organismes de collecte favorisa le financement des organismes stockeurs. La Providence agricole en tira parti après avoir transformé ses statuts qui la mettaient en situation depuis 1934 de stocker, vendre et transformer. Dans le nouveau contexte, la coopérative édifia en quelques semaines des magasins de fortune dans les écuries et les greniers, basculant vers un rôle commercial nouveau tourné vers le marché. Face à ces législations récurrentes, le *Journal de la meunerie et de la boulangerie* manifesta un avis critique, mais en fait très moderne : « La vraie politique agricole, c'est d'orienter l'agriculture française vers la qualité[60]. » En 1938, les droits de mouture, cessibles d'un moulin à l'autre, furent introduits. Une Caisse professionnelle de l'industrie meunière fut créée. Elle pouvait effectuer des achats de farines excédentaires.

L'attention portée à la boulangerie

La défense du pain restait cruciale. En février 1918, le ministre de l'Agriculture et du Ravitaillement prit un décret ainsi motivé : « Pour que la famille continue à avoir du pain, nous interdisons la pâtisserie et la biscuiterie. » La guerre terminée, la boulangerie ne revint pas facilement à une situation aisée. Les fournils trop limités, l'équipement technique insuffisant, la formation au métier peu développée, la connaissance scientifique de la chimie du pain peu répandue n'étaient pas compensés par le rude effort au travail et le savoir-faire artisanal de nombreux boulangers. Des voix diverses s'élevaient pour réformer la boulangerie.

À gauche : Le métier de boulanger se professionnalise. En 1930, le CAP boulanger est mis en place à l'initiative de l'École de boulangerie et de pâtisserie de Paris, créée en 1929 au sein des Grands Moulins de Paris.En 1935, l'École est reconnue d'utilité publique par décret de l'État avec le statut loi 1901.

À droite : Les procédés de production en boulangerie en pleine évolution. Vue sur les fours de l'École de boulangerie et de pâtisserie de Paris. Un nouveau procédé de cuisson du pain : le four au mazout, 1925.

En bas : Huit photographies dans le journal *L'Illustration* du 2 janvier 1932 illustrent les grandes étapes de la fabrication du pain.

Le Bulletin des Halles proposait en 1918 la création d'usines qui fabriqueraient le pain pour les boulangers « et ces derniers ne seraient plus que des commerçants et vendraient le pain comme l'épicerie, ce qui supprimerait la presque totalité des frais d'exploitation[61] ». La formule existait déjà dans les coopératives de consommation du Nord et de Belgique. Des débats scientifiques remettaient en cause le blutage à 75 % pour soutenir la production de pain bis à partir de farines à 85 %. La production de pain bis[62], qui avait été rendue nécessaire pendant la guerre du fait des difficultés d'approvisionnement, recevait désormais une caution médicale, la valeur nutritionnelle du pain bis étant reconnue comme supérieure à celle du pain blanc.

L'équipement des boulangeries s'intensifia par l'usage des pétrins mécaniques. En fait, leur arrivée était antérieure, mais leur progression résulta du manque de main-d'œuvre et d'une recherche d'hygiène. Des expositions réunies à Paris à partir de 1907 proposèrent des comparaisons entre appareilleurs. Une grande inventivité existait dans la conception et dans la géométrie des fraseurs, qui correspondait à des panifications régionales très variées et la recherche de longs pointages du pétrin. À Paris, 10 % des boulangeries disposaient de pétrins mécaniques en 1910, 95 % à la fin des années 1930. Une forme de routine artisanale disparut[63].

Plusieurs initiatives des Grands Moulins de Paris contribuèrent à professionnaliser un peu plus le métier. L'entrée au conseil d'administration du président du Syndicat de la boulangerie de Paris, Henri Damothe, créa un lien direct en 1920. La formation devint un enjeu essentiel devant la raréfaction de la main-d'œuvre consécutive à la guerre. La création de l'École de boulangerie de Paris (EBP) fut de ce fait décisive. Ce n'était pas la première tentative à des fins pédagogiques. *Du Parfait Boulanger*, que Parmentier publia en 1778 à l'ouverture de l'école incluse dans les locaux du quai de la Gare en 1929, les projets d'enseignements furent multiples : projet de la Société des ingénieurs civils pour réunir meunerie, boulangerie et station d'essai sur les modèles établis à l'étranger, première école de l'Association mutuelle de placement des ouvriers boulangers de la Seine en 1895, cours mis en place par le Syndicat de la boulangerie de Paris en 1907. Aucune formation durable n'exista avant les années 1920. La meunerie eut son école en 1924, la boulangerie cinq ans plus tard. Le 4 février 1929, l'EBP ouvrit salles de cours et fournil attenant aux laboratoires d'analyse chimique et de panification du moulin. Jusqu'à la guerre, reconnue d'utilité publique en 1935, l'école forma des centaines d'apprentis boulangers. De son côté, la chambre de commerce créa un atelier de boulangerie-pâtisserie dans son École d'alimentation ouverte en 1931. L'institution du CAP de boulangerie en 1930 prolongea la transformation engagée de l'enseignement technique.

Cet investissement des Grands Moulins se prolongeait sur le plan scientifique. La « politique du bon pain[64] » rapprocha l'entreprise et le Syndicat des boulangers de Paris à la recherche d'un contrôle de la valeur boulangère des blés. Elle bénéficia des travaux de l'ingénieur Marcel Chopin. Définie par la mesure des caractères physiques d'extensibilité et de résistance à l'extension de la pâte, déterminés par la teneur en gluten du blé, une analyse devint courante. Réalisée à la réception des grains, elle attachait les trois éléments d'un contrat marchand entre le cultivateur et son blé, le meunier et sa matière première, le boulanger et sa farine. Elle ouvrait aussi la possibilité de combiner plusieurs blés

À droite : **Marcel Chopin est un ingénieur qui a travaillé pour les Grands Moulins Vilgrain de Nancy, puis pour Grands Moulins de Paris-Bordeaux-Lille, dans la recherche de l'amélioration de la qualité boulangère des farines. Il est l'inventeur en 1920 de l'extensimètre ou alvéographe, un appareil de mesure de l'aptitude des farines de blé à la panification qui a révolutionné la boulangerie.**

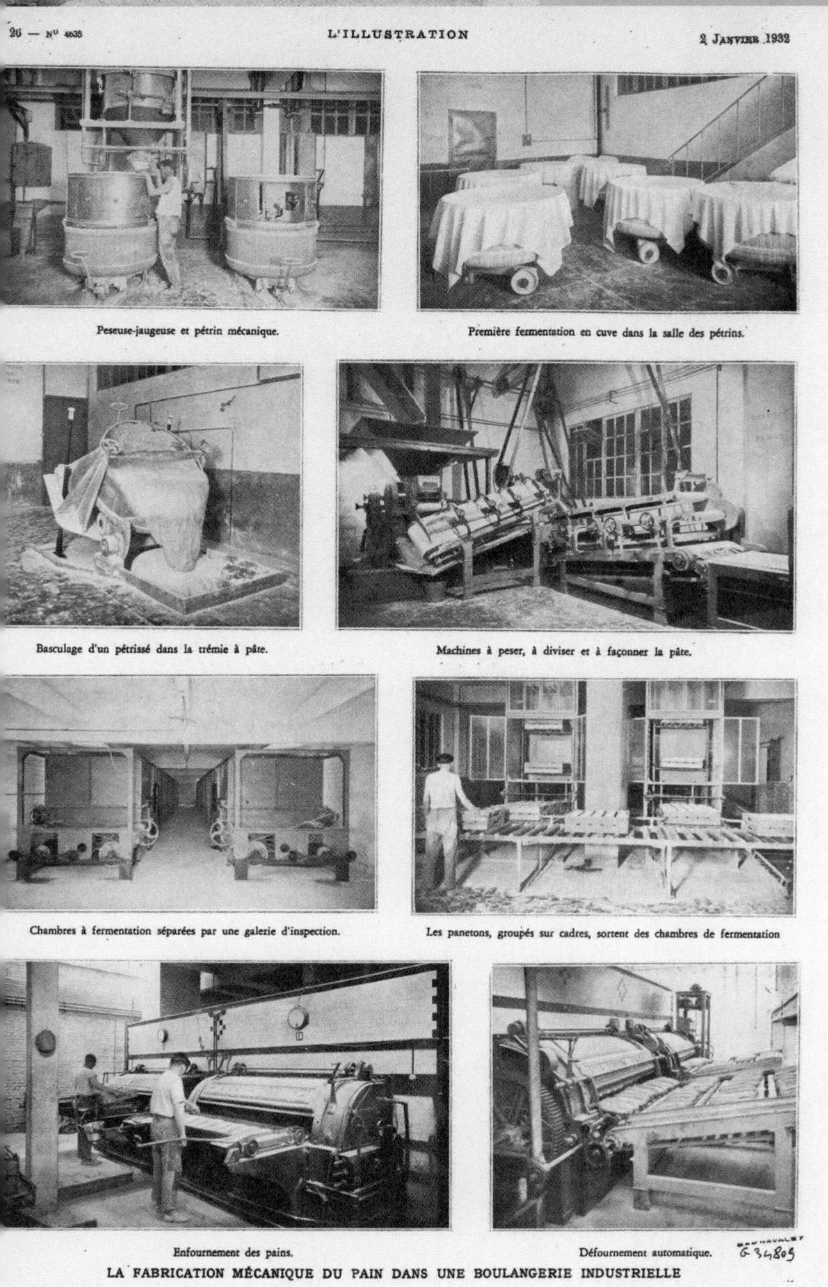

26 — N° 4635 L'ILLUSTRATION 2 Janvier 1932

Peseuse-jaugeuse et pétrin mécanique.

Première fermentation en cuve dans la salle des pétrins.

Basculage d'un pétrissé dans la trémie à pâte.

Machines à peser, à diviser et à façonner la pâte.

Chambres à fermentation séparées par une galerie d'inspection.

Les panetons, groupés sur cadres, sortent des chambres de fermentation

Enfournement des pains.

Défournement automatique.

LA FABRICATION MÉCANIQUE DU PAIN DANS UNE BOULANGERIE INDUSTRIELLE

aux caractéristiques différentes pour équilibrer le produit final. Marcel Chopin avait été engagé comme ingénieur-conseil de la Société des entreprises meunières. Il officia donc à Nancy, à Bordeaux, à Lille et à Paris. Ses travaux cherchaient à pallier l'incertitude entre la réception du blé au poids et les qualités qu'il exprimerait dans la fabrication de la farine. L'ingénieur, qui avait commencé sa carrière à la centrale électrique de Nancy, exposa son objectif dans le *Bulletin de la Société d'encouragement pour l'industrie nationale* : « La loi du gonflement panaire doit servir de guide au meunier et au boulanger qui chercheront à n'altérer que le moins possible les qualités élastiques originelles du blé[65]. » L'extensimètre mis au point en 1920, désigné ensuite sous le nom d'« alvéographe », et le zymotachygraphe, pour mesurer la fermentation des farines, entrèrent dans l'outillage scientifique des moulins. L'étude du « W », ou travail de déformation d'un pâton, révolutionna la réception des blés, la production contrôlée des farines, les certitudes boulangères.

D'autres évolutions transformaient le métier. L'utilisation de la levure progressa dans les années 1930. Mais les débats sur les qualités présumées du pain bis rappelèrent la place du levain. Une ligue du pain naturel se constitua et les critiques portées au pain blanc se logèrent jusqu'au sein de l'Académie de médecine. Les adjuvants chimiques furent interdits en meunerie en 1931. La construction des fours et les modes de combustible évoluèrent aussi. Le boulanger élargit ses ventes aux pains de régime et aux biscottes. Pourtant, alors qu'avant la guerre la consommation annuelle individuelle s'établissait à 220 kilos de pain en moyenne, en 1934 elle était tombée à 190 kilos. Un Comité central des farines et du pain, constitué en 1937 pour soutenir une propagande boulangère, ne releva pas pour autant l'activité. En 1900, 30 000 boulangeries assuraient une consommation journalière de 650 grammes de pain en ration journalière ; en 1939, 47 000 commerces comptaient sur une ration de 400 grammes[66]. Certes, toutes les farines n'étaient pas destinées au pain, mais cet aliment focalisait tous les discours.

1939-1988

2

LA REVENDICATION DE LA MODERNITÉ AGROALIMENTAIRE

L'économie de pénuries et de rationnement, qui avait tant pesé sur le quotidien des Français pendant la guerre et qui s'était prolongée jusqu'à la fin des années 1950, laissa place à une prospérité retrouvée. Dans toute la France, les forces vives se sont mobilisées pour faire passer les campagnes et les industries dans le nouvel âge de la modernité, suivant un objectif : renouer avec la croissance économique et garantir à tous une sécurité alimentaire. De la moissonneuse-batteuse au laboratoire de panification, le travail s'est précisé et la productivité s'est améliorée. Mais ce sont avant tout des trajectoires humaines qui ont ouvert l'éventail des innovations, au prix d'investissements opportuns et d'engagements volontaristes. Ici pour fonder une malterie coopérative, là pour inventer le mixe boulanger, ailleurs pour démocratiser viennoiseries et pâtisseries.

1939-1949
4. Le basculement des années 1940

Défense des blés nationaux, incitation au rendement, encadrement de la meunerie, apprentissage boulanger, limitation du prix du pain, tous les efforts entrepris avant-guerre par les acteurs de la filière céréalière volèrent en éclats. La période noire de l'Occupation fut marquée par les entraves agricoles, les cartes de rationnement et les conseils à l'intention des ménagères. La fin de la guerre sonna l'heure de la reconstruction avec de nouveaux modes de production.

LES ÉPREUVES DE LA SECONDE GUERRE MONDIALE

L'adaptation des coopératives dans la France occupée

Le 6 juin 1940, à Vertus, en Champagne, une réunion de la Providence agricole rassembla le vice-président René Page et le secrétaire Robert Mangeart, trois magasiniers, le directeur de la Banque nancéienne à Reims et un administrateur. Il y avait des décisions urgentes à prendre : « Les archives ont été évacuées et sont remisées à Vertus dans un cellier [...]. Les magasins de Vertus, Vitry-le-François, Pargny-sur-Saulx pouvant encore fonctionner, il est décidé de continuer à recevoir du blé [...]. Le conseil envisage la création d'un bureau provisoire installé aux confins de la Marne et de l'Aube en attendant une amélioration de la situation[67]. » Les présents apprirent également la mort du président de la coopérative Jean de Dartein. Les séances suivantes s'espacèrent. Dès la fin de 1940, la vente des blés fut affectée dans la Marne par des vols et des incendies, dans les Ardennes par des bombardements et des prélèvements. Près de 5 000 quintaux étaient perdus sans compter ceux des magasins situés en zone interdite. Même la ficelle disparut. Des contestations de livraisons d'orge aux Malteries franco-belges et à la coopérative SACA soulevèrent la question de prix à laquelle s'opposait la Providence agricole.

La guerre modifiait les mentalités, mais aussi les usages. L'Union des organisations agricoles de la Marne avait déjà rapproché en 1938 le Syndicat agricole de la Champagne et l'Union agricole horticole et viticole. En 1940, la Fédération des syndicats de Champagne et les organisations de Châlons-sur-Marne décidèrent la fondation commune d'un service social rural. Selon les mots de Robert Mangeart s'exprimant devant le conseil d'administration de la Providence[68], il devait avoir un grand retentissement dans la Marne « pour la formation des élites rurales ». L'initiative s'inscrivait dans la promotion de l'action corporative encouragée par la législation vichyste. Elle manifestait d'abord la convergence des catholiques et des républicains pour faire œuvre commune.

Les coopératives champenoises traversèrent la guerre selon de multiples aléas. Les cultures se maintenaient sur un territoire morcelé entre zone occupée, zone réservée et zone interdite. Les administrations fonctionnaient comme il était possible. Les réquisitions de l'Intendance posèrent immédiatement des problèmes à la CARB, entravée dans ses livraisons de farine vers la Haute-Saône, Montbéliard, Metz et même Paris. Pourtant, sa situation était saine et les réserves de blé suffisantes. En 1940, d'autres raisons suscitèrent un constat dramatique. Le président Brelest les exposa crûment au conseil d'administration en un discours transcrit dans le registre de la coopérative : « Les bureaux brûlés, les garages, ateliers et entrepôts d'engrais entièrement calcinés fumaient encore. Les silos à blés ont eu leur pignon atteint par l'incendie volontaire d'un fût de carburant enflammé au pied du bâtiment [...]. Quant au moulin, la tentative d'incendie a fort heureusement totalement échoué[69]. » Les dossiers de comptabilité, les archives de la coopérative et celles de la ville de Brienne avaient été emportés par des camions de la coopérative. Le moulin reprit son activité sous le contrôle de la *Kommandantur* de Brienne. Mais les blés n'avaient pas été remués dans les silos depuis plusieurs jours, des sacs de farine puaient le mazout répandu dans le moulin. Ailleurs, les pénuries de ficelle, faute de sisal, de semences ou d'engrais n'épargnaient personne. Dans un grave contexte politique, certaines coopératives se trouvèrent confrontées à des décisions du gouvernement de Vichy jugées aberrantes. Ce fut le cas de la CARB : versement obligatoire d'une subvention à la Corporation paysanne, arrêt du moulin en 1942 par décision de concentration meunière, obligation de cesser l'activité d'approvisionnement (engrais, tourteaux, ficelles...) – ce qui fut perçu à la Libération comme une humiliation – et intégration des petites coopératives locales.

BOULANGERIE · PATISSER
PHOTO
IDENTITES

En 1943, le rapport du conseil d'administration de la SCARM présenté aux 394 adhérents mentionna les apports très faibles de blé (84 000 quintaux) et une mouture limitée à 46 % des capacités[70]. Ce fut le moins bon résultat depuis la fondation de la coopérative. Mais le développement donné aux activités annexes (céréales secondaires, graines, semences) avait « non seulement permis de faire face aux charges [...], mais encore [de] constituer de substantielles provisions en vue de la réalisation de divers travaux d'entretien indispensables, mais dont la réalisation immédiate s'avérait impossible faute de matériaux[71] ». Chaque coopérateur reçut une ristourne de 5 francs par quintal de blé et de seigle livré. La SCARM se positionna vers l'avenir en programmant des achats d'outillage perfectionné pour traiter des « produits de qualité » et de terrains pour y bâtir de nouveaux silos et magasins. Une anticipation stratégique projeta la création d'un service spécifique de semences « dans le but de développer la culture des variétés tant de blé que de céréales secondaires les plus recherchées sur le marché et susceptibles de procurer les meilleurs rendements en culture[72] ». Cette vision était très informée dans le contexte de rationalisation recherchée de l'agriculture et d'incitations gouvernementales à promouvoir un service des semences.

La CARB ne cessa pas d'assurer ses fonctions de stockage, sans échapper à la paperasserie administrative, dénoncée dans les rapports du conseil d'administration qu'elle vienne de l'État français ou de l'occupant allemand. La sortie de guerre fut longue. Le téléphone ne fut rétabli dans l'Aube qu'en novembre 1944. Les pluies abondantes de l'automne retardèrent les ensemencements, tandis que les pommes de terre pourrissaient dans les champs. Le conseil d'administration souligna malgré tout que la coopérative avait franchi les évènements. Elle n'avait pas ménagé sa contribution au maquis, à la Résistance, au contournement du STO et à l'envoi de colis aux prisonniers. La campagne 1943-1944 ne fut pas si mauvaise en réceptionnant 129 000 quintaux de blé, soit 84 % de plus que l'année d'avant, et en fournissant 39 000 quintaux de farine. Ce n'étaient que de petits volumes au regard de la grande minoterie, mais ils répondaient à une demande régionale effective. À la fin de l'année 1944, l'administration de la CARB consigna pour l'histoire cet infini soulagement d'être sortie à la fois de la guerre et de l'hostilité que lui opposait la Corporation paysanne : « Nous reprendrons notre liberté d'action. Nous ferons évoluer les questions agricoles sur des plans d'un ordre différent et sans perdre de vue le véritable intérêt de l'exploitant[73]. »

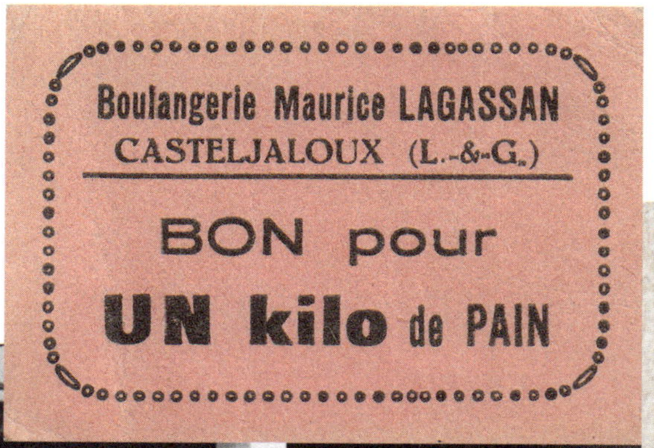

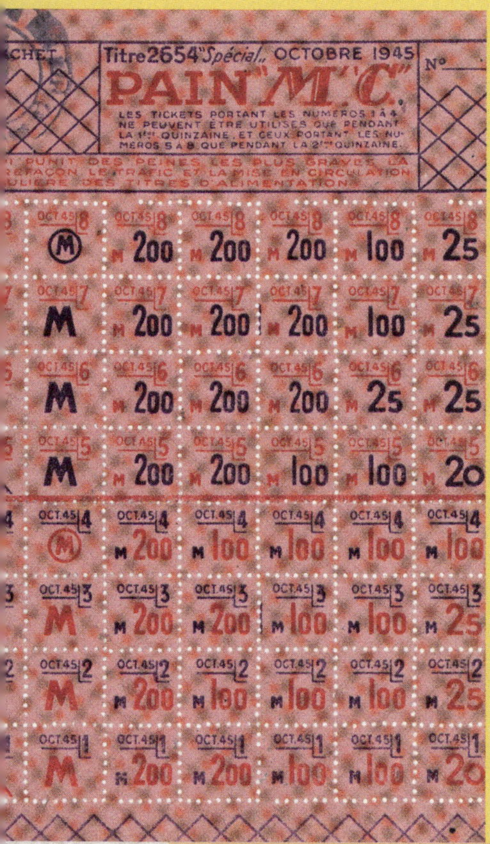

Double page précédente : **Attente devant une boulangerie à Paris en 1947.**

Page de gauche

Au milieu : **Des tickets de rationnement du pain sont mis en place en septembre 1941 pour gérer les pénuries alimentaires généralisées. Le pain, qui occupe une place importante dans l'alimentation des Français, devient un aliment essentiel.**

En bas : **Empaquetage de biscuits de soldats et de pains à destination des prisonniers en 1941.**

Ci-contre : **Tickets de rationnement de pain datant d'octobre 1945.**

Ci-dessous : **Affiche de propagande allemande accusant les résistants de l'incendie des récoltes d'être responsables de la pénurie de blé et donc de pain.**

La meunerie et l'économie administrée

Des groupements départementaux de meunerie aux quotas d'écrasement, les moulins subirent un contrôle étatique renforcé durant cette période. Le Comité professionnel de la meunerie fut transformé dès 1940 en Comité de l'industrie meunière. Un Comité d'organisation (CO) s'ajouta en 1941, conforme à la transformation des structures industrielles instaurée par le gouvernement de Vichy. Les CO devaient jouer un rôle essentiel selon la loi du 16 août 1940 qui les institua : recenser les entreprises, les stocks, les mains-d'œuvre ; établir des programmes de production ; fixer les règles de fonctionnement des entreprises. En 1943, la meunerie fusionna ses comités pour créer un Groupement professionnel de la meunerie. Les objectifs initiaux furent entravés par de nombreuses circonstances, pénuries désorganisatrices, pression de l'occupant, administration technocratique inefficace, instabilité de la main-d'œuvre requise par le STO. Il en ressortit une évolution importante de la meunerie par un processus de concentration industrielle, aux dépens des petits moulins au rayonnement local. De la même manière que les plus importantes entreprises de fabrication de pâtes alimentaires s'arrogèrent des contingents de matières premières propices à concentrer leur activité[74], la meunerie profita des rationnements de guerre pour prolonger la réduction des capacités d'écrasement instituées en 1935.

L'ONIB se transforma en ONIC (Office national interprofessionnel des céréales) le 17 novembre 1940 avec des compétences étendues. Trois ans plus tard, l'Office était devenu un simple service du ministère de l'Agriculture et du Ravitaillement. Le manque d'engrais, de semence et de main-d'œuvre affectait les récoltes. Leur répartition devint de plus en plus aléatoire. Des comités de battage contrôlèrent les quantités de céréales commercialisables par producteur à partir de 1942. Honnies par plusieurs coopératives et falsifiées par les producteurs, leurs statistiques ne garantissaient rien. Chaque moulin recevait ses céréales d'un unique organisme stockeur, dont il dépendait. Chaque boulangerie relevait des groupements départementaux de répartition des farines institués en 1940. C'est entre ces contraintes que le Comité d'organisation de la meunerie, dirigé par le président de l'Association nationale de la meunerie française, Lucien Brisson, escompta garder un fonctionnement corporatif.

Les sites les plus performants ont parfois été portés par la nécessité de produire des denrées alimentaires. En 1941, le rapport du conseil d'administration des Grands Moulins Vilgrain annonça des « résultats très satisfaisants ». Ils contrastaient avec les difficultés de fabrication liées aux transports désorganisés. Le moulin de Nancy expédia des camions jusque vers les coopératives de la Marne pour s'approvisionner en blé[75]. En 1944, l'exercice se révéla bénéficiaire à plus de 6 millions de francs. Mais toutes les années ne furent pas aussi favorables ! En 1942, les contingents qui avaient été donnés à Nancy pour fournir les Vosges furent redistribués à d'autres moulins. La ration de pain décroissait et la mouture avec elle. Les administrateurs de

RÉPARTITION DES EFFECTIFS DE LA MEUNERIE EN 1943

PERSONNEL DE DIRECTION	7 500
CADRES ADMINISTRATIFS ET COMMERCIAUX	2 100
AGENTS DE MAÎTRISE	1 200
OUVRIERS QUALIFIÉS	4 700
OUVRIERS SPÉCIALISÉS	1 700
EMPLOYÉS AUX TRANSPORTS	2 200
OUVRIERS D'ENTRETIEN	500
MANŒUVRES	3 200

SOURCE : ARCHIVES ANMT. MINISTÈRE DU RAVITAILLEMENT MONOGRAPHIES DES INDUSTRIES DE L'ALIMENTATION. LA MEUNERIE.

Agriculteurs et minotiers sont fortement mobilisés pour le ravitaillement du pays.

***À gauche : Le Petit Minotier*, bulletin d'information des Grands Moulins Vilgrain, 1943.**

***À droite :* Affiche de la Croix-Rouge en 1942 encourageant le rationnement du pain.**

***Au milieu :* Affiche pour la Loterie nationale, tirage du 27 août 1942. La Loterie nationale créée en 1933 pour aider les invalides de guerre, les anciens combattants et les victimes de calamités agricoles.**

***En bas :* Camions devant les Grands Moulins de Vilgrain prêts pour les livraisons.**

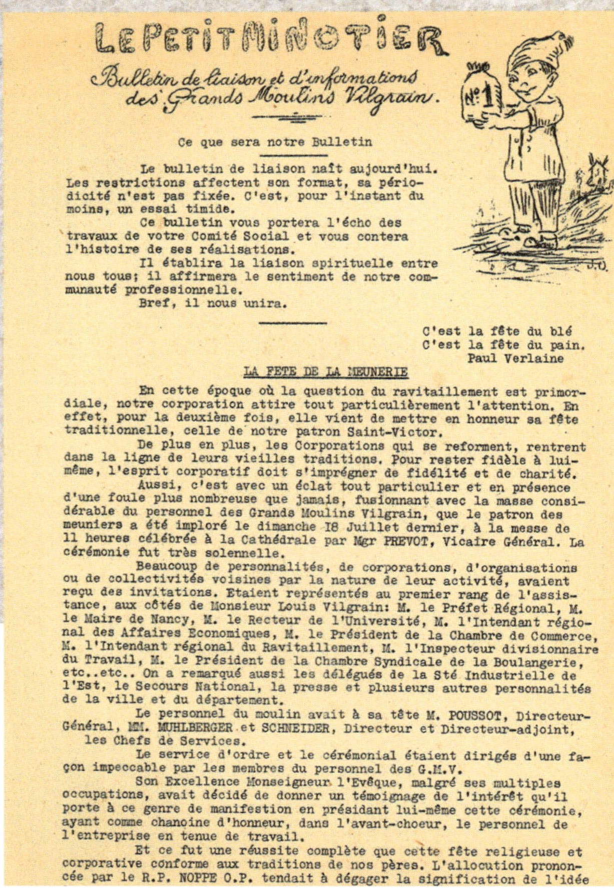

LE PETIT MINOTIER

Bulletin de liaison et d'informations des Grands Moulins Vilgrain.

Ce que sera notre Bulletin

Le bulletin de liaison naît aujourd'hui. Les restrictions affectent son format, sa périodicité n'est pas fixée. C'est, pour l'instant du moins, un essai timide.

Ce bulletin vous portera l'écho des travaux de votre Comité Social et vous contera l'histoire de ses réalisations.

Il établira la liaison spirituelle entre nous tous; il affirmera le sentiment de notre communauté professionnelle.

Bref, il nous unira.

C'est la fête du blé
C'est la fête du pain.
Paul Verlaine

LA FETE DE LA MEUNERIE

En cette époque où la question du ravitaillement est primordiale, notre corporation attire tout particulièrement l'attention. En effet, pour la deuxième fois, elle vient de mettre en honneur sa fête traditionnelle, celle de notre patron Saint-Victor.

De plus en plus, les Corporations qui se reforment, rentrent dans la ligne de leurs vieilles traditions. Pour rester fidèle à lui-même, l'esprit corporatif doit s'imprégner de fidélité et de charité.

Aussi, c'est avec un éclat tout particulier et en présence d'une foule plus nombreuse que jamais, fusionnant avec la masse considérable du personnel des Grands Moulins Vilgrain, que le patron des meuniers a été imploré le dimanche I8 Juillet dernier, à la messe de 11 heures célébrée à la Cathédrale par Mgr PREVOT, Vicaire Général. La cérémonie fut très solennelle.

Beaucoup de personnalités, de corporations, d'organisations ou de collectivités voisines par la nature de leur activité, avaient reçu des invitations. Etaient représentés au premier rang de l'assistance, aux côtés de Monsieur Louis Vilgrain: M. le Préfet Régional, M. le Maire de Nancy, M. le Recteur de l'Université, M. l'Intendant régional des Affaires Economiques, M. le Président de la Chambre de Commerce, M. l'Intendant régional du Ravitaillement, M. l'Inspecteur divisionnaire du Travail, M. le Président de la Chambre Syndicale de la Boulangerie, etc..etc.. On a remarqué aussi les délégués de la Sté Industrielle de l'Est, le Secours National, la presse et plusieurs autres personnalités de la ville et du département.

Le personnel du moulin avait à sa tête M. POUSSOT, Directeur-Général, MM. MUHLBERGER et SCHNEIDER, Directeur et Directeur-adjoint, les Chefs de Services.

Le service d'ordre et le cérémonial étaient dirigés d'une façon impeccable par les membres du personnel des G.M.V.

Son Excellence Monseigneur l'Evêque, malgré ses multiples occupations, avait décidé de donner un témoignage de l'intérêt qu'il porte à ce genre de manifestion en présidant lui-même cette cérémonie, ayant comme chanoine d'honneur, dans l'avant-choeur, le personnel de l'entreprise en tenue de travail.

Et ce fut une réussite complète que cette fête religieuse et corporative conforme aux traditions de nos pères. L'allocution prononcée par le R.P. NOPPE O.P. tendait à dégager la signification de l'idée

Nancy recherchaient pourtant des solutions : modification du diagramme de mouture pour économiser la force motrice, tentative de négociation avec la Société de fabrication d'aliments composés pour le bétail finalement interdite par la Préfecture, location de stockages et de sacs aux coopératives. À l'hiver 1942, les Vilgrain s'estimaient être devenus des « façonniers » dépourvus de toute initiative par l'État et entravés par l'« incurie des services administratifs[76] ». Mais ils n'étaient pas hostiles à l'organisation du marché des farines et ils témoignèrent plusieurs fois leur confiance en ce sens au Comité d'organisation de la meunerie.

Ils intégrèrent aussi les dispositifs sociaux que revendiquait le gouvernement de Vichy, notamment parce qu'ils prolongeaient des actions paternalistes qu'eux-mêmes avaient promues localement. Un Comité social apparut en 1941 dès le lendemain de la loi les promulguant. Une assistante sociale encadrait des colonies de vacances. Une bibliothèque de 260 livres était ouverte pour « s'évader des soucis matériels et moraux du présent ». Un service médical apparut. Un bulletin de liaison et d'informations des Grands Moulins Vilgrain prit forme sous la dénomination du *Petit Minotier* en 1943. Il voulait unir la communauté professionnelle et se manifesta pour fêter la Saint-Victor et la corporation. Le 10 février 1944, le président du conseil d'administration releva ainsi : « Je crois que tout cet ensemble a contribué à créer parmi le personnel cet esprit communautaire d'entreprise qui me paraît indissolublement lié à une conception moderne du travail et qui a trouvé cette année sa consécration dans la fête patronale de la meunerie[77]. » À Paris, des dispositions sociales semblables forgèrent un état d'esprit corporatif évoqué plus tard comme l'incarnation d'une famille à travers les modalités d'embauche. Le Comité social créé en 1942 accompagna l'institution d'une cantine de 400 repas quotidiens, la création d'un service médical, l'apparition d'une société de secours mutuels.

La meunerie dut se résoudre à accepter les injonctions pour soutenir le ravitaillement alimentaire : taux d'extraction élevé, introduction de succédanés dans les farines, instauration d'un rationnement complexe à l'aide des tickets et des coupons. Quatre types de farines furent livrés durant la guerre : l'une destinée aux boulangers, allant jusqu'à 98 % d'extraction au pire des pénuries, une autre réservée aux biscuitiers au maximum de 85 %, une à 65 % pour ravitailler les fabricants de pâtes alimentaires, une farine générique, dénommée « R » autour de 75 %. Les sous-produits (gros sons, fins sons, remoulages, petit blé, criblures de nettoyage) qui engendraient avant la guerre un commerce actif à destination de l'alimentation animale diminuèrent. La guerre dégrada un peu plus les exportations de farines. Alors qu'elles étaient considérées comme un atout de la meunerie française par leur richesse en gluten, les ventes de farines avaient baissé au rythme du ralentissement du commerce international dès les années 1930. De 1,5 million de quintaux en 1934, les exportations chutèrent à 500 000 quintaux en 1938, envoyées à 70 % vers les colonies. Aux Grands Moulins de Paris, les exportations avaient été précoces et intenses. La guerre les affaissa, mais l'entreprise prit des participations à Casablanca et Orléansville dès 1942 pour en contourner l'effet. En 1945, plusieurs solutions étaient avancées pour reprendre ce marché d'export : intégrer l'industrie meunière d'Afrique du Nord, réduire les taxes de tous ordres, étendre un tarif préférentiel vers les marchés impériaux.

À la sortie de la guerre, les mutations structurelles pour faire évoluer la productivité des moulins s'imposèrent à la meunerie. Le nombre comptabilisé en 1945 confirma la prépondérance des très grandes usines. Sept moulins avaient un contingent de mouture supérieur à 900 000 quintaux (Paris, Corbeil, Lille, Strasbourg, Bordeaux, Pantin, Nancy), 60 se situaient entre 600 000 et 120 000 quintaux, dont ceux de la SCARM, des établissements Brisson-Dauthel à Dienville dans l'Aube, Despretz à Marquette-lez-Lille, Milliat à Lyon, les Grands Moulins de Marseille, ceux de Reims. Ces moulins disposaient d'une main-d'œuvre nombreuse et d'un encadrement élevé. En 1943, la meunerie comptait 23 000 personnes avec une polarisation de l'emploi tournée vers les grands moulins.

À Nancy, le moulin rassemblait 217 personnes à l'automne 1944, dont 168 en usine. Durant la guerre, il livra au plus bas 356 000 quintaux de farine en 1944, et au plus haut 692 000 quintaux en 1940. La guerre s'acheva sur un traumatisme. Le rapport du conseil d'administration à l'assemblée générale du 11 avril 1945 le déclara après le décompte des morts : « À ce triste bilan est venue s'ajouter, à la veille du jour glorieux de la libération de Nancy, la destruction brutale, cruelle, froidement préméditée et exécutée de notre belle usine. En quelques heures, l'usine était transformée en un tas informe, en débris de ferrailles et de briques parmi lesquels il était même impossible de reconnaître les machines [...]. Nous étions fiers de notre usine. Sa silhouette élégante en travers de la rivière était connue, et, croyons-nous, appréciée des Nancéiens [...]. et pouvait supporter la comparaison avec n'importe quel moulin au monde[78]. » À la chambre de commerce de Nancy, le problème fut immédiatement considéré : « La destruction des Grands Moulins Vilgrain met la boulangerie d'une grande ville comme Nancy dans une mauvaise posture. Près de 140 boulangeries sont approvisionnées par 23 moulins différents de moyenne et de petite importance. Les qualités de farine reçues sont très différentes, qualité normale pour la plupart, mais aussi et trop souvent des farines impropres à la panification[79]. » Le moulin Vilgrain, qui assurait 70 % des fournitures de farine en Meurthe-et-Moselle, devait impérativement être doté de dommages de guerre permettant une reconstruction rapide. Elle prit cinq ans. La guerre laissa aussi ses traces dans le moulin parisien, où la sacherie fut détruite à l'été 1944. Durant l'Occupation, les approvisionnements irréguliers avaient engendré un rythme de travail inhabituel, quand bien même tout le personnel fut gardé sur place. Les moutures déplacées vers des produits divers fonctionnaient mal. L'orge était inadaptée au tamisage. Le maïs donnait une farine non panifiable. Mais tout était tenté : produire de la farine de caséine pour une biscuiterie de Montreuil, moudre des cosses de cacao, essayer le seigle.

L'INJONCTION DU PRODUCTIVISME AGRICOLE APRÈS LA GUERRE

Une agriculture transformée

L'agriculture et le monde rural sortirent brutalement des incertitudes de la guerre à des échelles différentes. Le président de la Providence agricole reçut ce message d'un fermier d'Étoges en janvier 1946 : « Je considère la période dans laquelle nous vivons tout à fait lamentable et je ne veux plus m'occuper de rien. Je comprends ceux qui quittent la France[80]. » Le ministre de l'Agriculture Tanguy-Prigent, qui garda son portefeuille durant trois ans, disait quant à lui qu'il fallait une agriculture moderne, efficace, en mesure de s'intégrer dans une économie planifiée. Dans les couloirs de la Conférence de Québec, qui créa l'Organisation pour l'alimentation et l'agriculture des Nations unies (FAO) en 1945, la transformation des modes de production et la relance du commerce international passaient en priorité. La dégradation des productions agricoles fit perdurer une faim inassouvie. Elle ne paraissait pas pouvoir être résolue sans la mise en œuvre d'un productivisme volontariste. En France, il fallait se contenter de 4 millions de tonnes de froment en 1947 contre 10 en 1938 après des campagnes catastrophiques. Le rendement du maïs tomba à 7 quintaux par hectare quand il en atteignait 27 aux États-Unis. Face au terrible constat de la dénutrition infantile et aux pénuries alimentaires, chacun attendait que l'agriculture réponde à des besoins accrus.

Les États-Unis y trouvèrent un moyen d'influence. Le discours du général Marshall annonça des financements en 1947 sous la forme du plan qui porte son nom. Sur 8,6 milliards de dollars de crédits attribués à l'Europe, l'agriculture devait percevoir environ 7 % des fonds. La France, avec les Pays-Bas et l'Italie, était la principale bénéficiaire assignée. L'arrivée des tracteurs américains resta comme un symbole fort de cette aide. Le financement se porta sur les machines agricoles, les coopératives fermières, la production d'engrais azotés, l'irrigation. Les missions de productivité effectuées aux États-Unis – au total quasiment 500 réalisées entre 1949 et 1955 par des cadres, des ingénieurs, des syndicalistes, des patrons au titre de nombreuses branches industrielles – renforcèrent les préconisations d'organisation des usines. Les agriculteurs entrèrent dans la même logique dès les années suivantes. Classée dans les activités de base du plan Monnet lancé en 1948, l'agriculture française ne s'en tint pas à cette dépendance américaine. Les initiatives furent très nombreuses pour relancer la production et leurs sources d'inspiration multiples, dont certaines bien antérieures aux apports américains.

Durant la guerre, le programme allemand d'accaparement des ressources françaises prônait déjà l'intensification agricole. Experts du Reich et convaincus de la performance agraire soutenaient, par exemple, la nécessité de transformer les terres légères de la Marne pour y produire plus de blé. Sous la même influence, les recherches semencières

À l'heure de la Reconstruction, l'agriculture est relancée et la modernisation de l'agriculture soutenue par le plan Marshall.

En haut : **Affiche du bon du Trésor pour la reconstruction de la France avec les figures de l'agriculteur et de l'ouvrier.**

En bas : **Affiche de l'*Exposition agricole* organisée dans le cadre du plan Marshall, 1950.**

À droite : **Démonstration de moissonneuses-batteuses à Sivry-Courty en Seine-et-Marne, le 3 août 1952. En 1945, l'agriculture française est sous-équipée, elle ne compte aucune moissonneuse-batteuse, seulement quelques milliers de tracteurs, et ce sont les animaux de trait qui assurent le rendement agricole. Grâce aux aides du plan Marshall, les agriculteurs vont pouvoir acheter, en coopérative ou personnellement, leurs premiers tracteurs et ce jusqu'à la disparation totale de la traction animale.**

avaient engendré l'apparition du Groupement national interprofessionnel des semences (GNIS) en 1941 et une réglementation promue en 1942 à la source du catalogue d'inscription variétale[81]. La mise en place de l'Institut national de la recherche agronomique (INRA) en 1946, héritier de l'éphémère Institut des recherches agronomiques fondé en 1921, des stations agronomiques et des laboratoires plus ou moins soutenus par les pouvoirs publics depuis les années 1930, tourna l'effort de recherche vers la fertilisation des sols, l'amélioration génétique, la zootechnie. Ce n'était au départ qu'une institution modeste, faiblement dotée et insérée dans un dispositif de recherche concurrentiel entre anciens et nouveaux établissements porteurs d'une expertise agronomique. Les pionniers de l'INRA n'avaient pas les moyens de leurs ambitions[82]. Il leur fallait à la fois diffuser les apports de la recherche scientifique et les nouer avec l'application pratique sur le terrain. La création d'un Salon de la machine agricole au lendemain de la guerre favorisa une plus forte mécanisation des exploitations. Le Fonds national de modernisation et d'équipement poursuivit les investissements engagés dans l'entre-deux-guerres en faveur de l'industrie des engrais, en particulier les engrais azotés portés par la réclame : « 1 kg d'azote, 20 kg de blé supplémentaires[83] ». Les statistiques d'engrais annonçaient la modernisation agricole au même titre que la sélection des semences et la motorisation des campagnes. Les prosélytes du productivisme agricole retrouvaient les accents de la fin du XIXe siècle, lorsqu'il fallait soutenir le sulfate d'ammoniaque et annoncer des récoltes mirifiques.

En préalable à son analyse de la grande culture qui se développa en Champagne après la guerre, l'agroéconomiste qui fut membre de la Fédération nationale des syndicats d'exploitants agricoles (FNSEA), Joseph Garnotel, rappela la situation champenoise au milieu du XXe siècle. La consommation de fertilisants était de moitié moindre dans la Marne par rapport aux terres du Nord, bien que supérieure aux moyennes nationales, tournée principalement vers les apports en potasse. La moyenne des rendements observée à la fin de la décennie atteignait de 20 à 23 quintaux de blé tendre d'hiver par hectare en Champagne, à comparer aux 33 quintaux du Nord, mais aux 18 de la France entière. La Champagne et les Ardennes comptaient en 1946 plus de 15 100 exploitations sur 537 000 hectares[84]. Proches de celles du Bassin parisien, elles consacraient 82 % de la superficie agricole aux labours, dont 54 % portaient des céréales. Peu de cultures à forte marge ici (8 % des terres labourées destinées à cet usage dans l'Aube, 13 % dans les Ardennes, 17 % dans la Marne) face aux départements du Nord (28 %) ou de l'Aisne (26 %)[85]. La valeur de la propriété agricole apparaissait encore faible, supportant le travail de 14 000 salariés et 42 000 travailleurs familiaux.

L'adaptation du modèle coopératif

Avec la rénovation du statut du fermage (ordonnance du 17 octobre 1945 et loi du 30 mars 1946) et l'ouverture d'un budget dédié à la vulgarisation des progrès agricoles, la loi du 10 septembre 1947, qui devint le texte de référence du statut des coopératives, marqua une étape essentielle. La loi prévoyait que les coopératives comptent plusieurs types de membres. Si l'adhésion était volontaire et ouverte à tous, elle impliquait le partage d'intérêts communs, le ralliement aux valeurs et la prise en compte de la pluralité des situations individuelles. Entre associés coopérateurs et associés non-coopérateurs, entre agriculteurs membres de la coopérative et employés de la coopérative, la précision des rôles appelait la structuration de plus en plus professionnalisée de ces établissements. Elle supposait un engagement fort, support d'une propriété collective et d'un pouvoir exercé démocratiquement. C'était le moyen de garantir au coopérateur ne percevant pas de dividende l'assurance d'une rémunération de ses engagements sous la forme des ristournes. Mais la poursuite d'objectifs partagés primait.

L'évolution des coopératives s'inscrivit dans un contexte volontariste. L'embauche départementale de conseillers agricoles par les chambres d'agriculture reconstituées en 1949 en donna un signe supplémentaire.

Au cœur de la Champagne où les coopératives étaient déjà nombreuses, ces mutations s'étaient engagées dès la fin des années 1940. L'agriculture régionale se transformait grâce à ses hommes. La création de la Fédération départementale des syndicats d'exploitants agricoles (FDSEA) de la Marne comme de l'Aube se fit en 1945 dans un certain enthousiasme. La FDSEA de la Marne devint le lieu de convergence d'opinions différentes, des communistes aux catholiques issus de la Jeunesse agricole catholique (JAC) créée en 1929. Elle fut présidée par Robert Mangeart, qui était également à la tête de la Providence agricole depuis 1947. La création de la Fédération nationale de la coopération agricole (FNCA) ne remit pas en cause les deux groupes organisés à partir des unions – le groupe Mac-Mahon, prolongateur de la Société nationale d'encouragement à l'agriculture (SNEA) républicaine – ou des fédérations (le groupe Lafayette, prolongateur de la SAF conservatrice), mais l'évolution des coopératives était sous-jacente. Pour répondre à tout ce que le pays attendait d'eux, les agriculteurs étaient incités à s'adapter, en Champagne comme ailleurs.

En décembre 1946, les administrateurs de la SCARM entendirent un discours navrant pour la seconde fois depuis la fin de la guerre : « Un véritable désastre, tout au moins du point de vue des rapports de blé et céréales[86]. » La coopérative était tombée à 69 000 quintaux, le pire résultat de son histoire. Les adhérents étaient moins nombreux qu'avant-guerre, les difficultés de transport ayant conduit certains des membres à privilégier la coopérative la plus proche. D'autres signes étaient pourtant porteurs d'espoir. Le moulin avait su traiter de nombreux succédanés. Le travail sur la sélection des semences permit de proposer des variétés de bonne valeur boulangère. L'Office départemental autorisa la coopérative à fabriquer ses propres engrais et à devenir centre répartiteur.

En 1948, la multiplication des moissonneuses-batteuses, « appareils dont l'emploi se généralise de plus en plus[87] », devint un problème paradoxal, loin de l'image classique d'une modernisation américanisée soudainement accélérée. La nouvelle machine modifiait la réception des blés. Les adhérents de la SCARM durent « apporter une grande attention à la propreté des grains et à leur parfaite maturité, la présence de verdillons provoquant un échauffement très rapide ». Le taux d'humidité était un autre point important, un blé titrant plus de 17 % d'humidité ne pouvant être stocké sans danger en silos. Faute de place et de moyens financiers, la coopérative ne pouvait « envisager une installation de séchage dont le débit ne correspondrait d'ailleurs pas aux besoins réels en année humide[88] ». Les solutions étaient discutées entre partisans d'un séchage préalable à la ferme et partisans d'un séchage chez le stockeur. L'avis fut de se rapprocher des cultivateurs anglais, jugés avoir quelques années d'expérience sur ces questions. À la même époque, faute de main-d'œuvre, la question du transport en vrac aux silos émergeait sans solution pour s'y adapter autre que d'investir dans de nouvelles installations. À la fin de la décennie, la SCARM entrait 157 000 quintaux de blé, 9 000 de seigle, 54 000 de céréales secondaires.

L'extension régulière des moyens devint le lot commun des coopératives. La CARB en fit l'expérience après la guerre en reprenant des magasins de stockage ou en achetant des terrains pour en élever. En 1948, elle acheta les bâtiments de l'ancienne choucrouterie juste en face de son moulin de Brienne. Le site était de loin le foyer principal de stockage de la coopérative, cinq fois plus important que les stockages de Vendeuvre au sud du département. Elle ne retrouva pourtant pas un niveau d'entrées de céréales rentable avant 1950. À cette date, elle dépassa 220 000 quintaux (90 % de blé). Les sorties d'engrais et d'aliments pour bétail développés depuis 1934 procuraient une activité marginale.

Au milieu : **Vallée de la Marne près de la Ferté-sous-Jouarre (Seine-et-Marne). Moissonneuse tirée par un tracteur, photographie de René Giton dit René-Jacques.**

À gauche : **Carte postale publicitaire des années 1950 du Comptoir français de l'azote vantant l'utilisation d'engrais azotés pour les récoltes.**

Ci-contre : **Affiche de la Jeunesse agricole catholique (JAC), 1939. Après la Seconde Guerre mondiale, la JAC se donne pour ambition d'accompagner l'essor de l'agriculture pour nourrir le pays en misant sur les nouvelles techniques de production (la mécanisation et les engrais). La JAC a permis d'organiser la profession par les organismes de gestion, les coopératives, les mutuelles et les syndicats agricoles.**

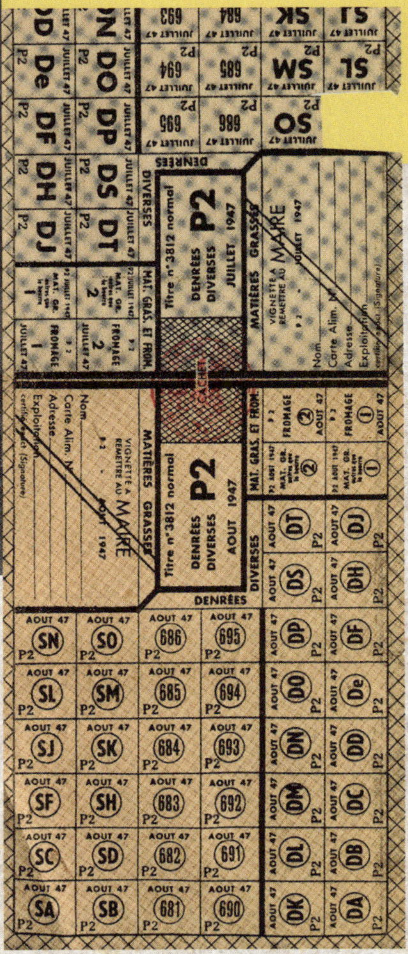

Ci-dessus : **Les pénuries se prolongent bien après la guerre. Des clients sortent mécontents d'une boulangerie après la diminution de la ration quotidienne de pain à Paris, en août 1947. La ration de pain passe alors de 300 grammes par jour début 1947 à 200 grammes par jour en septembre.**

À droite : **Carte de rationnement en 1947.**

Page de droite : **Les mères de famille protestent contre la pénurie alimentaire, notamment le manque de pain, en septembre 1947 à Paris.**

LA RELANCE D'UNE FILIÈRE

Des émeutes pour du pain

Loin des projections économiques, le quotidien alimentaire des Français ne s'améliora pas de suite. Le pain suscitait l'inquiétude, par sa quantité comme par sa qualité. Les rigueurs climatiques et la gestion des approvisionnements provoquèrent des pénuries de blé en 1947. L'année précédente, il avait fallu acheter du blé « soviétique » débarqué à Marseille. Des tentatives pour importer du blé canadien se heurtèrent aux rigidités diplomatiques du commerce international à peine renaissant. La ration de pain diminua. En mai 1947, elle se situait à 250 grammes par personne et par jour. Faute de blé, l'ONIC suggérait l'introduction d'avoine. La guerre était terminée depuis plusieurs mois, mais le manque de pain provoqua des incidents et des émeutes de la faim. La moitié des manifestations de rue enregistrées de novembre 1944 à octobre 1947 émanèrent de ménagères angoissées[89]. Manque de sucre, manque de viande, manque de pain. Le 14 mai 1947, le président de la République Vincent Auriol alla jusqu'à tenir une allocution radiodiffusée pour que les agriculteurs livrent leur blé dans une « croisade du pain ». La ration tomba pourtant encore plus bas, à 200 grammes en août 1947, à comparer aux 600 grammes consommés en 1913. Ce fut une flambée de violence à l'été, qui rappela l'urgence de retrouver un marché alimentaire stable.

Jean-Marie Le Clézio a évoqué ces souvenirs ambivalents de son enfance associés au pain gris fait avec de la farine avariée et de la sciure de bois, et plus tard, au pain carré, à la mie blanche, légère et odorante, fait au moule avec de la farine de force. Sa « ritournelle de la faim » était la préoccupation de beaucoup de Français à la fin de la guerre[90]. Pour la majorité des consommateurs, un pain de qualité était associé au pain blanc. Il resta rationné jusqu'en 1950. Mais il suscita une mobilisation scientifique nouvelle, car sa qualité était aussi un sujet grave. Mélanges, blanchiment chimique de la farine, pourtant interdit, salubrité aléatoire n'étaient pas rares. Le Centre national d'études et de recommandations sur la nutrition et l'alimentation (CNERNA), créé en 1946 et dirigé par le physiologiste Émile Terroine, engagea l'étude de cette consommation décroissante de pain. Il promut l'crganisation des Journées scientifiques du pain en 1948 et orienta surtout une longue enquête qui prit plus d'une décennie pour étudier toutes les strates de la fabrication. La quête scientifique ne fut pas moindre au sein des Grands Moulins de Paris et au laboratoire de l'École de boulangerie.

UFF DE S'OUEN
DU PAIN
POUR NOS
ENFANTS
ARRET DES
ENVOIS DE
VIVRES EN
ALLEMAGNE
RETABLIR
LA RATION
DE PAIN
DES J2

Nouer agriculture et industrie

La crise du pain et de la faim témoignait en fait des insuffisances agricoles de la France, de la désorganisation du pays, du crédit politique à restaurer. L'accord international de Washington sur le blé, conclu en 1949 par 41 pays, devait stabiliser le marché. La solution d'importations massives n'était pourtant pas en France un choix de long terme. Dès la fin de la guerre, il apparut à beaucoup d'observateurs qu'il faudrait penser des solutions combinées. La notion de filière, intégrant les étapes de la culture, de la transformation et de la distribution, prit un nouveau sens, porté par l'organisation des marchés et la rationalisation des techniques. Autrement dit, l'industrialisation de la filière était revendiquée par les instances officielles, non sans proférer parfois un discours condescendant face aux populations rurales présumées rétives à la nouveauté.

Au 2e Congrès national des industries agricoles et de l'alimentation, réuni à Paris en octobre 1949, le directeur des laboratoires de l'École française de meunerie fit l'analyse suivante : « L'emploi industriel des céréales et de leurs sous-produits contribue de toute évidence à la mise en valeur des produits agricoles. » Pour justifier leur développement, il s'appuyait sur deux constats. D'une part, la crise du pain marquée par la réduction des consommations n'allait pas s'interrompre sans retrouver une excellente qualité boulangère. D'autre part, tous les établissements industriels devaient compenser cette moindre affectation de la farine. Le territoire comptait 180 biscotteries, 25 semouleries, 370 usines de pâtes alimentaires, 700 biscuiteries, 200 entreprises de fabrication de produits de régime et 60 usines de pains azymes et d'entremets. Un peu plus régionalisée, la répartition des entreprises de biscuiterie, pains d'épice et pâtisserie industrielle montrait quatre pôles majeurs : le département de la Seine (169 entreprises), le Nord (53), les Bouches-du-Rhône (28), la Gironde (21). La Marne en comptait 12, l'Aube, 5, la Meurthe-et-Moselle, 8[91]. Il lui semblait par ailleurs que l'alimentation du bétail allait nécessairement croître par la tendance accrue à la consommation de viande. Elle ne mobilisait alors qu'un millier d'entreprises. Beaucoup de semouleries qui travaillaient le blé dur l'utilisaient en annexe de la fabrication pour les pâtes alimentaires. La plupart des semouleries étaient implantées en Algérie et à Marseille. Toutes ensemble, ces industries traitaient plus de 100 millions de quintaux de céréales.

À partir des années 1950, les céréaliers se donnent une nouvelle ambition : l'industrialisation de la filière. Les premières installations permettant la valorisation du grain sont créées.

En haut : **Vue aérienne des Grandes brasseries et malteries de Champigneulles (Meurthe-et-Moselle) en octobre 1957. Les Grandes brasseries et malteries de Champigneulles sont situées dans la plaine de la Meurthe, entre la rivière, la voie ferrée Nancy-Metz et le canal de la Marne au Rhin. Les deux bâtiments abritent la malterie transformant chaque jour 400 quintaux d'orge, et la brasserie. À côté se trouvent les caves les plus importantes de France, qui peuvent contenir 176 000 hl.**

À droite : Messidor, **annuaire de la meunerie, édition de 1950.**

En bas : **Grandes brasseries et malteries de Champigneulles, sponsor du Tour de France dans les années 1950.**

MESSIDOR
ANNUAIRE
DE LA
MEUNERIE
FRANÇAISE A BLÉ ET A SEIGLE
2e ÉDITION 1951
SOCIÉTÉ D'ÉDITIONS GÉOGRAPHIQUES PROFESSIONNELLES
Société à responsabilité limitée au capital de 1.000.000 de francs
9, RUE COËTLOGON, PARIS (VIe)
Tél. : LITTRÉ 04.72 Télég. : EGEPCART-PARIS

De leur côté, la malterie et la brasserie, qui regroupaient environ un millier d'usines, traitaient 2 millions de quintaux d'orge. La production française de bière était en réduction constante. D'un maximum de 18 millions d'hectolitres en 1931, elle n'était plus que de moitié en 1945. Depuis les années 1900, pourtant, les brasseurs avaient soutenu l'amélioration des orges françaises pour supprimer les semences communes et étendre les cultures. La Société d'encouragement de la culture des orges (SECOBRA) est créée en 1902, avec un laboratoire de recherche implanté en région parisienne (Maule). La définition de standards

d'orge de brasserie était devenue la règle à partir de 1928. Enfin, une vingtaine d'usines d'amidonnerie transformaient 700 000 quintaux de grains divers (maïs, riz, froment).

De ces observations, Jean Buré, le directeur des laboratoires de l'École française de meunerie, avançait des objectifs. En suivant les préconisations des physiologistes, il faudrait obtenir des farines extraites à 80 % permettant à la fois la fabrication d'un beau pain et une composition nutritionnelle suffisamment riche. Il recommandait de surcroît « d'enrichir artificiellement les farines de vitamines et d'éléments minéraux indispensables. Deux tendances appliquées dans les pays anglo-saxons[92] ». Il dessina surtout des perspectives économiques très prometteuses et globales à la filière céréalière. Dans une Europe occidentale plutôt importatrice, seule la France était considérée comme exportatrice, de farines, d'amidons, de malt. L'emploi industriel de la paille pouvait soutenir la fabrication des plastiques et du nylon, à la suite de la promotion des textiles synthétiques durant la guerre. Le grain, matière première privilégiée pour les transformations qu'elle permet, pouvait entrer dans une chaîne de valeur accrue. Mais tout cela n'irait pas sans une relation forte entre agriculteurs et industriels. En 1949, lors du même congrès, une motion appelant à développer les sources de documentation et d'information interprofessionnelles le rappela : « Tout doit être mis en œuvre pour que le lien d'interdépendance naturelle entre l'agriculture et l'industrie alimentaire réapparaisse clairement à chacun[93]. » Les Grands Moulins de Paris s'inscrivaient bien dans ce cadre. L'annuaire de la meunerie française à blé et à seigle, qui fut publié sous le nom de *Messidor* à partir de 1950, posait, en illustration de la corporation sur sa couverture, un moulin à vent et en contraste un moulin industriel aux silos dressés en bord d'un axe fluvial. Parmi les premières pages de la seconde livraison, une publicité du minotier parisien surlignait une photographie couplant cylindres et épis de blé. Le slogan résuma les aspirations de la relance productive : « Une remarquable installation mécanique[94]. »

Jean Buré, la science de la filière céréalière

Né en 1912 à Tergnier (Aisne), Jean Buré a multiplié les fonctions au carrefour de la filière céréalière tout au long du XXe siècle, après avoir embrassé cette spécialisation dès 1935. Ingénieur agronome et ingénieur de l'École française de meunerie, il enseigna la chimie et les industries des céréales à l'École nationale des industries agricoles et alimentaires, implantée à Massy (Essonne) durant les années 1960. Il y développa notamment la science nouvelle de la rhéologie, vecteur essentiel pour étudier la qualité des produits de panification. Son enseignement reposait sur une connaissance scientifique diffusée par nombreux ouvrages techniques, notamment *Le Problème du séchage des grains* (1949) et *Le Séchage des grains par l'air déshydraté à température ordinaire* (1950), l'un et l'autre publiés par l'Association générale des producteurs de blé.

Directeur des laboratoires de l'École française de meunerie et directeur du département des industries des céréales à l'École nationale des industries agricoles et alimentaires, il articula la chimie céréalière et l'amélioration des technologies des industries en aval. Président de l'Association internationale de chimie céréalière, il fut l'artisan majeur du grand colloque du Centre national de coordination des études et recherches sur la nutrition et l'alimentation (CNERNA) tenu en 1977 sur le pain et son rôle dans l'alimentation humaine. Les actes du colloque, qui furent publiés sous sa direction au CNRS en 1979, mettaient bien en évidence les enjeux communs de la production des céréales, les choix possibles entre blés de force et blés tendres classiques, l'obtention des farines panifiables et les indications de la force boulangère des blés, l'importance de la fermentation panaire, les caractéristiques du pain au levain et les techniques de pétrissage. Le producteur de blé et le boulanger allaient de pair dans cette approche au cœur des mutations de la filière, traduites par les bouleversements de la meunerie, la rénovation du commerce boulanger et l'appétit des Français pour leur pain.

Les travaux de Jean Buré renvoyaient autant à la typologie des semences céréalières qu'aux formes d'incision à la surface des pâtons du boulanger pour assurer leur bon développement à la cuisson. La publication de l'ouvrage *Chimie du blé : la pâte de farine de froment* en 1980 sanctionna cette expertise avant qu'il ne devienne membre titulaire de l'Académie d'agriculture de France, après en avoir été correspondant national depuis 1969.

Il ne s'en tenait pas à l'analyse technique de la filière céréalière sous le seul angle du pain. En 1970, il fit paraître un article dans la revue *Économie rurale*, où il analysa la production de viandes végétales, très en avance sur des interrogations qui s'amplifient au XXIe siècle à partir de considérations environnementales et nutritionnelles*. Remarquant que les viandes synthétiques produites aux États-Unis à partir du soja introduisaient une innovation notable, il ne pensait pas qu'elles puissent concurrencer la viande. Mais l'innovation avait été présentée au Salon des industries de l'alimentation (SIAL) à Paris dès 1966 et le professeur Buré y voyait la promotion de « nouveaux aliments commodes ». Il rappela d'ailleurs que le laboratoire de l'ENSIA avait déjà apporté sa contribution à une société française d'ingénierie qui mettait au point l'extraction et la récupération des protéines de légumineuses à destination d'un pays méditerranéen en collaboration avec l'ARIA. L'enjeu lui paraissait majeur : comment fournir les protéines à la demande alimentaire humaine confrontée à l'accroissement des populations mondiales à l'horizon du XXIe siècle ? Nous y sommes.

*Jean Buré, « La production de viandes végétales », *Économie rurale*, 1970, n° 85, p. 177-181.

1950-1969
5. L'intégration dans une nouvelle croissance économique

Des champs de céréales à la meunerie, les deux premières décennies de l'après-guerre furent des années de bouleversements rapides. La mécanisation et le remembrement des exploitations, l'augmentation considérable de la productivité, l'avènement de la politique agricole commune transformèrent les campagnes à cadence forcée. L'évolution de la réglementation meunière accentua de son côté le processus de rationalisation des moulins. Limitation des écrasements, droits contingentés de mouture, marges bénéficiaires surveillées, tout un cadre contraignant incita à réduire les capacités et à rechercher des options commerciales nouvelles pour le consommateur final.

LES ENJEUX DE LA MODERNISATION AGRICOLE

Alors que le rendement en blé tournait en moyenne à 20 quintaux par hectare en 1950, vingt ans plus tard il avait doublé. Les tracteurs passèrent de 37 000 en 1945 à plus du million en 1964. La pléthore de grains, ou à l'inverse son déficit, rendit les silos de stockage essentiels. Pourtant, des sociologues s'interrogeaient déjà sur la fin du monde paysan[95]. En 1954, la population française comptait 41 % de ruraux et 21 % d'agriculteurs. En vingt ans, la régression abaissa la population rurale à 27 % et les paysans à 8 %. La structuration institutionnelle et syndicale du monde agricole n'était pas nouvelle, mais elle prit aussi un tour différent. La FNSEA, créée en 1947, a affirmé sa place comme interlocuteur politique majeur, mais c'est le Centre national des jeunes agriculteurs, fondé la même année, qui a porté les aspirations de multiples réformes structurelles. La Jeunesse agricole catholique (JAC), apparue en 1929, en avait inspiré le mouvement. À l'aide d'une presse spécialisée, d'enquêtes sur les aspirations des membres, de cours et de stages, mais aussi de rencontres avec d'autres associations comme le Mouvement familial rural, le prosélytisme de la JAC orienta les jeunes ruraux vers un volontarisme réformateur. Les centres d'études techniques agricoles (CETA), nés en 1944, furent un autre relais de modernisation. Le changement était soutenu par les élites agronomiques exerçant des responsabilités d'enseignement ou de recherche, et les pouvoirs publics.

La fin de la Champagne « pouilleuse »

Si l'ensemble du territoire entra dans ces nouveaux cadres, les départements de la Champagne et des Ardennes le vécurent à forte intensité. La Champagne « pouilleuse » perdit son épithète péjorative. De l'autarcie des modes de vie et d'une prépondérance de parcelles boisées en pin noir, nombre de ces cantons passèrent à l'organisation collective de cultures intensives. Les surfaces de colza navette d'hiver s'accrurent de 140 % entre 1948 et 1954, et celles dédiées à la betterave sucrière passèrent dans le canton d'Anglure de 75 hectares en 1938 à 521 en 1953. La distribution des céréales changea. Le seigle et l'avoine – dont la Marne resta cependant le premier producteur en France – reculaient au profit de cultures plus exigeantes, escourgeon et orge de printemps. Le fait majeur fut l'extension des cultures de blé au prix d'un défrichement spectaculaire, accompagné d'une motorisation soutenue et d'une utilisation accrue d'engrais. En 1957, la Société d'agriculture de la Marne en était convaincue : « L'acharnement des paysans champenois à tirer parti de leur sol ingrat a abouti enfin, avec l'aide de la technique[96]. »

Les données du recensement général de l'agriculture établi en 1955 le montrent. La Champagne crayeuse regroupait 9 853 exploitations sur les 38 000 de l'ensemble formé par les départements des Ardennes, de l'Aube et de la Marne. Les exploitations dotées de tracteurs en Champagne crayeuse formaient 61 % du total en ajoutant celles qui en louaient ou les utilisaient dans un cadre coopératif. Dans l'Aube, le parc était de 39 % à l'échelle du département, mais 52 % dans la partie crayeuse, dans les Ardennes, respectivement de 28 % et de 51 %, dans la Marne de 34 % et 59 %. Sur ce territoire, 29 exploitations comptaient même plus de 5 tracteurs[97] ! En quinze ans, de 1955 à 1970, la superficie agricole en Champagne crayeuse augmenta de 135 000 hectares. Fruit de cette évolution, le département de la Marne porta ses productions de blé entre le milieu des années 1950 et la décennie suivante de 2,7 millions de quintaux au triple. Il dépassait alors l'Eure-et-Loir ou l'Aisne. Le rendement moyen gagna plus de 50 % en même temps que la Marne devint le premier consommateur d'engrais par hectare cultivé en France[98]. Mais le modèle de développement n'était pas seulement l'intégration dans la grande culture. D'autres atouts portaient des spécificités agricoles régionales vers un aval industriel précoce.

mangez du PAIN
vous vivrez bien
LEFOR OPENO

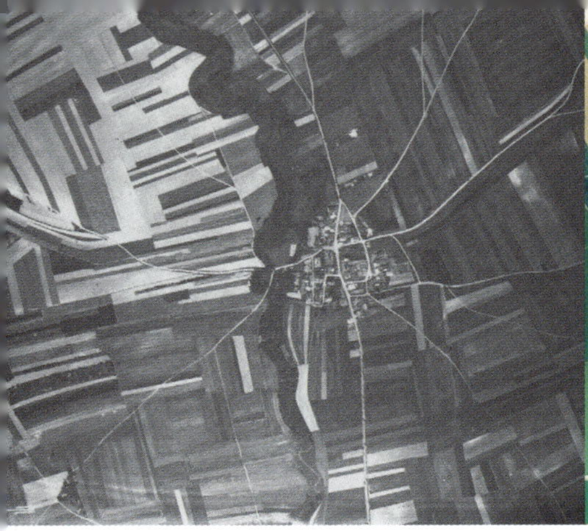

La déshydratation de la luzerne commença en 1959 dans un cadre économique novateur. Semblable au fourrage frais et très protéinée, sa culture avait aussi l'avantage de régénérer les sols. Au début de la décennie 1960, les groupements de coopératives « France Luzerne » (créée en 1960) et « Luzerne de Champagne » (1964) avaient déjà une excellente position. La production française couvrait la moitié de la production de la CEE et la Champagne les trois quarts de la production française. Dans le département de la Marne, 21 coopératives fonctionnaient à la fin de la décennie 1960. La progression fut remarquable, la production de luzerne multipliée par sept en une dizaine d'années. Le panache blanc des usines de déshydratation devint un élément du paysage rural. Cette activité industrielle eut son corollaire, le développement d'un élevage bovin de jeunes taurillons pour la boucherie. La Coopérative des jeunes bovins de Champagne, créée en 1966 par Jacques de Bohan, naquit de cette opportunité bien comprise. Adosser l'élevage à la production de luzerne déshydratée, en l'occurrence celle de la société Luzerne de Champagne, optimisait une rationalisation agro-industrielle. De son côté, la société Beef-Grill-Champagne, soutenue par France Luzerne, faisait de même avant que les intérêts convergents de ces établissements ne les rapprochent dans Champagne Viandes en 1971. Par ailleurs, un véritable système betteravier champenois émergea. Conçue comme tête d'assolement précédant le blé, la culture de la betterave sucrière tripla entre 1948 et 1953 et couvrait 67 000 hectares en 1966. Aux sucreries construites au XIXe siècle s'ajoutèrent d'autres usines dès 1951, à Bazancourt et à Sillery. La Champagne eut bientôt aussi le monopole de production des pois cassés. Le maïs, enfin, présenta une autre voie de diversification au milieu des mêmes années.

Il n'y eut pas ici de projets d'aménagement impulsés par l'État. L'initiative privée, et collective, l'emporta. Tout a convergé durant les années 1950 pour faire de la Champagne blanche une terre riche : retenue d'eau faible, mais permanente par la craie, bonne absorption des engrais chimiques, vastes terres inoccupées, proximité de l'exemple soissonnais, remembrement aisé. La répartition des exploitations selon la taille montrait déjà, au milieu des années 1950, la prépondérance des grandes unités en dehors du pays rémois et de la plaine de Troyes. En Champagne crayeuse, 39 % des exploitations dépassaient 50 hectares contre 4 % en moyenne française. La tendance se renforça. En 1970, 45 % des agriculteurs de la Champagne crayeuse exploitaient des superficies supérieures à 50 hectares.

L'allant des jeunes du CDJA (section départementale du CNJA) ne fut pas étranger à l'accélération de ces orientations modernisatrices durant les années 1960. Plusieurs acteurs de l'histoire qui s'est écrite depuis apparurent au premier plan : Joseph Yverneau, le premier président du CDJA de la Marne, Jacques de Bohan, son secrétaire général de 1958 à 1967, Georges Mangeart et d'autres. La promotion des jeunes agriculteurs se faisait selon des modalités diverses. Certaines coopératives comme la CARB disposaient déjà dans les années 1950 d'un conseil consultatif des jeunes. La terre champenoise était devenue très convoitée, soulevant nécessairement la question de l'accession de jeunes agriculteurs à l'exploitation. Les moins de 40 ans dirigeaient seulement 25 % des exploitations en 1968.

L'élan d'une politique agricole commune

Ces évolutions se sont inscrites dans un cadre institutionnel nouveau, déterminant lorsque, le 14 janvier 1962, les accords de la politique agricole commune furent signés. Depuis la guerre, l'impératif productiviste déterminait les échanges alimentaires internationaux. Bien que la constitution d'un marché commun agricole se fît avec des soubresauts réguliers sans susciter une adhésion immédiate et large des agriculteurs français, elle n'en fut pas moins structurante. La France était engagée dans une transformation réglementée de son agriculture. La loi d'orientation agricole promue par le Premier ministre Michel Debré en 1960 en avait posé les fondements. Les objectifs étaient nets : stimuler les exportations, promouvoir l'action rurale, favoriser le réaménagement foncier par les Sociétés d'aménagement foncier et d'établissement rural (SAFER), soutenir le renouvellement des exploitants avec les indemnités viagères de départ (IVD), orienter et réguler les marchés agricoles par leFonds d'orientation et de régularisation des marchés agricoles (FORMA), encourager la coopération agricole et les exploitations en commun à l'aide des Groupements agricoles d'exploitation en commun (GAEC). Edgard Pisani, le nouveau ministre de l'Agriculture choisi à l'été 1961, dut en favoriser l'avènement même si les craintes qu'il exprima sur la puissance des coopératives inquiétèrent au sommet du Conseil national de la coopération française.La production agricole, qui devint excédentaire dans plusieurs secteurs, posa bientôt le problème inversé de la gestion des excédents, que le plan Mansholt proposait de prévenir à l'échelle européenne par la réduction du nombre d'exploitations. En France, le processus de diminution des petites et de croissance des grandes était engagé. En 1955, les exploitations de moins de 20 hectares représentaient 79,3 % du total et celles de plus de 50 hectares 4,2 %. En 1970, la distribution avait bien évolué : 66,2 % et 8,4 %. Plusieurs facteurs jouaient en ce sens : la politique de remembrement, la mécanisation, la modernisation des exploitations.

Le règlement céréalier qui advint en 1967 favorisa les producteurs de blé français, assurés de disposer de débouchés rémunérateurs. Des mécanismes d'équilibre furent adoptés avec des prix de base (ou indicatifs comme le prix souhaité dans la région déficitaire), des prix d'intervention (prix plancher d'écoulement des stocks, fixé à un niveau bas pour favoriser les redistributions des régions excédentaires vers les déficitaires), des prélèvements (versement pour compenser l'écart entre prix mondiaux inférieurs et communautaires plus élevés) et des restitutions à l'intérieur de la Communauté européenne (versée aux exportateurs pour assurer le système de compensation inverse). Cette dynamique fut portée en France par l'ONIC, qui redevint l'instance d'organisation de la politique céréalière française, fortement argumentée par l'AGPB et nombre de responsables du mouvement coopératif céréalier[99]. L'AGPB créa en 1962 la société Unicéréales en concertation avec l'Union des coopératives, du Crédit agricole et de négociateurs ou transformateurs privés. La constitution d'Unigrains en découla, avec comme priorité de soutenir l'exportation. Les départements de la Marne et de l'Aube, qui ensemble apportaient 7 % du budget de l'AGPB en 1965, étaient des gagnants de cette croissance[100]. Par ailleurs, la force des coopératives agricoles céréalières s'affirma un peu plus au cours de cette période, traduite par la création en 1965 de la Confédération française de la coopération agricole et un projet similaire spécifique pour les coopératives céréalières.

Au début des années 1980, un jugement rétrospectif souligna combien l'agriculture champenoise tira parti de ce cadre européen. Il évoquait le cas des céréaliers-betteraviers qui se partagèrent la rente assurée par les prix garantis, les quotas généreux, l'exportation soutenue[101]. En Champagne crayeuse, la surface agricole utile ne tarda pas à couvrir les deux tiers en céréales et un cinquième en betteraves.

En haut à gauche : **À partir des années 1960, les terres de Champagne se métamorphosent. La progression de la culture du blé se fait au prix d'un défrichement massif. Opération de défrichement dans le département de la Marne.**

En haut à droite : **Cette politique s'accompagne d'une politique de remembrement qui permet d'accroitre la taille des exploitations et leur rentabilité. Les effets du remembrement vers Saint-Étienne-à-Arnes, carte IGN.**

À gauche : **Carte de France des années 1950 avec les cultures prédominantes par région.**

À droite : **Edgard Pisani, ministre français de l'Agriculture de 1961 à 1966, ici au Salon international de l'agriculture de Paris le 10 mars 1964. Il fait adopter en 1960 la première loi d'orientation agricole et participe à la mise en place de la politique agricole commune (PAC) de la Communauté économique européenne.**

Les agriculteurs et leurs coopératives de l'Est de la France répondent à ce grand élan donné à la politique agricole dont l'ambition était de nourrir la France.

En haut : **Agriculteur de la Marne conduisant un tracteur lors d'un concours de labour dans les années 1960.**

Ci-contre : **Jeanne Beck, Miss France 1967 (et ancienne fermière) comme un symbole de cette ruralité dynamique, arrive en tracteur à la Fosse Arthour en Normandie lors de la traditionnelle fête de Saint-Georges-de-Rouelley, le 22 août 1967.**

À droite : **Couverture du numéro *La Providence agricole*, 1961.**

L'ambition industrielle des coopératives

Les coopératives réaffirmèrent leur rôle durant cette période. Les réseaux professionnels interdépendants y ont contribué. Le directeur de la CARB, par exemple, choisi en 1936, faisait partie de nombreux organismes durant les années 1950 (Union meunière de l'Aube, UNCAC, Comité départemental des céréales, Comité technique des petites forces hydrauliques de France). C'était l'assurance d'une capillarité d'informations économiques. Beaucoup de fonctionnaires voyaient pourtant les coopératives comme un négoce courant, sans apprécier leurs visées non spéculatives et leur capacité d'organisation du marché. Tous les ministres de l'Agriculture ne furent pas aussi favorables à la coopération que l'était le ministre socialiste Tanguy-Prigent. Pisani critiquait leur mode de gestion. Le statut juridique des coopératives adopté en 1967 remit en cause leur caractère particulier. Leur développement prouva pourtant leur médiation modernisatrice et pas seulement productiviste, et malgré les critiques sur l'insuffisante professionnalisation des administrateurs, la réalité de leur engagement.

L'ascension de la Providence agricole

Le 5e numéro du bulletin trimestriel d'information de la Providence agricole portait cette valorisation productive en 1959. En couverture, le silo de Vertus exprimait les investissements communs par une image sobre et puissante. Le bulletin avait une fonction corporative, manifester aux adhérents l'utilité de la coopérative, et technique, diffuser des préconisations culturales. Cette communication complétait d'autres formes d'adresse aux coopérateurs, comme il était suggéré en 1954. Des calendriers et des sous-main recensaient par exemple l'usage des engrais et des semences à commander par saison[102]. Tous les bulletins de la décennie 1960 ont inscrit leurs messages dans cette perspective[103]. Les couvertures recommandaient le désherbage sélectif ou le choix des herbicides au début de la décennie, puis la lutte contre les maladies dans la seconde moitié des années 1960. Présentée comme le guide des traitements en 1969, sa livraison trimestrielle inscrivait la coopérative en concurrence avec les autres organismes revendiquant le rôle de vulgarisateurs du développement agricole, notamment les chambres d'agriculture. Lorsqu'en 1970 la couverture du bulletin mit en scène le maïs et le pois, les opportunités locales s'affirmaient. Le besoin de renseignements des agriculteurs était inégal. Au milieu des années 1960, la question du contact avec les jeunes exploitants apparut. Quelques-uns avaient demandé la formation de cercles d'études ou la réunion de conseils restreints rassemblés aux silos. Dissociant information et formation, celle-ci fut confiée aux cercles d'études et l'information à des correspondants communaux.

Plusieurs engagements avaient été pris depuis la guerre pour assurer le développement de la Providence agricole. L'extension des silos fut nécessaire, ainsi que l'amélioration du stockage. En 1954, les livraisons constatées à la Providence agricole laissaient encore 39 % de déchets au triage des avoines, 21 % sur les blés, 10 % sur les orges, 20 % sur les escourgeons. Durant les années 1950, quand bien même l'ONIC se montrait réservé sur cette nécessité, l'excédent de fonds propres permit de mener à bien des travaux à Reims, Suippes, Port-à-Binson, Pargny-sur-Saulx et Pogny, avant de s'intéresser à Vitry-le-François au début des années 1960. L'opportunité d'acquérir des wagons-citernes pour charger le blé et arranger des ristournes avec la SNCF fut discutée. Le projet d'équiper une usine d'engrais se renforça en 1964. Après une enquête auprès des adhérents qui suscita un vif intérêt, la mise en place de comités techniques dans chaque secteur pour confronter les idées et les résultats sur les engrais apparut. Mais dans la seconde moitié des années 1960, c'est une autre voie d'expansion qui prit une certaine actualité, l'intégration de petites coopératives. Réalisée avec la coopérative auboise de Dampierre, elle se renouvela avec celle de Fismes en 1967, suscitant d'ailleurs l'hostilité d'autres acteurs locaux.

Les résultats traduisaient la croissance. Dix ans après la guerre, la coopérative collectait 487 000 quintaux de blé. Elle en vendait la moitié et stockait le reste dans ses magasins (29 %), aux Magasins généraux de Strasbourg (31 %), sur des péniches flottantes (3 %) et chez divers meuniers, dont les moulins Vilgrain à Nancy (9 %). En 1954, elle collecta un tiers d'avoine et 80 % d'orge en plus. Ses escourgeons se vendaient jusqu'à Bergues dans le Nord, chez les stockeurs de l'Union des coopératives de l'Allier et à Cluses en Haute-Savoie. Dès la campagne 1956-1957, elle porta les récoltes de céréales à plus d'un million de quintaux et presque au double quatre ans plus tard en sélectionnant les variétés de blés. À l'aube des années 1970, la coopérative approchait 3 millions de quintaux de céréales grâce à l'extension des surfaces, soit par défrichement, soit par d'opportunes déprises betteravières.

Les rapprochements coopératifs

La dynamique régionale d'expansion des coopératives se manifesta par des processus de fusion, en particulier dans l'Aube. Les rapprochements entraient dans la logique à force de comparaisons et d'intérêts à mutualiser. En 1958, un conseil d'administration de la CARB valut à ses administrateurs de vertes remontrances lorsque les résultats « extraordinaires en faveur des producteurs » de la Providence agricole furent évoqués au sujet des prix de l'orge, soulevant la question du développement ! En 1962, la SCARM discutait avec la CADA d'Arcis-sur-Aube. L'objectif était de supprimer une concurrence jugée stérile et de rationaliser la distribution des silos et magasins. Et les liens qui permirent les rapprochements entre coopératives étaient réels. Lorsque le moulin de Romilly fut détruit par un incendie en 1959, la coopérative d'Arcis-sur-Aube apporta un dépannage temporaire. De même, quelques années auparavant, les deux coopératives avaient accordé leurs tarifs de vente. En 1965, les coopératives de Chavanges-Balignicourt et Onjon décidèrent de se rattacher à la coopérative de Brienne. Elle comptait alors 1 862 coopérateurs répartis en 161 hameaux et parmi eux 7 % d'adhérents comptant plus de 200 parts. À Bar-sur-Aube, la CARB inaugura un silo partagé avec les coopératives de Troyes et de Bar-sur-Seine en 1968, le premier de ce type dans le département, deux ans avant la participation à la construction d'un silo intercoopératif dans la Marne. La CARB et la Coopérative agricole de Troyes allèrent plus loin en fusionnant en 1969, non sans mal au vu des discussions de préséance, alors même que les capacités d'autofinancement de la CARB étaient quatre fois supérieures. Mais le nombre de leurs livreurs de céréales était proche. Le marché commun agricole et la libération du marché céréalier soulevaient des concurrences que seuls les rapprochements permettraient de parer. À l'avenir, le minimum de collecte vital était estimé à un million de quintaux.

L'interaction ouvrait des perspectives multiples et s'inscrivait bien dans les recommandations formulées à l'occasion de colloques ou dans celles d'une presse rurale spécialisée invitant à renforcer la formation des dirigeants agricoles[104]. La SCARM se rapprocha de la coopérative de Villenauxe en 1968, puis celle d'Estissac l'année suivante. La première datait de 1934 et, malgré son expansion, ne parvenait plus à rentabiliser sa position. La seconde était apparue à la même époque et ne cessa d'élargir son territoire vers le pays d'Othe en augmentant ses moyens de stockage. Mais l'échelle européenne imposait d'autres supports. La SCARM, qui disposait de sa propre station de semences (depuis 1955), avait investi dans la fabrication des engrais (à partir de 1966), et installé un séchoir à maïs, offrant un cadre plus puissant. Coopérative de six sections, elle appuyait sa sociabilité autour des silos de plus en plus polyvalents dans leur rôle de conseil agricole et de relais économique. La CARB et la SCARM se retrouvèrent ensemble dès 1970 pour participer à la SICAM, fabricant d'engrais liquides, et fonder Champagri, pour rationaliser la distribution de produits phytosanitaires. La CARB et la SCARM regroupaient 79 % des parts.

Le bulletin d'information de *La Providence agricole de la Champagne* accompagne et informe les agriculteurs sur toutes les actualités du secteur agricole, nouvelles cultures, intrants, nouveaux équipements.

Les résultats des coopératives auboises allèrent croissant. À Brienne, où 57 % des réceptions de la CARB étaient faites en 1949, de nouveaux silos furent inaugurés en 1954. La récente jonction ferroviaire y poussait. Des stockages supplémentaires furent établis à Vendeuvre et Ville-sur-Terre. Unanimement, les adhérents des coopératives souhaitaient de meilleures rotations des livraisons et une précieuse réduction des temps d'attente lorsque venait la saison des apports à la coopérative. La progression des moyens mécaniques le rendait nécessaire, les moissons étant opérées plus rapidement. Beaucoup souhaitaient également ne pas avoir à garder de stocks à la ferme, considérés comme un manque à gagner sur la trésorerie de l'exploitation. Le problème était déjà perceptible dans les réunions de la SCARM en 1952. Le Conseil des jeunes de la CARB ne le cachait pas non plus en 1963 : « L'agriculteur récoltant bon an mal an 600 quintaux ou 800 quintaux de céréales, et qui livrera en quelques heures ou en 2 ou 3 jours les 350 ou 400 quintaux nécessaires à ses échéances, sera beaucoup plus reconnaissant à sa coopérative que si elle lui laisse les céréales sur les bras pendant des mois… La meilleure ristourne, la plus sûre et la plus appréciée, est celle du temps gagné derrière la moissonneuse-batteuse pour livrer rapidement au gré de chacun sans embûche[105]. » La multiplication des infrastructures obligeait les coopératives à s'adapter. L'innovation était fréquente, par le choix de silos métalliques, par la mise en place de laboratoires de contrôle des blés comme chez les meuniers ou lorsque le premier séchoir à grains fut installé en 1960. L'expédition de trains complets de céréales exigés par la SNCF pour accorder des tarifs particuliers imposa aussi de pouvoir charger des quantités beaucoup plus importantes. La progression des collectes soutenait tous ces investissements répétés.

À Brienne, les entrées de céréales furent multipliées par huit entre 1946 et 1969. Les blés passèrent de 95 000 à 357 000 quintaux. La CARB vit son chiffre d'affaires doubler durant les années 1950, et de même la décennie suivante, tout comme son résultat net. Le nombre de ses adhérents dépassait 2 000 quand il n'était que des deux tiers à la sortie de la guerre. La SCARM suivit un schéma similaire. Alors qu'elle collectait 580 000 quintaux en 1955, elle ajouta une capacité de stockage supplémentaire de 541 000 quintaux entre 1950 et 1969. Ses édifices étaient de plus en plus volumineux. En 1969, elle dépassa 2 millions de quintaux de céréales collectées. Malgré un incendie en 1957, la SCARM maintint son activité minotière dès lors que la reconstruction du moulin de Romilly fut décidée. Le nouveau bâtiment permit de moudre 120 tonnes par 24 heures. Le moulin exportait presque la moitié de ses farines. Logiquement, la SCARM participa à la fondation du Groupement des exportateurs de farine (GEFAR) en 1968.

Du stockage à la création de valeur

L'enjeu minotier se posait aux coopératives, dont certaines ne voulaient pas dépendre de la meunerie. En 1949, l'Union nationale des coopératives agricoles de céréales (UNCAC) s'était insurgée contre la volonté de la meunerie de refuser les blés au-dessus d'un certain poids spécifique (PS 80). Par son organisation et ses silos de report, l'UNCAC devint le premier stockeur européen. En 1954, le fonctionnement de l'Association nationale de la meunerie française (ANMF) et la position d'Inter-Farine[106], plutôt défavorables aux moulins coopératifs, engendrèrent des luttes de pouvoir au sein des unions meunières régionales. La CARB, qui entretenait de bonnes relations avec les Grands Moulins de Strasbourg pour stocker ses céréales en excédent, bataillait contre la meunerie parisienne. Ses dirigeants rappelaient que le blé transformé au moulin de Brienne était le premier placé et payé. Ils se félicitaient de compter 80 clients et 60 boulangers fidèles. Face à la perte d'une clientèle éloignée, le conseil d'administration de la CARB avançait des solutions : préserver les relations avec la boulangerie locale, envisager un plan de vente commun avec d'autres coopératives auboises. Lorsqu'un arrêté gouvernemental abolit le prix garanti du blé en juillet 1962, les coopératives commentèrent la voie ouverte à la meunerie pour abaisser les prix. Le développement de leur propre moulin faisait office de contre-feu. Petit marché, mais utile, car il permettait d'augmenter les moutures concurrentielles. En 1963, la CARB décida d'accroître ses écrasements de grains. Cependant, plus que toute autre décision, l'initiative prise vers la malterie s'avéra décisive à long terme pour toute la

Champagne. À l'hiver 1956, que certains comparèrent au terrible hiver de 1709, les blés d'automne gelés furent remplacés par de nouvelles emblavures en orge. Bonne idée ! Dans l'Aube, le 15 février 1956, toutes les céréales en terre gelèrent à 85 %. La prolongation des gelées matinales durant un mois donna le coup de grâce. Les moissons d'été furent entravées par une pluie abondante. La CARB ne reçut que 94 000 quintaux de blé au lieu des 263 000 prévisibles. Les orges furent en revanche livrées au quadruple ! Les administrateurs de la CARB refusèrent de vendre sous le prix déjà très bas fixé par l'ONIC. Il fallut stocker. Mais où ? Les silos aubois ne suffisaient pas. La CARB déplaça ses orges. Loin, à Strasbourg, à Gex, à Ancenis, à Manosque, à Perpignan. Le conseil d'administration reconnut cependant que les clients en orge de brasserie jouèrent le jeu au mieux. Ce fut exprimé et consigné : « Qu'il soit permis de rendre hommage à chacun d'entre eux, car environ 25 000 à 30 000 quintaux ont été absorbés sans discussion par suite de la qualité qu'ils apprécient même en période d'abondance[107]. »

À la Providence agricole, l'esprit d'initiative alla encore plus loin. Le 15 février 1958, Robert Mangeart exposa au conseil le projet de construction d'une malterie. Les raisons invoquées étaient multiples. Les premières livraisons d'orge aux malteurs belges avaient été bien jugées. L'augmentation de la consommation de bière soutenait l'engagement, car les usines métropolitaines ne suffisaient pas à résoudre la pénurie de malt. Faute de place, l'orge brassicole de qualité ne pouvait être traitée alors que la rentabilité semblait assurée par le relèvement du prix de l'orge. Il fallait trouver un emplacement raccordé aux chemins de fer et à une voie d'eau pour expédier loin et à bas coûts, et surtout obtenir la contribution de l'État, car la coopérative seule ne pourrait financer cet investissement. En juin 1958, le conseil départemental valida la proposition, mais il préconisait une union de coopératives. La Providence ne l'entendait pas ainsi. Elle acceptait de traiter l'orge d'autres apporteurs mais voulait rester la seule gestionnaire. Après quelques réticences, elle put compter sur l'engagement d'un prêt à moyen terme de la caisse régionale du Crédit agricole, et sur le soutien de la Commission des investissements pour un prêt à long terme et l'assentiment du ministre de l'Agriculture Henri Rochereau. Il fallut quatre ans pour édifier la malterie au Port Colbert. L'inauguration valut le déplacement du nouveau ministre Edgard Pisani. Le premier trempage d'orge eut lieu le 23 janvier 1962.

Un aval industriel élargi des céréales collectées s'affirmait ainsi. Il eut des suites immédiates. La possible acquisition d'une autre malterie reconstruite après 1945 à Vitry-le-François, puis l'extension de celle de Reims dès 1967 furent étudiées. Des discussions furent engagées parallèlement avec la coopérative d'Arcis-sur-Aube et plusieurs coopératives des Ardennes pour construire ensemble une nouvelle malterie. Mais l'idée de fusion ne parut pas appropriée à la Providence, qui craignait de « perdre sa personnalité dans une Union[108] ». L'association des autres coopératives à la livraison d'orge et la redistribution des résultats bénéficiaires furent préférées. La perspective était attractive dans l'hypothèse du marché commun, permettant à la malterie de la

Ci-dessous : **L'ambition de développer l'aval se confirme. En 1960, la coopérative Providence agricole décide d'investir dans la malterie afin de valoriser ses productions d'orges. Elle lance alors la construction de la première malterie à Port Colbert, à Reims, inaugurée en 1961.**

En bas à droite : **La production d'aliments pour bétail devient aussi une autre voie de diversification.**

LES ORGANISMES STOCKEURS EN 1950 EN FRANCE

QUANTITÉ DE CÉRÉALES STOCKÉES EN MILLIERS DE QUINTAUX LORS DE LA CAMPAGNE 1949-1950, SELON LA CAPACITÉ DES ORGANISMES STOCKEURS EXPRIMÉE EN QUINTAUX

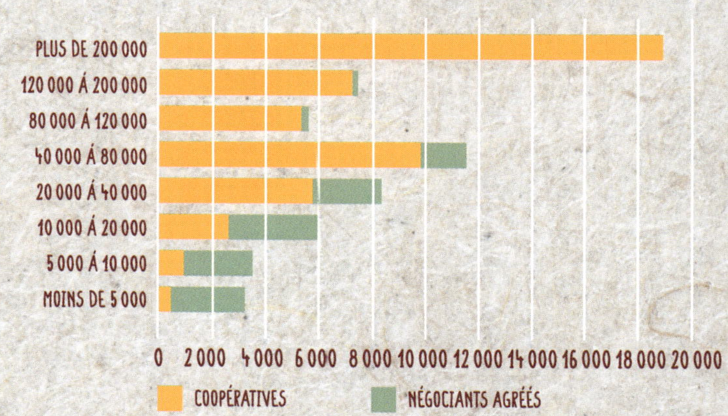

SOURCE : MAURICE CHABANON, *LA MEUNERIE FRANÇAISE*, ÉDITIONS GENIN, 1955, P. 127.

Providence d'atteindre le traitement quotidien de 200 tonnes d'orge. Le projet s'amplifia lorsque des coopératives de la Marne voulurent rejoindre le dispositif envisagé (Dormans, Coligny, Épernay, La Marnaise Châlons, Valmy). Le contexte était porteur à condition que le malt puisse être exporté hors d'Europe. Les administrateurs en étaient convaincus en août 1967 : « Notre malterie coopérative est très compétitive et aura une place de choix vis-à-vis de l'exportation . » Trois ans plus tard, à Brienne, l'engagement dans une malterie coopérative nouvelle était analysé dans une perspective similaire pour y apporter au moins 60 000 quintaux d'orge. Le malt devenait un axe céréalier stratégique en Champagne.

La production d'aliments pour nourrir le bétail suivit une autre trajectoire dynamique. Elle avait déjà été expérimentée durant l'entre-deux-guerres lorsque le marché des céréales était surchargé. Des savoirs nutritionnels nouveaux étaient mobilisés pour produire des aliments composés, en particulier aux États-Unis. À la sortie de la guerre, un millier d'entreprises existait en France. Au moins 40 % d'entre elles relevaient de la meunerie, qui fournissait le tiers de la production[110]. Donner du blé à manger aux animaux devint une véritable orientation au cours de la décennie 1950. Elle était encore modeste, car la fabrication était plutôt basée sur les céréales secondaires ou les issues. Mais les fermes gardaient les premières et les moulins les secondes. D'autres pays avaient fondé l'alimentation animale sur une industrie déjà développée. Le Royaume-Uni produisait quatre fois plus que la France, et les Pays-Bas deux fois plus, sans compter la puissante industrie américaine située à 33 millions de tonnes en 1957 (soit 20 fois la France). La demande progressa fortement en France au cours des années 1960. La CARB exposait être sollicitée par de nombreux acheteurs – dont Sanders, Duquesne en lien avec les Grands Moulins de Nancy, Brisson D'Authel, Boccard – alors qu'elle traitait depuis de longues années avec Alfort, où se trouvait l'École vétérinaire[111]. En quelques années, la quantité de blé dévolue au bétail passa en France de quelques centaines de milliers de quintaux à plusieurs millions. Faut-il y voir une connexion opportune entre grands cultivateurs de blé et jeunes éleveurs, comme cela a été avancé[112] ? Il y eut en tout cas l'espoir d'une croissance économique sectorielle qui ne s'est pas démentie. Elle rencontra d'ailleurs la même stratégie du côté des grands meuniers. En Champagne, elle favorisa l'activité de Jacques de Bohan et sa Coopérative des jeunes bovins de Champagne, complétée par la reprise des abattoirs de Vitry-le-François, puis la formation de Champagne Viandes avec trois autres coopératives en 1971. La SCARM n'avait pas une stratégie différente en participant à la création de la société Champage-Élevage et sa marque Champel, pour contribuer au développement de l'élevage. La fabrication des aliments pour le bétail était au cœur du dispositif au début des années 1970. Elle suscita l'idée d'une société mixte d'intérêt agricole réunissant 30 % de capitaux de la société Brisson D'Authel, 30 % de Boccard, 30 % de la SCARM et 10 % du groupe Provimi, qui détenait un dixième du marché national de l'alimentation du bétail à égalité avec Duquesne-Purina, mais loin derrière Sanders. Le dispositif était ambitieux. Il devint régionaliste lorsque la SCARM décida d'attribuer une part à la CARB pour que tous les intérêts aubois soient représentés.

La production se recentre sur quelques grands sites meuniers, dont les puissants Grands Moulins Vilgrain de Nancy. Ici, les rapports annuels des Grands Moulins de Nancy.

À droite : **Déchargement des sacs de farine sur le site des Grands Moulins de Nancy.**

LA DYNAMIQUE INNOVANTE DES GRANDS MOULINS

Les capacités minotières excédentaires

Deux problèmes majeurs affectaient la meunerie au début des années 1950, la rentabilité et le nombre d'établissements. La marge de mouture était trop faible pour bien rémunérer. La crise prit un tour sévère en 1954 lorsque les meuniers décidèrent la grève si le gouvernement ne modifiait pas les rapports de prix des issues et du pain. Elle décida le gouvernement à réviser les réglementations pour garantir aux meuniers plus de liberté sur les prix, l'approvisionnement, le contingent, la vente des farines. En quelques années, cela permit de relever les plafonds d'écrasement et de réduire le nombre de moulins en facilitant leur réunion. Ils étaient bien trop nombreux par rapport au marché. En 1955, les moulins contingentés se répartissaient très inégalement en France. La Saône-et-Loire en comptait le plus (176 en activité) et les Pyrénées-Orientales le moins (5). En Champagne, ils étaient 21 dans les Ardennes, 27 dans l'Aube et 35 dans la Marne[113]. Les Grands Moulins de Paris commencèrent à fermer des moulins qu'ils avaient acquis (moulins de Clermont, moulins de la Brèche, moulin Despretz à Marquette). Douze petits moulins furent ainsi arrêtés. Ce fut également le cas de sociétés transférées à la Caisse professionnelle de l'industrie meunière, comme les moulins Hardy-Lebègue, établis dans les Ardennes, qui cessèrent leur activité en 1956.

Alors qu'en 1955 5 804 moulins traitaient 5,7 millions de tonnes, en 1970 il restait 2 499 moulins écrasant 4,4 millions de tonnes. Leur distribution opposait encore un très grand nombre de petits moulins limités à 1 000 tonnes (64 % du total) aux… 7 moulins dépassant les 50 000 tonnes[114]. Les premiers traitaient 11 % du marché et les grands moulins 14 %. La réduction du nombre de moulins paraissait inéluctable. La concentration meunière fut d'autant plus nécessaire que le prix du blé augmentait dans le cadre communautaire et que le gouvernement réglementait le prix du pain.

Les mieux équipés des moulins avaient l'avantage. Nancy, Bordeaux, Lille, et bien sûr Paris, avaient une réputation technique élevée. En 1949, Tous justifièrent d'apparaître en photographie dans le premier rapport illustré des Grands Moulins de Paris, présenté à l'assemblée générale de juin 1949. La capacité journalière d'écrasement de l'usine parisienne s'élevait à 10 000 quintaux de blé, le double de Marquette-lez-Lille ou Bordeaux. La reconstruction de l'établissement lorrain des Vilgrain fit aussi l'actualité, menée par le bureau d'études des Grands Moulins de Paris en liaison constante avec les services techniques de Nancy où deux dessinateurs de l'entreprise suisse Bühler préparaient la mise au point. Le banquet d'inauguration rassemblé le 28 juin 1949 célébra autant la Légion d'honneur de Louis Vilgrain que l'usine reconstruite. L'air et la lumière, les couleurs aidant les repérages faciles, l'aspiration des poussières annonçaient une rationalisation du travail moderne. Le mois de salaire supplémentaire accordé à tous les personnels ne fut pas non plus une mince reconnaissance du métier. Bientôt ce furent les meuniers du monde entier qui visitèrent le moulin de Nancy[115]. Après quatre ans de travaux, il fit la couverture de la revue *La Technique des travaux* pour présenter l'ouvrage exceptionnel des architectes parisiens Lhotelier, Robin et Ricaut et du cabinet André à Nancy[116]. La capacité de stockage permit au moulin de réaliser de nombreux contrats avec les coopératives agricoles qui en manquaient. En 1954, Nancy stockait 116 000 quintaux de coopératives (31 % des Ardennes, 54 % de la Marne, 9 % de la Meuse) desquels la Providence agricole retenait 17 %[117].

Progressivement, les Grands Moulins de Paris élargirent le périmètre de leur exploitation par des opérations de fusion, notamment en 1963 avec les Grands Moulins de Marquette, la Compagnie agricole de minoterie et les Moulins Bloch à Sarreguemines. Majoritaires au capital d'autres sociétés, ils pouvaient compter en 1966 sur les moulins de Nogent-sur-Seine qui écrasaient 218 000 quintaux de blé, la Minoterie moderne de l'Esterel qui livrait plus de 300 000 quintaux de farine dans les Alpes-Maritimes, la Grande Semoulerie de l'Ouest qui écrasait en Charente 193 000 quintaux de blé dur et produisait entre autres des aliments piscicoles. La meunerie restait l'activité principale, mais comme les administrateurs le déclaraient à raison en 1967, en vingt ans la société avait considérablement changé. La meunerie devait affronter la diminution des consommations de pain, la surcapacité de la filière minotière, la hausse du prix du blé, la politique économique faite de fiscalité croissante et de blocage des prix. L'orientation vers des secteurs en expansion élargissait les actifs. Le rôle de conseiller technique ouvrait des positions en Afrique : à Dakar dès 1954, au Maroc, au Sénégal, au Congo, au Cameroun, au Tchad durant les années 1960, autour de la Société industrielle et agricole du Niari dans des activités multiples (sucreries, huileries). Ces participations ont ensuite permis de constituer le holding de la Société multinationale pour le développement des industries agricoles et alimentaires (SOMDIAA) pour maintenir une présence en Afrique.

Par leur importance, ces grands moulins couvraient des réseaux d'approvisionnement complexes. À Nancy, au début de la décennie 1950, les blés arrivaient presque exclusivement de France (97 %), depuis huit départements, dont la Marne représentait 45 %, les Ardennes 27 % et la Meurthe-et-Moselle 17 %. À la fin de la décennie, les blés français, toujours majoritaires, étaient achetés dans 20 départements, dont la Marne (30 %), la Meurthe-et-Moselle (22 %), les Ardennes (18 %), l'Aube (9 %). Des blés de force boulangère supérieure venaient entre autres du Vaucluse ou du Gard. Les apports étrangers arrivaient de Tunisie et d'Amérique du Nord. L'essentiel des blés était convoyé par les voies d'eau, le chemin de fer ne transportant qu'un cinquième, majoritairement sous forme de sacs. La création de la Compagnie de transport de céréales (CTC) en 1949 modifia cette répartition au profit du transport en vrac. Plusieurs minotiers de la région parisienne (Paris, Pantin, Corbeil), la Société de transports et de manutentions industriels (STEMI) et la SNCF y voyaient un avantage convergent. La SNCF développait son trafic en trains complets. Les moulins réduisaient leurs dépenses de sacherie et les heures de manutention. Quand cinq hommes étaient nécessaires pour charger 1 400 quintaux en sac dans sept wagons couverts, la main-d'œuvre passa à deux hommes pour charger les 3 000 quintaux d'un train de 10 wagons-citernes. En 1967, la CTC transportait 1,6 million de quintaux de céréales à l'aide de 1 139 wagons.

Fig. 4. — Co
schématiques.

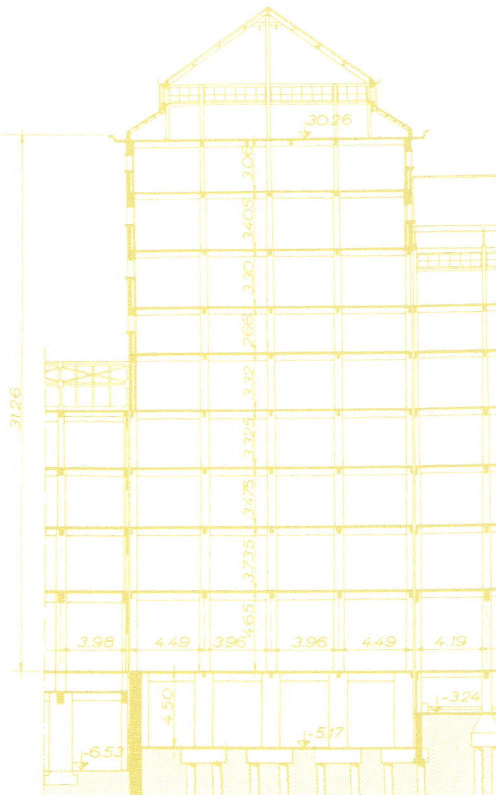

Fig. 6. — Coupe transversale AA
(magasin neuf).

Fig. 7. —
(chambres

Au milieu de la décennie 1950, le quart de la production des Grands Moulins de Paris était destiné à l'outre-mer et l'étranger, sous forme de farines étuvées. Alors qu'ils effectuaient 4 % de la mouture intérieure, ils exportaient 24 % des farines françaises dans les TOM et 33 % à l'étranger. Bordeaux exportait aussi largement vers les colonies grâce au port bien outillé. À Nancy, les exportations atteignaient 20 % des farines produites, mais il apparut nécessaire de redistribuer les destinations en fonction des enjeux internationaux. L'Indochine, qui absorbait les deux tiers des exportations, devenait un marché vacillant avec la guerre. En 1956, les farines françaises prohibées durent laisser place aux farines américaines. En 1959, c'est la perte de la Sarre, rattachée à la RFA, qui posa un nouveau problème alors que les Vilgrain y étaient bien placés. Les exportations des Grands Moulins de Paris furent elles aussi réorientées.

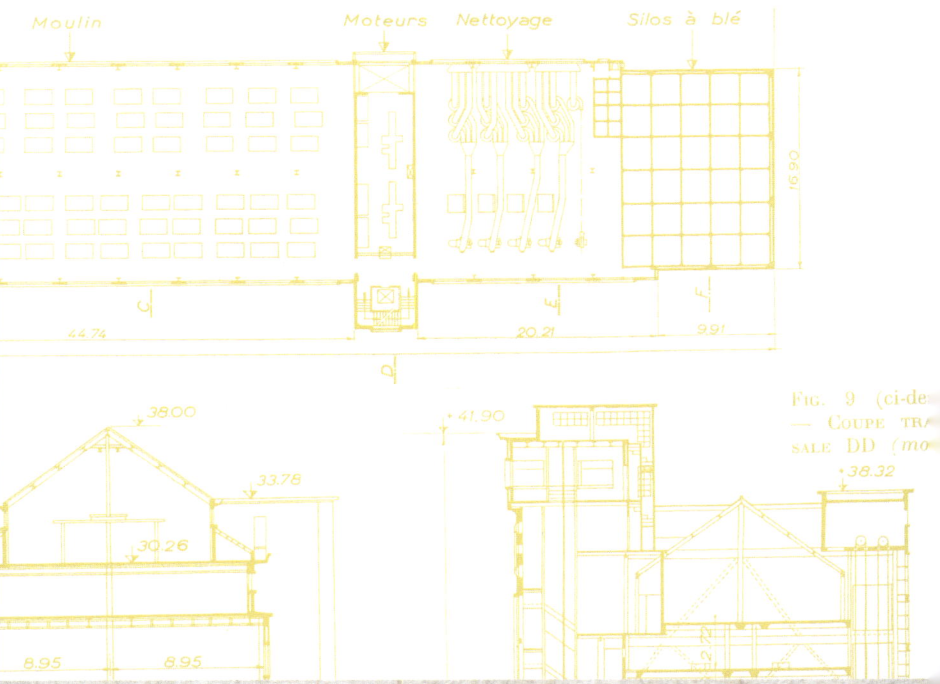

NNÉE — N° 1-2 JANVIER-FÉVRIER 1950

LA TECHNIQUE DES TRAVAUX

Les Grands Moulins Vilgrain à Nancy (M.-et-M.)

du numéro : 300 francs.

SYNOPTIQUE DES GRANDS MOULINS EN 1967

	GM PARIS	GM BORDEAUX	GM VILGRAIN NANCY	T EN %
PRODUCTION EN MILLIONS DE QUINTAUX	5,9	1,7	1,1	60 %
PRODUCTION D'ALIMENTS POUR BÉTAIL EN MILLIERS DE QUINTAUX	825	557	470	93 %
CHIFFRE D'AFFAIRES TTC EN MILLIONS DE FRANCS	387	114	98	57 %

COLONNE T : POURCENTAGE DES TROIS MOULINS CUMULÉS RAPPORTÉ AU TOTAL DES SIX PREMIERS MOULINS EN FRANCE (PARIS, CORBEIL, PANTIN, BORDEAUX, STRASBOURG, VILGRAIN)

SOURCE : INSEE, ANALYSE ÉCONOMIQUE DU SECTEUR DE LA MEUNERIE, 1968.

En haut : Les Grands Moulins de Paris poursuivent la modernisation de leurs installations. Plan des installations, dessin de la revue *Technique des travaux* et une salle des machines hydro-électriques des Grands Moulins de Nancy.

À gauche : Stockage dans les Grands Moulins de Nancy. La meunerie, un secteur fortement tributaire de ses réseaux de ventes et du commerce international sur lesquels plane le risque excédentaire.

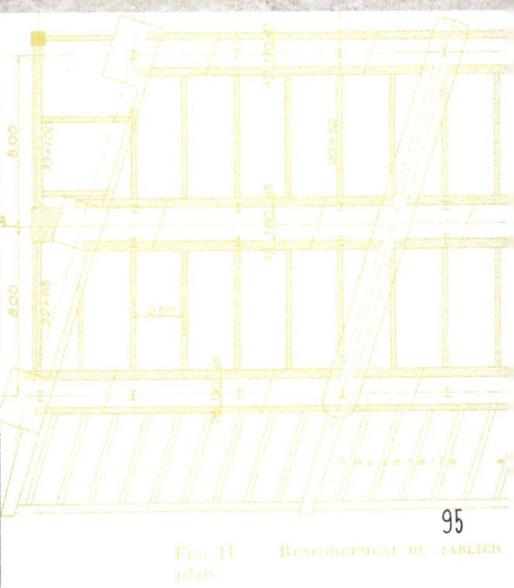

En 1955, la mouture d'exportation portait sur 869 000 quintaux vers l'étranger et 351 000 quintaux vers les territoires d'outre-mer, la croissance des premiers endiguant la réduction des seconds. Quelques années plus tard, en 1967, la mouture d'exportation du groupe des Grands Moulins de Paris portait sur 2,8 millions de quintaux, ce qui représentait 43 % de la mouture française dédiée à ces marchés. À l'usine de Nancy, 27 % des écrasements étaient prévus pour l'exportation, dont plus des deux tiers allaient vers les pays étrangers. Bordeaux, place traditionnelle du commerce ultramarin, expédiait 44 % de ses farines vers l'Afrique et le Proche-Orient.

L'instabilité des marchés de la meunerie poussait aux innovations commerciales. Le moulin de Nancy développa ses livraisons en sachets de 1 kilo. L'ensachage automatique adopté en 1954 et la prospection vers les magasins à succursales multiples favorisaient ce débouché. Ces marchés étaient aussi portés par des investissements publicitaires. Enfin, les choix techniques que faisaient des entreprises similaires en Europe étaient analysés lors de fructueux voyages d'étude, en Norvège, en Allemagne, en Angleterre, en Italie.La fabrication d'aliments composés pour nourrir les animaux offrit également des opportunités croissantes au cours de la décennie 1950. Elle mobilisait déjà les productions des coopératives agricoles et de quelques établissements créés à la fin du XIXe siècle. C'était le cas de la très réputée société normande Duquesne, implantée à Montfort-sur-Risle depuis 1883. Sous la marque Feedine, les Grands Moulins de Paris livraient déjà avant la guerre des produits destinés aux veaux, aux agneaux, aux porcelets, aux volailles, fabriqués à partir des issues. Une ferme d'essai leur permettait d'affiner les préparations et de les tester. Ce type de production donna la possibilité d'employer la main-d'œuvre du moulin lorsque les rythmes de fabrication présentaient une grande variabilité mensuelle après la guerre. En 1954, un atelier de fabrication Duquesne fut aménagé en Lorraine dans le moulin Vilgrain, complété par un réseau de dépositaires dans neuf départements. En quelques années, le marché décupla, relayé par plus de 70 dépôts étendus de la Champagne à l'Alsace. Plus d'un demi-million de quintaux était fabriqué au moulin Vilgrain, notamment sous forme de granulés. L'évolution des éleveurs vers une alimentation composée, la réputation des produits Duquesne plusieurs fois honorés dans des expositions, l'effort des conseillers avicoles et des vendeurs de Vilgrain, la multiplication des campagnes publicitaires engagées avec l'agence Publicis, tout soutenait ensemble le marché. L'usine de Nancy expédiait 28 mélanges différents et développa des innovations comme les aliments « Lapro » pour élever des lapins, ou « Granulavo » pour nourrir des veaux. Au début des années 1960, la conjoncture communautaire engendra le risque d'une concurrence sur les fabrications animales et la diminution du prix d'entrée des volailles venues de la CEE aux dépens de l'aviculture française. À Paris, les Grands Moulins fusionnèrent leur activité avec la Société de fabrication d'aliments céréales pour le bétail (SFACB). Les accords intervenus entre la société Duquesne et l'entreprise américaine Ralston-Purina obligèrent à séparer l'activité avec Nancy en 1966. Qu'importe, le moulin lança la marque « Suraliment Vilgrain ». En 1968, il développa une usine mobile grâce à un camion spécialement aménagé pour effectuer sur place, à la ferme, les mélanges

En haut : Le transport fluvial par péniche.

Ci-dessous : Affiche du Salon de l'agriculture, 1965. L'agriculture française confrontée à de nouveaux défis commerciaux sur les marchés européens et internationaux.

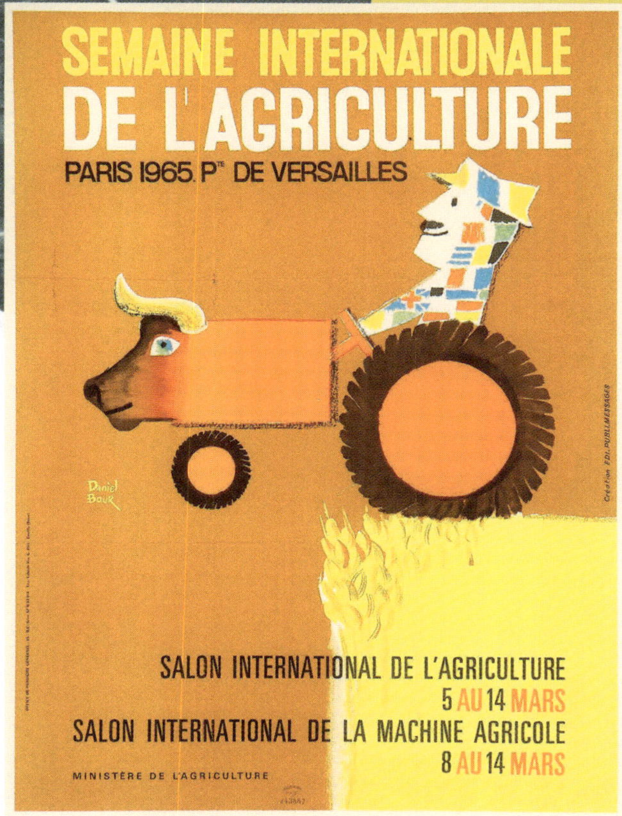

et l'ajout de concentrés directement versés aux porcs et vaches laitières. À cette date, les usines du groupe Grands Moulins de Paris produisaient 562 000 quintaux d'aliments pour le bétail, dont 81 % au titre de la société Feedine.

Au total, la puissance industrielle de ces moulins se renforça. Au début de la décennie 1960, les Grands Moulins de Paris traitaient 3,5 millions de quintaux ; 7 millions en incluant le site de Lille. Le moulin de Bordeaux écrasait de son côté 1,7 million de quintaux. Le personnel employé très nombreux justifia la création d'un bulletin intérieur distribué dans les usines du groupe Grands Moulins de Paris et ses filiales à partir de janvier 1950 : *Le Moulin à paroles*. Dans l'esprit de son fondateur, Robert Vilgrain, il devait rapprocher les personnels tout comme la célébration des départs en retraite et les médailles remises pour honorer les carrières longues.

Cela n'empêcha pas les conflits lors des évènements de 1968. Les administrateurs le notèrent avec amertume lors de l'assemblée générale de 1969 : « Pour la première fois depuis que nous existons, nous nous sommes trouvés pendant deux semaines dans l'impossibilité de servir une clientèle d'artisans boulangers qui, s'étant tenus à l'écart du mouvement, ont continué à travailler […]. Ce qui a été perdu pendant ces jours de démence ne se retrouvera jamais[118]. » Cette année-là, les marchés d'exportation pâtirent aussi par défaut de transport, d'activité portuaire ou douanière. Nancy fut moins affectée d'après le rapport présenté au conseil d'administration, qui rendit hommage « au calme et au véritable sens des intérêts de l'entreprise » que manifesta le personnel « épargnant un véritable désastre, sur le plan financier, mais surtout sur le plan commercial[119] ».

Sur un temps long, les résultats financiers n'étaient pas négligeables. Durant les années 1950, les Moulins de Bordeaux livraient un dividende de 9 % brut (dividende rapporté au prix initial de l'action) aux actionnaires, et Paris 10 %. Le pourcentage fut un peu plus faible durant la décennie 1960, ramené autour de 5 % selon les années, mais le chiffre d'affaires et les résultats nets prouvaient que le développement d'autres activités en marge de la meunerie avait été profitable. En 1967, le chiffre d'affaires du groupe Grands Moulins de Paris s'élevait à 600 millions de francs (65 % pour Paris, 19 % pour Bordeaux, 16 % pour Nancy). Au début de la décennie suivante, il atteignait 814 millions de francs, mais le bénéfice net se limitait à 2,5 millions. La taille de la meunerie française restait inférieure aux concurrents étrangers. Le chiffre d'affaires de British Foods, par exemple, était dix fois plus important.

RÉPARTITION DES VOLUMES DE CUISSON DES BOULANGERIES EN FRANCE EN 1956

CUISSONS PAR MOIS EN QUINTAUX	NOMBRE DE BOULANGERIES	POURCENTAGE ESTIMÉ DU TOTAL DES CUISSONS
10 A 30	15 000	10 %
30 A 60	21 000	31 %
60 A 100	13 000	34 %
100 A 150	4 000	16 %
150 A 350	1 000	8 %

SOURCE : ENQUÊTE EN VUE DE L'ACCROISSEMENT DE LA PRODUCTIVITÉ (LA BOULANGERIE FRANÇAISE), SOCIÉTÉ AUXILIAIRE POUR LA DIFFUSION DES ÉDITIONS DE PRODUCTIVITÉ, 1957, P. 90.

LE PAIN EN SONDAGE EN 1966 (RÉPONSES MULTIPLES)

LES RAISONS DE LA CONSOMMATION LIMITÉE	431 RÉPONSES
CRAINTE DE GROSSIR	54 %
INTERDICTION DU MÉDECIN	48 %
LE MAUVAIS PAIN	1 002 RÉPONSES
ON Y MET DES PRODUITS CHIMIQUES	48 %
LA FARINE EST TRAFIQUÉE	40 %
IL EST CUIT AU MAZOUT	40 %
LE PÉTRISSAGE EST MÉCANIQUE	23 %
LE PAIN DU BOULANGER	2 004 RÉPONSES
QUI LE FAIT LUI-MÊME EST TOUJOURS MEILLEUR	64 % D'ACCORD 13 % PAS D'ACCORD
LE PAIN VENDU DANS LES DÉPOTS EST PLUS SAIN ET PLUS HYGIÉNIQUE	11 % D'ACCORD 29 % PAS D'ACCORD
LES BOULANGERS NE S'INTÉRESSENT PLUS BEAUCOUP À LA QUALITÉ	25 % D'ACCORD 46 % PAS D'ACCORD

SOURCE : SONDAGE SEMA POUR L'ANMF, « LE MARCHÉ DU PAIN ET SES PERSPECTIVES », OCTOBRE 1966.

À gauche : **Une de *Détective* du 10 septembre 1951 consacrée au « Pain du délire ». L'affaire du pain maudit est une série d'intoxications alimentaires qui ébranla la France durant l'été 1951. Les symptômes étaient ceux d'une forme d'ergotisme due à une farine avariée.**

L'innovation au service de la consommation

Nombre de boulangers déploraient que leur travail ne soit pas plus valorisé par les consommateurs. Certains regrettaient le pain à grosse miche, délaissé au profit de baguettes moulées qu'ils jugeaient de mauvaise fabrication. D'autres incriminaient les farines à gluten court, obtenues à partir de blés à haut rendement, mais sans valeur boulangère appréciable[120]. Le nombre de boulangeries diminuait après avoir fortement crû et seul un nombre limité d'entre elles achetaient un volume élevé de farine[121]. Les vitrines n'étaient pas assez attractives et la rentabilité même de ce commerce se réduisait. Le pain devenait un produit d'appel secondaire pour vendre confiseries et biscottes, pâtisseries et épicerie fine. Surtout, sa qualité était partout critiquée, jugée fade et de mauvaise conservation. Le directeur de l'École de boulangerie de Paris, Roland Guinet, jugeait qu'un pétrissage insuffisant et une fermentation trop courte donnaient un pain lourd, indigeste et mal cuit. L'intoxication collective de Pont-Saint-Esprit en 1951 porta la critique à son comble contre le « pain maudit[122] ». Qu'il s'agisse de l'Association internationale de la meunerie, qui organisa à Londres en 1959 sa première conférence spécialisée sur la promotion de la farine et du pain, ou de la Meunerie française, qui multiplia les initiatives pour en soutenir la consommation, les tentatives furent nombreuses pour tenter de redresser les ventes. Partout en Europe, la diminution des achats de pain était avérée. La publicité, les conférences tournées vers l'éducation ménagère, l'incitation à diversifier les types de pain en boulangerie formèrent les stratégies commerciales principales. La Semaine du pain organisée en juin 1956 diffusa le slogan « Mangez du pain, vous vivrez bien ». L'ANMF créa un service spécialisé en 1964, le Centre d'information des farines et du pain. Les causes de la désaffection étaient récurrentes, du discours diététique réfractaire aux modes de consommation modifiés qui restaient cependant variables selon les villes et les régions. L'enjeu était important puisque les quatre cinquièmes de la production meunière restaient destinés à la panification commerciale. À la campagne, les habitants mangeaient toujours trois fois plus de pain, privilégiant le gros pain, comme les quartiers ouvriers urbains. La baguette ne dépassait pas 17 % des achats en France en 1966.

Le contexte technique et professionnel changea durant les années 1960. L'emploi du pétrissage intensifié après 1955 favorisa l'obtention de pains blancs. Leur promotion suscita d'ailleurs les campagnes promotionnelles et les affiches du Syndicat de la boulangerie. Le recours à des fours à chaleur indirecte et l'enfournement sur des tapis automatisés au lieu de bannetons changèrent les gestes, alors que la mise en œuvre d'une pousse contrôlée en enceinte réfrigérée régla différemment les horaires du boulanger à la fin de la décennie. La fermentation, aidée par l'adjonction d'adjuvants, ne demandait plus non plus le même savoir-faire. Mais le pointage caractéristique d'une fabrication patiente y perdait son rôle. En fait, la boulangerie évolua vers une mécanisation renforcée à toutes les étapes de la fabrication, suscitant une créativité renouvelée des équipementiers, sans en limiter l'emploi aux seules boulangeries industrielles, qui prirent leur essor à cette période. Une grande majorité des boulangers faisait encore plusieurs fournées par jour : 50 % des boulangers en région parisienne dépassaient six fournées ; dans les villes de province, ils descendaient à moins de trois fournées[123]. C'est en rappelant ces contextes que l'action des Grands Moulins de Paris présente un caractère innovant et original. La société transforma le travail de la boulangerie

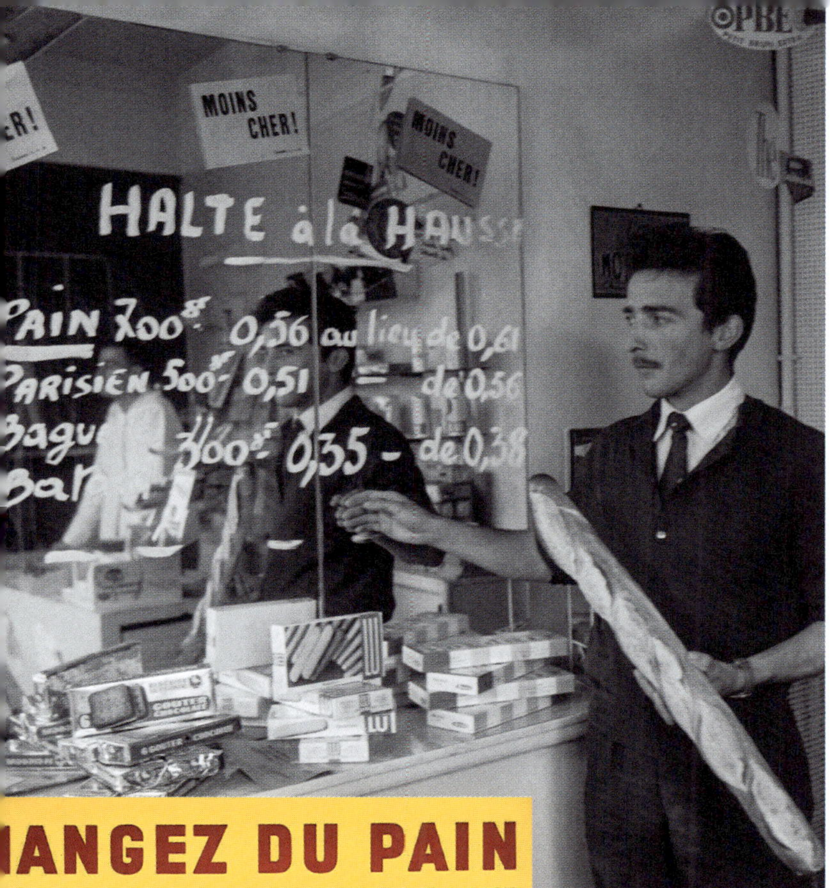

En haut : **En 1960, un boulanger de Drancy profite de la liberté des prix et vend son pain même prix que l'année précédente, il n'a pas augmenté ses prix et vend toujours la baguette à 35 centimes.**

À gauche : **Affiche promotionnelle de 1960 réalisée par Lefor Openo. La qualité du pain est souvent remise en cause et sa consommation baisse. Pour contrer cette tendance une campagne promotionnelle est mise en place pour la semaine du pain.**

et relança le commerce. L'automatisation engendra la livraison en vrac des farines. Aux États-Unis, elle avait déjà montré ses avantages : réduction de la main-d'œuvre à l'ensachage, limitation des manutentions pénibles pour charger les véhicules de livraison, économie de la sacherie. Restreinte tant que la réception en boulangerie était impossible, elle se développa à l'initiative des Grands Moulins, qui vantèrent les qualités de la livraison pneumatique : hygiène, rapidité, économie. La possibilité de livrer simultanément plusieurs types de farine et l'assurance de ne pas perdre de matière première renforçait les arguments en faveur du vrac. Les reportages de presse et les photographies de camion remplacèrent l'image traditionnelle des porteurs de farine du peintre Louis Carrier-Belleuse. Depuis 1963, de toute façon, la législation du travail avait réduit le portage des sacs à 50 kilos. La technique s'adaptait à la société. Elle n'évinça pas le sac de couleur violette des gruaux « Fer à cheval » que le moulin de Nancy distinguait toujours parmi plus d'une quinzaine de modèles, mais elle ouvrait une autre chaîne opératoire.

Le renforcement des services techniques eut des effets déterminants sur la recherche déjà lancée aux Grands Moulins de Paris dans les années 1930, qui suivit une dynamique nouvelle au milieu de la décennie 1960. Le Centre de recherches et d'études pour la nutrition animale (CRENA) devint ainsi le lieu de conception des formules innovantes utilisées. Il permit de lancer la farine micronisée destinée aux lactoremplaceurs (aliments destinés à remplacer le lait maternel dans les élevages). La Société d'analyses et de recherches pour les industries alimentaires (ARIA), logée au sein de l'usine du quai de la Gare, travaillait de son côté en lien avec le CNRS depuis 1964. Elle étudia la valorisation des blés tendres français et mit au point une machine pour classer les farines en fonction de leur teneur en protéines, objet d'un brevet international. Une véritable révolution se jouait dans la pratique boulangère. Elle procéda d'une chaîne technique et scientifique. À la fin des années 1950, l'application de la turbo-séparation – technique consistant à repasser la farine dans un broyeur puissant, puis à fractionner les particules obtenues de granulométrie variable par centrifugation dans un flux d'air – avait ouvert la voie. Il en ressort d'un côté une farine enrichie en protéines, et de l'autre, une farine enrichie en amidon. Le moulin de Paris fut le premier à l'appliquer en Europe. La turbo-séparation permettait ainsi d'éviter les ajouts d'amidon, de gluten ou le recours à des blés de force. La connaissance experte des protéines du blé devint un champ nouveau pour produire des farines plus segmentées, dont la première application fut la farine ménagère « tamisée ». Le laboratoire des Grands Moulins de Paris améliora également les méthodes d'analyses en intégrant de nouvelles connaissances. La mesure du « temps de chute de Hagberg-Perten », du nom des savants suédois qui en élaborèrent la formule, permit un progrès essentiel. En évaluant la dégradation possible de l'amidon par les amylases présentes en excès dans les grains de blé germés, la méthode permettait de contrôler les blés et d'écarter ceux qui étaient impropres à la panification. Les critères de sélection des blés étaient objectivés scientifiquement et ne relevaient plus seulement de savoirs intuitifs.

L'innovation la plus efficace, stratégique et durable fut cependant l'invention des « mixes ». Avec plusieurs filiales, un groupement d'intérêt économique du nom de « Moul-Bie » fut constitué en 1968 pour concevoir des farines prémélangées désormais dénommées des « mixes ». Le premier de ces mélanges fut dédié au pain de campagne. Prêtes à l'emploi, ces préparations assuraient au boulanger la possibilité de varier ses fabrications et lui économisaient une part longue et pénible de son labeur. Elles devinrent un levier de croissance des Grands Moulins de Paris, qui en firent un axe de développement par la recherche de nouvelles formules, la prospection commerciale et la création d'un centre de recherche sur les mixes en partenariat avec le laboratoire et l'École de boulangerie de Paris. Porté sur les blouses et imprimé sur les sacs de mixes, « Moul-Bie » devint un étendard du meunier parisien. Les vendeurs reçurent ce message : « C'est une orientation nouvelle que prend notre groupe en recherchant et en commercialisant des produits nouveaux qui pourront être utilisés par nos clients habituels tout en leur apportant un service : la facilité, la rapidité et la sécurité du travail que ces produits prêts à l'emploi apportent au professionnel tout en respectant la qualité traditionnelle du produit fini[124]. » Renouveler les produits garantissait l'avenir. Dès 1970, Moul-Bie s'enrichissait du pain de seigle, de la viennoiserie, du biscuit, de la pâte à choux et de la crème pâtissière. Chaque produit était commercialisé à l'aide d'une pochette comprenant une fiche à accrocher dans le fournil et une affichette de présentation en boutique. Le boulanger améliorait ses marges. Le Quai de la Gare n'était cependant pas le seul à rechercher l'innovation. À Marseille, sous l'égide de Michel Storione, l'idée d'une marque nationale de farine rencontra l'intérêt des frères Celbert, minotiers à Maure-de-Bretagne, et d'autres meuniers (Hurtrel dans le Pas-de-Calais ; Chatillon en Haute-Garonne ; Becher en Alsace, Cantin dans l'Indre, Cantenat en Côte-d'Or). Ils créèrent une farine qui devint une marque d'une considérable notoriété. « Francine » naquit de leur regroupement au sein du groupe France Farine en 1965. Elle reprenait une ancienne initiative des Storione, promoteurs d'une farine tout aussi poétiquement désignée « Neige d'Or ». La « farine fluide » de Francine devint une référence connue de tous et, par relais gourmands bien entretenus à force de campagnes publicitaires largement diffusées, de tous les foyers. Le label France Farine porta une nouvelle concurrence. Signe d'une compétition commerciale sans merci, la gamme « Melix », destinée aux professionnels, répondit à Moul-Bie en 1970.

Toutes ces innovations s'inscrivaient dans un nouveau contexte sociétal et économique. Il croisait tout à la fois le besoin de relancer la boulangerie, le désir des clientèles de transformer leur consommation alimentaire débarrassée des soucis de pénuries, la capacité des agriculteurs d'apporter de plus en plus de matières premières par des rendements croissants. Alors que la société de consommation basculait dans des critiques imprévues et les messages révolutionnaires d'une croissance zéro, la filière la plus ancienne et la plus traditionnelle de la nourriture humaine devait réviser ses certitudes.

Dans les années 1960, le pain reste un aliment essentiel sur la table des Français, mais sa consommation a tendance à baisser, surtout dans les milieux urbains.

En haut à gauche : Un repas familial en France, photographie de Paul Almasy en 1967.

En bas à gauche : Dès les années 1960, le sandwich, emblème d'une nouvelle restauration rapide, fait de plus en plus d'adeptes dans les milieux jeunes et urbains.

Ci-dessus: Enfants devant la vitrine d'une pâtisserie dans la rue Greuze à Paris, photographie de Paul Almasy.

À droite : Les innovations se multiplient pour améliorer la qualité des farines et proposer de nouveaux mélanges de farines, les « mixes » sous la marque Moul-bie.

En bas : Francine, la marque de farine de grande consommation née de la contraction de « France » et de « Farine » est créée en 1965.

1970-1989
6. Fusions, expansion, innovation

Entre les premières remises en cause d'une croissance productiviste, les effets d'une crise économique engendrée par la hausse brutale des prix de l'énergie, notamment du pétrole en 1973 et 1979, et la recherche des rationalisations imposées dans un contexte international bouleversé, la filière céréalière a dû apprendre à s'adapter. Mais les destins n'ont pas été les mêmes pour les coopératives et pour les meuniers. Tandis que les coopératives continuaient à faire converger leurs intérêts et à se regrouper, les meuniers confrontés à la concurrence repensaient leurs stratégies industrielles et commerciales.

Une nécessaire convergence des intérêts coopératifs

Les coopératives champenoises, qui représentaient 5 % des organismes coopératifs en France en 1972 par le nombre et par leurs effectifs salariés, témoignent des stratégies que les entreprises coopératives ont déployées pour croître et affirmer leur modèle d'organisation à cette époque.

Les intérêts croisés de la CARB et de la SCARM : une dynamique auboise

En quelques années seulement, la Coopérative agricole de la région de Brienne changea d'échelle. Les entrées d'orge doublèrent et se rapprochèrent des niveaux de récolte du blé. Le maïs décupla en dix ans. La CARB collecta 1,4 million de quintaux de céréales en 1975, quand les apports se limitaient au tiers dix ans plus tôt. Il en allait de même des sorties d'engrais ou de semences. L'augmentation du chiffre d'affaires soutint les immobilisations. Le nombre d'adhérents n'avait pourtant pas progressé sur un rythme similaire puisque la coopérative recensait 2 022 adhérents et 1 233 livreurs au milieu de la décennie 1970[125]. Une telle progression, pour spectaculaire qu'elle ait pu apparaître aux contemporains, n'était rien en comparaison des résultats obtenus à la fin des années 1980. La campagne 1989-1990 franchit pour la première fois 2,8 millions de quintaux de céréales collectées et le chiffre d'affaires s'éleva à 664 millions de francs.

À la progression correspondaient toujours des besoins nouveaux. Au terme de vingt années de présidence de la CARB, le président de cette coopérative, Jean Izabel, fut félicité par les administrateurs. Il avait réussi à résoudre notamment les flux de livraisons aux silos et les problèmes de séchage du maïs par des investissements réguliers.

Les dirigeants de la coopérative agricole de la région de Romilly-Méry (SCARM) éprouvaient eux aussi de la fierté lors du 60e anniversaire de leur coopérative en 1981. Elle était devenue l'une des cinq premières nationales. Les actions du service technique, relayées et vulgarisées par les chefs de secteurs, attestaient du progrès agricole. Cela légitimait le rôle des administrateurs, des conseils de silos et des structures associatives « où le coopérateur sera toujours un citoyen qui pourra s'exprimer[126] ». La SCARM mit en évidence ses 180 salariés au service de 2 580 adhérents en 1981, dont les deux tiers livraient des céréales. La coopérative de Romilly collectait le double de la CARB et pouvait stocker plus de 200 000 tonnes de grains. Des services nouveaux rendaient le travail plus facile, à l'exemple de la chaîne automatisée d'ensachage des semences en 1980. Les approvisionnements comptaient au moins pour 20 % du chiffre d'affaires. La capacité croissante d'autofinancement de la SCARM, doublée durant la décennie 1980, attestait finalement d'une gestion efficace.

La CARB et la SCARM prolongèrent opportunément le maillage coopératif. La première voie fut celle des participations dans de nombreux organismes, engagées durant les années 1960. La SCARM était ainsi, en 1982, partie prenante de Champagri (produits phytosanitaires), de la SICAM (production d'engrais), de l'Union Champagne Malt (UCM), du groupement de diffusion de farines sur la région parisienne (DIFAR), du Groupement des exportateurs de farine (GEFAR). Des participations étaient également développées dans les moulins, la SCARM ayant

acquis le tiers du capital des Moulins de Notre-Dame et de la Rave à Troyes en combinaison avec la CARB. La voie la plus ambitieuse, et parfois la plus difficile à contractualiser, restait le regroupement de plusieurs coopératives. *A posteriori*, il est facile de décrire un processus continu et cohérent. Mais en fait, chaque fusion découlait d'une analyse contextuelle qui présumait de l'avenir. La CARB fusionna avec la coopérative de Nully en 1974. Deux ans plus tard, la SCARM fit de même avec celle d'Auxon, puis elle intégra la Coopérative de production Aube-Champagne (COPAC) en 1978. En 1983, la CARB et la SCARM se rapprochaient pour reprendre les magasins de la Coopérative agricole départementale de l'Aube (CADA) devenue déficitaire. Cette optimisation permettait autant d'amplifier les moyens de stockage que de contrecarrer l'expansion régionale du groupe Soufflet, qui multipliait les très grands silos verticaux en béton depuis son foyer nogentais.

Du GIE Champagne Céréales (1982) à l'Union Champagne Céréales (1984)

La dynamique auboise se retrouvait dans la Marne. La Providence agricole établit à Pringy une société d'intérêt collectif agricole (SICA) consacrée aux engrais en 1972. Trois ans plus tard, avec la coopérative de Vitry-le-François, elle s'engageait dans la construction d'un silo et d'un magasin d'engrais. En 1979, c'est avec la coopérative de Sézanne qu'un silo commun de 30 000 quintaux et un magasin à engrais étaient projetés. Poursuivant ses opérations de fusion avec d'autres coopératives, la Providence agricole rattacha celle de Saint-Masmes en 1972 et celle de Guignicourt en 1985. L'expansion suscita l'intérêt croissant d'agriculteurs qui en étaient encore éloignés. En 1979, les administrateurs de la Coopérative de la Haute-Marne, la CADAC, sollicitèrent la concertation lorsqu'une cinquantaine d'agriculteurs de ce département demandèrent leur rattachement à Reims. Ce n'était qu'un point de départ. L'évolution de la coopération dans le département de la Marne mobilisa un petit groupe de présidents de coopératives et de deux caisses de Crédit agricole au début de la décennie 1980 pour réfléchir aux évolutions et aux regroupements coopératifs. L'avance prise par la Providence, à la fois dans la collecte (un tiers du département et plus de 5 millions de quintaux depuis la campagne de 1973-1974) et dans la transformation des céréales (par des investissements dans l'agro-industrie), n'allait pas sans marginaliser d'autres coopératives champenoises. Les administrateurs de la Providence en étaient conscients. Faute d'une structure collective, des opportunités de marché étaient perdues, notamment vers l'exportation.

La réunion tenue à la Maison des agriculteurs de Reims, le 2 mars 1982, ne fut donc pas ordinaire. Les 21 administrateurs de la Providence votèrent la mise en place du « schéma Champagne Céréales » : une SICA pour défendre

Page de gauche

En haut : **Face à la nouvelle conjoncture agricole, les coopératives agricoles se rapprochent pour fonder l'Union Champage Céréales en 1982. Champagne Céréales devient l'un des plus grands groupes céréaliers français.**

Au milieu : **Silo de la coopérative Sézanne. En 1979, la coopérative est dotée d'un silo commun de 30 000 quintaux et d'un magasin à engrais.**

La création d'une activité autour du développement du maïs en pleine expansion.

En bas à gauche et double page suivante : **Vue contemporaine de la maïserie de Pringy. L'entreprise transforme le maïs en semoule, en farines mais aussi en huiles et autres produits issus de l'extraction du germe.**

Ci-contre : **Le gritz de maïs est utilisé en complément du malt pour favoriser la fermentation. Son usage est apprécié en raison de sa teneur élevée en amidon et de son taux de matière grasse inférieur à 1 %.**

COLLECTE DE CÉRÉALES DES 12 COOPÉRATIVES DE L'UNION CHAMPAGNE CÉRÉALES EN 1982-198 ET DE L'UNION AGRICOLE ARDENNAISE EN 1986

COOPÉRATIVE	COLLECTE (MILLIERS DE QUINTAUX)
PROVIDENCE AGRICOLE DE LA CHAMPAGNE	8 833
UNION CHAMPENOISE DES PRODUCTEURS	2 520
CAREV VITRY-LE-FRANCOIS	1 664
COLIGNY	775
SÉZANNE	672
ESTERNAY	669
SAINTE-MENEHOULD	667
DORMANS	437
ANGLURE	407
SOMME-TOURBE	340
ARDRE ET VESLE	294
ÉPERNAY	269
UNION AGRICOLE ARDENNAISE	3 850

SOURCE : LE TABLEAU EST PRÉSENTÉ À PARTIR DES RÉSULTATS MENTIONNÉS DANS LA REVUE *CHAMPAGNE CÉRÉALES INFOS* AUX ANNÉES CONSIDÉRÉES.

le revenu des agriculteurs marnais. Le président Jacques de Bohan souligna la nécessité de garder l'esprit « Providence » tout en faisant remarquer que « sentimentalement, le pas est difficile à franchir, mais l'évolution oblige à dépasser les intérêts particuliers et personnels[127] ». Le nouveau schéma coopératif prévoyait une structure commune de commercialisation des céréales et la mise en commun des outils de transformation et de l'achat des approvisionnements. La nécessité de respecter l'identité des coopératives de base fut rappelée comme un élément fondateur essentiel. Mais il fallait du temps pour saisir l'intérêt de ce regroupement dans un contexte agricole international de plus en plus tendu, marqué par la surproduction céréalière et le revirement de la politique communautaire. À la même date, l'AGPB publiait un document intitulé : « Faut-il arrêter la production céréalière européenne[128] ? » Les prix du blé à la production décroissaient en sens inverse de la majoration du prix des engrais et des consommations intermédiaires. L'union coopérative pouvait ouvrir de nouveaux débouchés.

Treize coopératives formèrent le GIE Champagne Céréales en 1982. Neuf (Anglure, Coligny, Dormans, Épernay, Esternay, Sainte-Menehould-Valmy, Jonchery-Vallées Ardre et Vesle, Sézanne, Somme-Tourbe) s'associaient à des entreprises plus importantes : la Providence agricole, l'Union champenoise des producteurs (UCP), l'Union agricole ardennaise (UAA), la Coopérative agricole régionale de Vitry-le-François (CAREV) de Vitry-le-François. Fondées dans les années 1930, à l'exception de celle d'Anglure (1889), de l'UCP (1922), de celle de Vitry-le-François (1922) et de l'UAA (1924), elles étaient de poids inégal : leurs moyens de stockage allaient de quelques centaines de milliers de quintaux à 7 millions (Providence agricole). Leurs effectifs dépassaient rarement la vingtaine de personnes sauf à l'UAA (188) ou à la Providence (330). Le chiffre d'affaires en approvisionnement se limitait à 4 millions de francs à Jonchéry, mais dépassait les 200 millions à l'UCP. Toutes avaient suivi un processus de fusion au cours de leur histoire, comme s'il s'agissait d'une fatalité structurelle. Enfin, leurs détenteurs de parts sociales, souvent de plusieurs centaines, étaient nombreux, mais porteurs d'identités différentes.

La nouvelle organisation fut définie par plusieurs commissions et les directeurs de coopératives. Elle aboutit à l'Union Champagne Céréales en 1984. Diverses décisions immédiates rendirent le GIE très concret. La création d'une Union tournée vers le maïs en est un bon exemple. Le « gritz », ou semoule de maïs, utilisable en complément du malt et du houblon pour le brassage de la bière grâce à sa forte teneur en amidon, ouvrait une opportunité agro-industrielle. Champagne Maïs prit forme à partir d'une maïserie établie à Pringy en 1974 par la Providence avec une capacité d'écrasement journalière de 250 tonnes de maïs. Sa production couvrait le quart du marché français. Les 12 coopératives participèrent au dispositif, alors que 9 seulement avaient mutualisé leurs ventes de céréales. Le regroupement démontra la nouvelle puissance acquise. En 1983, Champagne Céréales stockait 16 millions de quintaux dans 135 silos.

Le groupe Soufflet, l'autre acteur régional de la filière céréalière

De la transmission d'un commerce de grains fondé en 1900 à Nogent-sur-Seine en Champagne sont nés les établissements Soufflet. Gendre des fondateurs, Jean Soufflet engagea une dynamique de croissance à partir de 1927 dans le commerce puis la collecte céréalière. Dès 1939, un silo à grains est construit sur un quai de Nogent-sur-Seine, là même où le siège de l'entreprise est implanté. En 1946, la société prit alors la dénomination d'« Établissements Jacques Soufflet » et fixa pour objet social l'achat, la vente, la commission, l'importation et l'exportation de tous grains, graines, céréales, pailles, fourrages, engrais et tourteaux, la transformation et la vente de tous produits agricoles et tous produits similaires et connexes, notamment dans le cadre des stations de semence. L'entreprise envisageait par ailleurs aussi bien l'assistance technique et commerciale que la coordination et la logistique d'entreprise de la filière.

Cinquante ans plus tard, le groupe Soufflet comptait un capital social d'un montant de 1,068 millions d'euros, divisé en 6 667 actions nominatives, dont 99,40 % appartiennent à la famille Soufflet. Le groupe exerçait ses activités dans la collecte, l'exportation et la transformation des céréales et des oléoprotéagineux, principalement dans les pays de l'Union européenne, en Europe centrale et orientale et jusqu'en Russie. Farine, malt, semoule de maïs, riz et légumes secs entraient en transformation ; blé, orge, maïs, pois, colza, tournesol étaient récoltés sur les mêmes territoires. Au début du XXIe siècle, le groupe Soufflet, présent dans 14 pays, était devenu en un peu plus d'un siècle le 1er malteur mondial, le 1er meunier européen, le 1er maïsier européen, le 1er exportateur français de céréales.

En 2003, lorsque le groupe décida de retirer de la cote boursière les actions du groupe Pantin, comprenant les Grands Moulins de Pantin et de Corbeil, les malteries franco-belges et le négoce de céréales Cerapro, acquis en 1994, Soufflet employait 3 254 salariés, réalisait un chiffre d'affaires de plus de 2 milliards d'euros et obtenait un résultat net de 10 millions d'euros. La filière céréalière était devenue le moteur de développement d'un groupe dirigé depuis 1957 par Michel Soufflet. Les facteurs de croissance furent nombreux durant la seconde moitié du XXe siècle grâce à la réussite de choix stratégiques opportuns : amélioration de la collecte des céréales, édification de silos portuaires, implantation de filiales hors de France.

Le groupe vint en fait tardivement à la meunerie au regard de son histoire. L'achat d'un premier moulin dans l'Aube est décidé seulement à la fin des années 1970. Mais l'expansion se poursuit et permet au groupe Soufflet d'acquérir le premier meunier belge, Cérès, puis les installations de Pantin et Corbeil, dont les moulins ont une existence pluriséculaire. En 2003, Soufflet compte 138 silos en France, 9 moulins et exporte 40 % de la production minotière française. Soufflet n'est alors plus seulement un expert du négoce céréalier mais tout autant celui qui s'incarne jusqu'en boulangerie par la promotion de la baguette Fleuriane auprès de 2000 artisans boulangers, bientôt promoteurs de la baguette Baguépi.

Lorsqu'en janvier 2001 Jean-Michel Soufflet accède à la présidence du directoire, la troisième génération familiale prouve la pérennité d'une puissante entreprise au cœur de la filière céréalière. D'autres achats viennent élargir la géographie du groupe tout au long de la décennie 2000 mais aussi ses métiers, à l'exemple de l'entrée au sein de l'entreprise Neuhauser, l'un des leaders de la boulangerie industrielle européenne. Le tournant décisif apparaît en 2023 lorsque le groupe InVivo, union de 167 coopératives françaises, acquiert le groupe Soufflet et devient de ce fait l'un des premiers acteurs céréaliers européens.

Le Moulin de Nogent-sur-Seine dans l'Aube, acquis par l'entreprise soufflet en 1994.

Plus de 60 % étaient en blé, un tiers en escourgeon, orge et maïs. Les agriculteurs pouvaient compter sur 17 embranchements ferroviaires à trains complets et le même nombre en chargement de péniches. Une mise en marché permanente était assurée. Cela n'empêcha pas Jacques de Bohan d'inciter chacun à manifester son esprit d'adhésion pour ne pas en faire une simple communauté de moyens.

À l'occasion, il déplora que la maïserie de Pringy ne soit visitée par certains qu'après l'avoir intégrée dans le GIE et non auparavant pour prendre la mesure de la dynamique engagée. Champagne Céréales mobilisait déjà 30 personnes au siège social et 85 dans les différentes usines, dont la direction générale échut à Benoît Arnould. Au milieu de la décennie, l'union de coopératives Champagne Céréales disposait d'une capacité de production céréalière supérieure à celle des Pays-Bas ! Le regroupement allait dans le sens de la concentration céréalière. À l'échelle nationale, la part des livreurs de plus de 100 tonnes passa de 32 % en 1970 à 68 % en 1985. Les moyens ne cessèrent de se renforcer. Des cessions de la Providence agricole, comme celle de l'usine d'engrais de Berry-au-Bac qu'elle avait rachetée, y contribuèrent. Certains investissements amélioraient aussi les fonctionnements, à l'exemple du plan d'informatisation des silos en 1983 ou de la mise en œuvre d'une réflexion sur les usages de la télématique.

La « valorisation non alimentaire des agro-ressources » (VANA) débuta au même moment. L'initiative vint du président fondateur de Sucre Union, Alain Delaunay, qui créa en 1983 une unité de recherche intitulée « Sucre recherche développement » (SRD). Elle répondait à la fin du soutien européen à la production de sucre. L'expertise scientifique du premier directeur de SRD, Régis de Baynast, polarisa les travaux sur la betterave sucrière, avant que la collaboration avec des scientifiques de Champagne Céréales n'incline à étendre la recherche à une plus large chimie du végétal. Cela correspondait aux propos de Jacques de Bohan concluant le conseil d'administration de Champagne Céréales le 18 septembre 1984 par cette incitation : « Il faut réfléchir à l'utilisation des céréales comme matières premières d'une industrie chimique[129]. » Daniel Genton, qui devint directeur du développement de la coopérative, conforta cette orientation dans le 7e bulletin de Champagne Céréales en soulignant que la sauvegarde des forêts contre

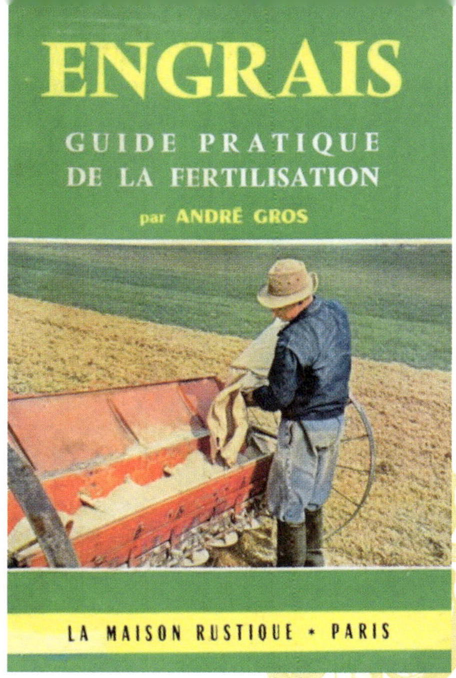

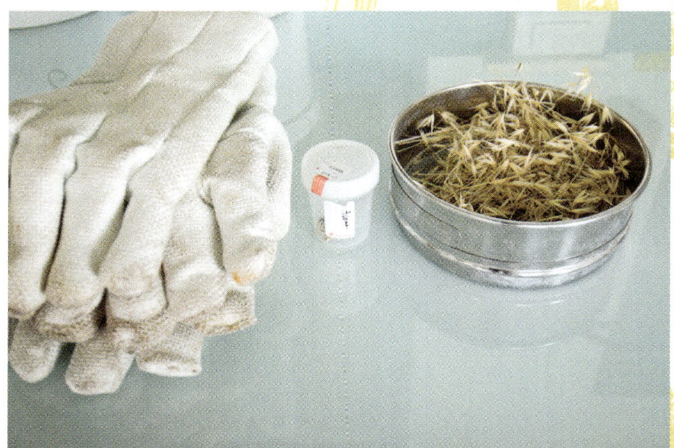

En haut : André Gros, *Guide pratique de la fertilisation.*

À gauche : Les coopératives doivent s'adapter à un nouveau cadre européen qui remet en cause les bases des mécanismes interventionnistes de la politique agricole commune. À la même époque, une nouvelle étape dans le processus d'intégration européenne est franchie : la commission Delors, ici en 1985, pose les bases de la monnaie unique.

Ci-dessus : Champagne Céréales encourage les études qui sont menées pour la valorisation de la betterave (planche botanique en fond) et des céréales dans l'industrie chimique et crée en 1989 la société Agro industrie recherches et développements (ARD) Photographie issue d'un reportage sur l'usine ARD.

À droite : Une nouvelle filière de valorisation se developpe autour de l'éthanol et les usines de fabrication d'éthanol se multiplient en France.

la pollution atmosphérique – le sujet du moment portait sur le ravage des pluies acides en particulier en Forêt-Noire – et la nécessité de trouver un nouveau débouché à l'utilisation de 15 % des futures collectes de blé devraient engager le pari de la production d'éthanol. Celle-ci introduirait le carburant sans plomb, participerait des prémices du développement durable et des réponses à donner aux inquiétudes environnementales qui émergèrent dans la décennie. Elle trouverait une valeur ajoutée aux cultures champenoises confrontées au nouveau paradigme agricole européen de réduction des productions. La création en 1987 d'Éthanol recherche et développement (ERD) en fut la traduction. Les savoirs sur la chimie du végétal étaient déjà considérables et alimentaient des publications scientifiques en nombre, mais passer au stade industriel était un autre enjeu. En s'y intéressant, Champagne Céréales anticipait une orientation vers l'or vert, appelé à remplacer l'or noir. Pour en renforcer le dispositif, en 1989, la création d'Agro industrie recherches et développements (ARD) rassembla des compétences et des sites multiples à Compiègne, Bétheniville, Vauciennes. La société commune de recherche partageait les intérêts de Sucre Union (65 %) et Champagne Céréales (35 %). La conversion à l'éthanol mobilisait tout autant dans l'Aube, où la Fédération des coopératives de céréales pensait développer une unité en association avec la distillerie de Provins, la société Soufflet et Unigrains (le bras financier de l'AGPB), prévoyant la production de 1 000 litres d'éthanol par jour à partir de betteraves et de blé. La CARB était prête à s'engager à condition que des aides soient accordées. En fait, comme le constatait l'Association nationale de la meunerie française lors de son congrès de 1986, tout le monde voulait son usine d'éthanol, mais il faudrait d'abord que des assurances sur la viabilité de cette filière puissent être apportées par les pouvoirs publics.

De nouveaux choix s'imposèrent à la fin de la décennie 1980. En avril 1986, Jacques de Bohan avait conclu un éditorial par cette sentence lucide face aux bouleversements des prix agricoles : « Si l'organisation des agriculteurs reste plus que jamais nécessaire, il faut la repenser [...]. Les producteurs agricoles que nous sommes doivent prendre conscience que c'est le marché qui est prioritaire, qu'il faut le conquérir et s'y plier. Il s'agit là d'une véritable mutation intellectuelle difficile, mais nécessaire[130]. » Le contexte de dérégulation néolibérale poussait à une libre concurrence exacerbée. Venue des inspirations économiques états-uniennes, elle était désormais promue par l'orientation communautaire européenne tournée, à l'initiative de la commission Delors, vers un marché intérieur conçu comme un espace sans frontières, constitutif d'une Union européenne approfondie. Le démantèlement des mécanismes communautaires d'intervention, dans le cadre d'une reconsidération de la politique agricole commune, imposait des évolutions inévitables aux entreprises agricoles. Les coopératives avaient plusieurs solutions face à cette mutation : soit elles cherchaient à renforcer les liens mutuels entre leurs membres, par exemple dans les achats d'engrais, de semences ou de produits phytosanitaires, soit elles se développaient comme un ensemble d'entreprises multiples ayant chacune une fonction spécifique appuyée sur un type de service.

L'organisation conceptuelle de Champagne Céréales donnait une fonction prépondérante à la Providence agricole. En 1989, celle-ci regroupait 9 sections et garantissait une représentation des adhérents avec un délégué élu pour 30 adhérents. Chaque sociétaire devait détenir une part sociale de 100 francs par 100 quintaux de céréales ou autres produits du sol livrés, ou par tranche de 5 000 francs d'achats d'approvisionnements. À cette date, la Providence et ses 4 200 adhérents drainaient la production de 150 000 hectares, collectaient 9 millions de quintaux de céréales (environ un quart de la production céréalière de la région Champagne-Ardenne), 2,5 millions de quintaux d'oléoprotéagineux, fournissaient 430 000 quintaux de semences certifiées, commercialisaient 260 000 tonnes d'engrais et réalisaient plus de 200 millions de francs par leurs ventes de produits phytosanitaires. En créant Champagne Céréales, les moyens passaient à 200 silos, organisés en régions de 40 silos, chaque région divisée en 5 sections avec 16 élus. Un conseil d'administration rassemblerait 5 présidents régionaux et 20 présidents de section. Parmi les 13 coopératives du GIE Champagne Céréales, 8 décidèrent de renforcer le dispositif coopératif par leur union. La création de Champagne Céréales se présenta comme une opération de croissance conjointe – en associant vraiment les autres coopératives – plutôt qu'un aboutissement d'une croissance externe de la seule Providence agricole aux dépens des entités fusionnées au sein de Champagne Céréales[131].

Ci-dessus : La mise en œuvre de la stratégie agro-industrielle avec la création de la société Malteurop en 1984, née de la fusion des deux unions régionales : Union Providence Malt et Union Champagne Malt. L'usine Malteurop à Vitry-le-François dans la Marne.

Le renforcement d'une stratégie agro-industrielle : Malteurop

La malterie devint l'exemple de cette stratégie : unifier les moyens et diversifier les débouchés. La société Malteurop rassembla en 1985 la SICA Malteurop, créée en 1984 (48 coopératives, Champagne Céréales, un GIE de coopératives Champagne-Picardie-Céréales, deux sociétés anonymes Cofimalt et Sofimalt), les deux unions coopératives de commercialisation Union Champagne Malt et Providence Malt, et deux sociétés anonymes, Malterie de Moselle et Malterie Vandecasteele Frères. Le traité constitutif paracheva un dispositif de regroupement amorcé depuis quelques années autour de la Providence agricole, qui détenait des participations dans plusieurs de ces sociétés.

Le capital initial de Malteurop se distribuait entre les coopératives (79,5 %), Unigrains, Cofimalt (10,2 %) et Sofimalt (10,2 %). La nouvelle structure représentait 27 % de la production française de malt, soit 300 000 tonnes sur un total de 1,3 million de tonnes. Elle comptait 95 000 livreurs d'orge. Le contexte était difficile, mais l'opération ambitieuse. La consommation annuelle de bière était plutôt en diminution, particulièrement en France. De 21 litres par personne, toutes catégories socioprofessionnelles confondues en 1965, elle n'était plus que de moitié en 1985. Parmi pays européens, la France était le seul à constater une réduction de la production de bière, passée de 8 millions d'hectolitres en 1950 à 21 en 1970, mais à moins de 18 en 1988. Des évolutions inverses caractérisaient les marchés néerlandais, anglais, allemand surtout, celui-ci atteignant en RFA 88 millions d'hectolitres en 1988[132]. De nombreux marchés de malt étaient en ascension vers l'exportation, mais la solvabilité de certains pays tiers était très instable (Syrie, Zambie, Nicaragua).

La mise en commun du savoir-faire technique de la malterie rémoise et l'extension de la capacité de production auguraient pourtant bien. Avec 197 personnes employées, dont 22 au siège de Reims, des filiales en Sarre (Tivoli GMBh à Bliekastel) et en Espagne (par la détention de 18 % du

Au milieu et en bas : **Champ d'orge et cônes de houblon. Cette plante est cultivée pour ses cônes utilisés principalement en brasserie.**

À droite : **Avec des matières très inflammables, les installations céréalières sont toujours menacées par les incendies. Les pompiers dans les décombres de la Malterie de Metz après l'explosion de 1982.**

LES ACTIONNAIRES DE MALTEUROP AU 10 MARS 1987

LES 11 PREMIERS ACTIONNAIRES DE MALTEUROP DÉTENANT ENSEMBLE 66 % DU CAPITAL, PARTS EN MILLIERS D'ACTIONS

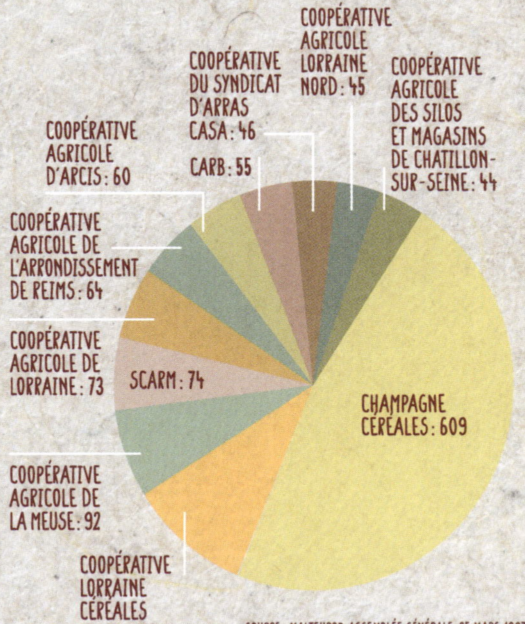

SOURCE : MALTEUROP, ASSEMBLÉE GÉNÉRALE, 25 MARS 1987.

capital d'Intermalta et son usine située à San Adrian), Malteurop renforçait la malterie coopérative champenoise. Son marché était globalement tourné à 20 % vers la France, 30 % vers la CEE et 50 % vers d'autres pays. Les trois principes fondateurs de Malteurop assuraient l'équilibre du groupe. Pour une qualité d'orge définie, le prix au départ de l'organisme de stockage s'appliquait à toutes les coopératives. La répartition des quotas régionaux valait uniformément dans chaque région. Pour assurer les cours du marché, les volumes finaux à livrer étaient régis par le groupe. L'objectif de qualité des orges apparaissait comme le levier déterminant de la vente du malt, ce dont se prévalaient les coopératives locales depuis plusieurs années.

Cet avènement industriel coopératif reposait sur des moyens multiples. L'Union Champagne Malt avait une malterie à Pringy depuis 1975. Elle fédéra ensuite plusieurs coopératives, la SCARM, la CAREV, la CARB, la Coopérative agricole de l'arrondissement de Reims, la coopérative de la Meuse-Verdun. En 1984, elle pouvait fournir 33 % du groupe Malteurop. Providence Malt, qui livrait un volume similaire, était née en 1977 du regroupement de 15 coopératives. Son comité de direction réunissait la Coopérative agricole de Sézanne, l'Union agricole ardennaise, la Coopérative agricole de Lorraine, celle d'Arcis-sur-Aube. En 1980, les usines de Metz (malterie de Moselle) et d'Aire-sur-la-Lys (Malterie Vandecasteele) rejoignirent Providence Malt. La malterie nordiste assemblait les intérêts de plusieurs coopératives pour fournir 16 % du groupe. La Malterie de Moselle s'appuyait sur un actionnariat très diversifié de coopératives lorraines et procurait 8 % du malt, mais elle était dans une situation économique difficile. L'accident survenu à la malterie le 18 octobre 1982 imposa un brutal coup d'arrêt aux travaux engagés dans cette usine construite en 1975. L'histoire de l'industrialisation est jalonnée de ces évènements dramatiques, de moulins enflammés aux poudrières explosées, de filatures incendiées aux catastrophes minières. Les malteries et les silos n'étaient pas épargnés.

Ci-contre : **Les coopératives renouent avec une activité de malterie traditionnelle dans la région.**

En bas : **Malteurop est devenue à la fin des années 1980 le 1er producteur de malt européen et le 2e au niveau mondial, tiré par les marchés allemand et latino-américain en pleine expansion.**

À droite : **Le blocage du prix du pain en débat. Ici, en 1980, un boulanger de La Ciotat suscite la colère de ses collègues en vendant la baguette à 1 franc alors qu'elle est vendue partout à plus de 1,80.**

La croissance de Malteurop s'affirma dans les années suivantes, assurée par les livraisons d'orge de ses coopératives qui couvraient au moins la moitié des besoins. Dès l'origine, Jacques de Bohan avait souligné que, tout en tenant compte des différences régionales et de la nature des sols, il paraissait impératif de détenir les meilleures orges collectées par les coopératives. C'est à ce prix que les acheteurs, qui exigeaient constance et régularité, rémunéreraient la qualité du malt produit. Chacun avait pu l'entendre indiquer sans détour à l'assemblée générale du 24 avril 1985 : « L'objectif à atteindre – la qualité par la sélection – est irrévocable[133]. » Le directeur général avait renchéri en soulignant que l'idéal serait de disposer uniquement de variétés pures. Il ne s'agissait pas de pénaliser les livraisons, car de toute façon les coopératives devaient être rémunérées à hauteur des capitaux investis, mais de tirer la production par une valorisation incitative.

L'entreprise se dota d'une plate-forme expérimentale d'essais en 1986 en concertation avec l'Institut technique des céréales et des fourrages (ITCF) pour analyser les qualités variétales des orges. La multiplication des micro-maltages précisa les variétés adéquates. Malteurop rechercha ensuite l'amélioration technique des usines qui présentaient des écarts de coûts de production sensibles. L'agilité commerciale devint constante pour réagir face à des marchés changeants. Lorsque la politique russe de réduction volontariste des consommations d'alcool après 1986 réduisait le débouché, il fut compensé par la croissance des marchés allemands et sud-américains. Lorsque le ministre de l'Agriculture François Guillaume assista au congrès de Malteurop en mars 1988, tenant un propos politique inattendu pour défendre la politique agricole du gouvernement Chirac qui fut accueilli avec des murmures, l'entreprise qui lui fut présentée était déjà devenue le 1er producteur européen de malt, le 2e au niveau mondial.

LES MOYENS TECHNIQUES ORIGINELS DE MALTEUROP EN 1985

USINES	PRODUCTION		STOCKAGE	
	TONNAGE QUOTIDIEN ORGE (TONNES)	TONNAGE ANNUEL MALT (MILLIERS DE TONNES)	CAPACITÉ PAR USINE (MILLIERS DE TONNES)	NOMBRE DE JOURS
AIRE-SUR-LA-LYS	110	32	9,5	86
METZ	230	62	34	148
VITRY	430	123	47,3	110
REIMS	250	68	29,1	116
PRINGY	150	44	32	213
TOTAL	1 170	329	151,9	

SOURCE : ARCHIVES CHAMPAGNE CÉRÉALES. ASSEMBLÉE GÉNÉRALE DE MALTEUROP, 24 AVRIL 1985.

LE GROUPE GRANDS MOULINS DE PARIS, PROTAGONISTE DE LA MINOTERIE

Plus proches du consommateur final, les Grands Moulins de Paris fondèrent leur croissance sur l'adaptation aux bouleversements des comportements alimentaires au tournant des décennies 1970 et 1980. Le caractère régional des productions meunières s'effaça devant l'homogénéisation du marché alimentaire national. L'impossible report des variations des coûts de production du fait du blocage des prix du pain imposait des stratégies commerciales innovantes. La contribution essentielle des exportations au chiffre d'affaires resta une constante, mais elle supposa une prospection des marchés extérieurs de plus en plus soutenue.

Fusion, participations et développement

Lorsque la décision fut prise en 1970 de fusionner les sociétés du groupe, le conseil d'administration des Grands Moulins de Paris prit acte de plusieurs évolutions. La diversification des fabrications engendrait des recherches communes à chaque usine. Le positionnement des ventes était orienté par la concentration commerciale et industrielle croissante des clientèles habituelles de la minoterie. La complémentarité des sites appelait donc à les rapprocher plutôt qu'à les associer afin de renforcer les capacités techniques, faciliter les objectifs commerciaux et promouvoir de nouvelles méthodes de gestion plus opérationnelles. En fait, la structure juridique transformée devait épouser les réalités économiques. Les administrateurs espéraient aussi améliorer les résultats financiers.

Le schéma de fusion posa qu'une action de chaque société équivaudrait à chacune des deux autres. Les bilans et les moyens n'étaient cependant pas les mêmes. Le capital social des Grands Moulins de Bordeaux s'élevait à 14,3 millions de francs, détenu à 60 % par les Grands Moulins de Paris. Le dividende net servi dans les cinq dernières années avait oscillé de 5 à 7 % du nominal. À Nancy, le capital social était un peu plus élevé (18,6 millions de francs) détenu à 26 % par les Grands Moulins de Paris et 21 % par ceux de Bordeaux. Le dividende net à 2 % du titre était un peu plus faible qu'à Bordeaux. Les Grands Moulins Vilgrain avaient par contre le meilleur rapport du bénéfice au chiffre d'affaires parmi les trois sociétés : de 2,2 % à 4,7 %. Les Grands Moulins de Paris se situaient sur une autre échelle avec les usines de Lille et Paris, autant par le capital social (46,5 millions de francs sans actionnaire doté de plus de 5 % des titres) que par le dividende maintenu à 4 %. Cependant la rentabilité était plus fragile, le rapport du bénéfice brut au chiffre d'affaires était, depuis 1966, entre 1,6 % et 1,8 %. Renforcer les moyens financiers du groupe signifiait d'abord renforcer la société parisienne.

Une disparité pérenne séparait les usines. En 1969, Paris avait livré 2,5 millions de quintaux de farine sur le marché national (6,83 % de la mouture nationale). En comptant les exportations, l'usine de Paris produisait 5,4 millions de quintaux. Le site lorrain n'en livrait que le cinquième et le moulin aquitain un peu plus (1,6 million). Chacune des usines sortait aussi des quantités élevées d'aliments pour animaux : 578 000 quintaux à Bordeaux, 543 000 quintaux à Nancy, 562 000 quintaux à Paris. Le nombre de salariés différait en conséquence : plus du millier dans la capitale, 385 en Meurthe-et-Moselle, 481 sur les bords de la Garonne. Au total, après le premier exercice de la société fusionnée, les Grands Moulins de Paris apportaient plus de 400 000 tonnes de farine au marché national et 270 000 tonnes à l'exportation, ce qui représentait, une fois cumulé, 17 % de la meunerie française en 1971. Le chiffre d'affaires de 676 millions de francs incombait à 38 % au site parisien, 23 % à Bordeaux, 21 % à Lille, 18 % à Nancy.

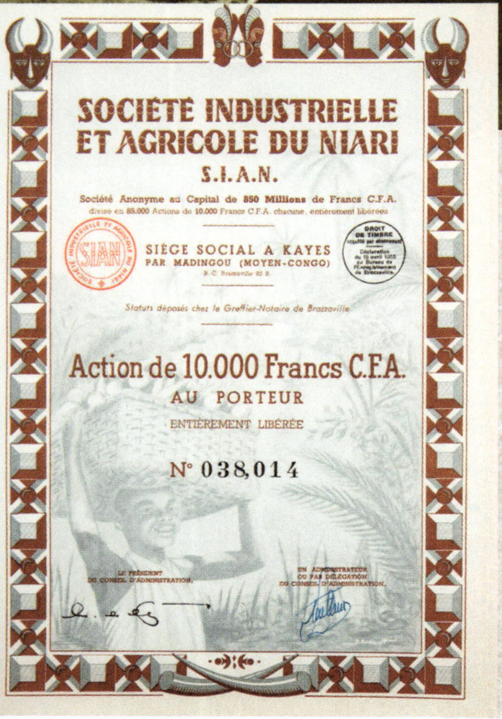

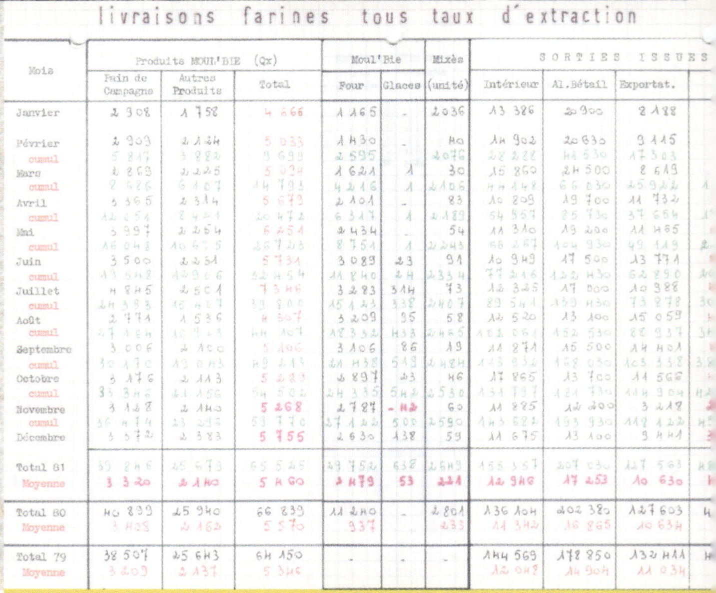

livraisons farines tous taux d'extraction

Mois	Produits MOUL'BIE (Qx) – Pain de Campagne	Produits MOUL'BIE (Qx) – Autres Produits	Produits MOUL'BIE (Qx) – Total	Moul'Bie – Four	Moul'Bie – Glaces	Mixès (unité)	SORTIES ISSUES – Intérieur	SORTIES ISSUES – Al. Bétail	SORTIES ISSUES – Exportat.
Janvier	2 908	1 758	4 666	1 165	-	2036	13 386	20 900	8 188
Février	2 909	2 124	5 033	1 430	-	40	14 902	20 630	9 115
cumul	5 817	3 882	9 699	2 595		2076	28 288	41 530	17 303
Mars	2 809	2 225	5 034	1 621	1	30	15 860	24 500	8 619
cumul	8 626	6 107	14 733	4 216	1	2106	44 148	66 030	25 922
Avril	3 365	2 314	5 679	2 101	-	83	10 209	19 700	11 732
cumul	12 051	8 421	20 472	6 317	1	2189	54 357	85 730	37 654
Mai	3 997	2 254	6 251	2 434	-	54	11 310	19 200	11 465
cumul	16 048	10 675	26 723	8 751	1	2243	66 267	104 930	49 119
Juin	3 500	2 231	5 731	3 089	23	91	10 949	17 500	13 771
cumul	19 548	12 966	32 454	11 840	24	2334	77 216	122 430	62 890
Juillet	4 845	2 501	7 346	3 283	314	73	12 325	17 000	10 988
cumul	24 393	15 467	39 800	15 123	338	2407	89 541	139 430	73 878
Août	2 771	1 536	4 307	3 209	95	58	12 520	13 100	15 059
cumul	27 164	[illegible]	44 107	18 332	433	2465	102 061	152 530	88 937
Septembre	3 006	2 100	5 106	3 106	86	19	11 871	15 500	14 401
cumul	30 170	19 043	49 213	21 438	519	2484	113 932	168 030	103 338
Octobre	3 176	2 113	5 289	2 897	23	46	17 865	13 700	11 566
cumul	33 346	21 156	54 502	24 335	542	2530	131 797	181 730	114 904
Novembre	3 128	2 140	5 268	2 787	- 42	60	11 885	12 200	3 218
cumul	36 474	23 296	59 770	27 122	500	2590	143 682	193 930	118 122
Décembre	3 372	2 383	5 755	2 630	138	59	11 675	13 100	9 441
Total 81	39 846	25 679	65 525	29 752	638	2649	155 357	207 030	127 563
Moyenne	3 320	2 140	5 460	2 479	53	221	12 946	17 253	10 630
Total 80	40 839	25 940	66 839	11 240	-	2 801	136 104	202 380	127 603
Moyenne	3 408	2 162	5 570	937		233	11 342	16 865	10 634
Total 79	38 507	25 643	64 150	-	-	-	144 569	178 850	132 411
Moyenne	3 209	2 137	5 346				12 048	14 904	11 034

La diversification des activités

La stratégie de développement des Grands Moulins de Paris passait également par de très nombreuses participations et filialisations. Hors de France, certaines ne furent pas maintenues sous le coup d'évolutions politiques, comme au Congo, où la Société industrielle et agricole du Niari fondée par les Grands Moulins en 1949 fut nationalisée. Mais les participations en Afrique ne disparurent pas toutes. Elles furent maintenues à travers la SOMDIAA, dont 29 % du capital étaient détenus dans le groupe. En 1971, sur 28 millions de francs d'actifs en participations, 42 % relevaient d'établissements en Afrique, 3 % en Algérie, 22 % provenaient de sociétés meunières métropolitaines (Moulins de Nogent-sur-Seine, Établissements Bessereau, Minoterie de l'Esterel, Moulins de Monaco, Moulins de Castets-en-Dorthe), 7 % de filiales spécialisées dans l'alimentation du bétail, à l'exemple de Vigala à Arras, et 26 % dans des entreprises diverses.

En haut : **Vue aérienne de la Grande Semoulerie de l'Ouest en 1988. Cette usine écrasait 146000 quintaux de blé dur et produisait 7000 tonnes d'aliments piscicoles au milieu de la décennie.**

À gauche : **Action de 10000 francs CFA au porteur de la Société industrielle et agricole du Niari. La SIAN, fondée en 1949 par les Grands Moulins, est nationalisée.**

Ci-dessus : **Détail des livraisons de farines tous taux d'extraction en 1981.**

À droite : **Plaque publicitaire de la marque Feedine d'aliments pour bétail appartenant aux Grands moulins de Paris.**

En bas : **La basse-cour est nourrie grâce aux produits des Grands Moulins de Nancy.**

Les initiatives se renouvelèrent en aval de la transformation du blé. Les études poursuivies depuis plusieurs années sur l'utilisation des amidons de blé aboutirent en 1976 à la création de la société Tenstar Aquitaine pour édifier une amidonnerie près du moulin de Bordeaux. Elle commença sa production en janvier 1978. Le marché était instable et les résultats s'ensuivirent durant la décennie 1980, mais l'opération permit un partenariat entre le groupe, l'Union nationale des coopératives agricoles de céréales et une société britannique. Le secteur de l'alimentation des animaux fut plus sûr. Loin de Paris, la Grande Semoulerie de l'Ouest, contrôlée à 66 % du capital, écrasait 146 000 quintaux de blé dur et produisait 7 000 tonnes d'aliments piscicoles au milieu de la décennie 1970. Elle occupait une position géographique particulière puisque la plupart des semouleries étaient plutôt implantées à Marseille. De son côté, la marque Feedine s'établit dans les Ardennes en lien avec la coopérative agricole ardennaise (UAA) à Rethel. Puis, l'acquisition de la société SODEVA, exploitant des usines d'aliments pour le bétail et des abattoirs de volailles, permit d'élargir encore la spatialisation de la production d'aliments composés et de rapprocher la minoterie de l'élevage, au point de considérer en 1978 que « la fabrication des aliments pour le bétail [était] devenue une activité de même importance que la meunerie[134] ». De fait, entre 1972 et 1978 les ventes passèrent de 190 000 tonnes à 450 000, produites dans huit usines. Une marque de distribution unique fut apposée sur tous les produits distribués sous la mention « Vigala » pour laquelle un centre de recherche et d'expérimentation avait été établi en Gironde. En 1980, les quatre abattoirs reliés aux Grands Moulins de Paris traitaient 16 700 tonnes de volaille. Orientant une tendance qui prit forme au milieu de la décennie, SODEVA se lança dans les plats cuisinés sous vide en 1986. C'était à la fois le moyen de rentabiliser la fourniture d'aliments aux éleveurs de volaille, et d'accompagner la transformation vers le consommateur final. La demande allait dans ce sens en faveur des plats préparés à base de volaille.

Pour traduire ces extensions structurelles auprès des actionnaires, sollicités en 1986 à l'occasion de la première augmentation de capital en quarante ans, le rapport annuel présenta une grande carte du monde recensant toutes les implantations du groupe. Par des sociétés diverses, la distribution géographique allait de Pékin (boulangerie industrielle) à Minneapolis (restaurant Vie de France), du Mali (meunerie) à la Norvège (licence en surgelés).

Des résultats probants

Le développement des Grands Moulins de Paris atteignit un niveau financier qui les plaça au sommet de la minoterie européenne. De 1970 à 1985, le chiffre d'affaires passa de 671 millions à 2,5 milliards de francs courants. Les bénéfices décuplèrent entre 1969 et 1985. Les résultats du groupe s'enrichissaient des participations et des capitaux détenus en filiales, qui quintuplèrent entre 1972 et 1985. Le chiffre d'affaires du groupe dépassait alors les 4 milliards de francs. Les Grands Moulins de Paris effectuaient à ce moment une mouture de 10,5 millions de quintaux de blé et livraient près de 800 000 tonnes de farine, dont 43 % allaient à l'étranger.

Malgré une diversification ostensible, le groupe restait fondamentalement meunier par ses acquisitions (Grands Moulins de Rouen, Minoterie Larran à Peyrehorade, Minoterie Chevalier au Pontet dans le Vaucluse). Le contrôle de la Société des moulins régionaux par la détention de 95 % du capital engendra des extensions géographiques supplémentaires. En 1980, Loches, Meaux, Cagnes-sur-Mer s'ajoutaient dans le groupe. Cette filiale atteignait presque le million de quintaux écrasés, dont la moitié tournée vers l'exportation. Les Grands Moulins de Beaumontel, comme le moulin de Revel rattaché à la Société toulousaine de minoterie, permettaient de prospecter d'autres marchés régionaux. Celui de Beaumontel, racheté en 1978, apparaissait comme un front commercial avancé vers les marchés normands et bretons. Le cœur de l'activité minotière des Grands Moulins de Paris se tenait sur les quatre sites plus anciens, comme le montre la répartition des salariés. En 1986, 33 % des personnels travaillaient à Paris, 13 % à Lille, 19 % à Nancy, 22 % à Bordeaux et 14 % au siège. Les plus nombreux au sein d'un personnel de 1 655 salariés étaient les ouvriers (790, soit 48 % du personnel) devant les employés (342 soit 21 % du personnel), la maîtrise (207 soit 13 % du personnel) et les cadres (237 soit 14 % du personnel). Mais les évolutions techniques et l'ajustement de la production aux besoins du marché aboutirent bientôt à la fermeture de sites ou à leur rénovation accompagnée d'une réduction des effectifs salariés.

La meunerie au cœur de l'activité des Grands Moulins de Paris avec le développement de toute une gamme de produits. Déclinaisons de produits Moul-bie : de la baguette surgelée à la farine de seigle jusqu'au pain de mie anglais « Doomy ».

En bas à droite : **Les Grands Moulins de Paris rachètent des Grands Moulins en région pour développer de nouveaux marchés. Les Grands Moulins de Beaumontel dans l'Eure acquis en 1978 permettront à l'entreprise se positionner sur les marchés normand et breton.**

Le nombre de moulins en France était encore trop important, bien qu'il soit descendu près du millier au milieu des années 1980 alors qu'ils étaient 2 500 en 1970. À l'échelle nationale, la meunerie française privilégiait les moulins dont la capacité d'écrasement était supérieure à 10 000 tonnes, voire 50 000 tonnes. L'usine de Lille cessa ses activités en 1987, relayée par le maintien d'un dépôt approvisionné depuis Paris. La fermeture du site nordiste provoqua un choc social violent. Commercialement, cette substitution du moulin parisien à la production locale dans le Nord n'était pas jugée très bienvenue. Le pain n'était plus celui des Lillois habitués à un certain type de mie. À l'inverse, l'usine de Bordeaux bénéficia d'investissements de modernisation pour l'automatiser intégralement. Le moulin de Nancy conservait une activité importante et diversifiée. D'une mouture supérieure à 1,7 million de quintaux, il produisait 12 000 tonnes de Moul-Bie, 11 000 tonnes de farines U.S. (usages spéciaux), dont un cinquième en sachets, 46 000 tonnes d'issues, dont un peu moins de la moitié convertie en alimentation du bétail.

CHIFFRE D'AFFAIRES CONSOLIDÉ DU GROUPE GMP PAR ACTIVITÉS EN 1986
(EXERCICE 1985)

ACTIVITÉ	CHIFFRE D'AFFAIRES EN FRANCS COURANTS	PART DU TOTAL	CHIFFRE D'AFFAIRES À L'EXPORTATION EN FRANCS COURANTS
MEUNERIE	2 495 330	61 %	945 376
ALIMENTS DU BÉTAIL	956 345	23,3 %	13 114
VIANDES	312 906	7,7 %	6 993
SURGELÉS	222 549	5,4 %	50 668
AMIDON	44 511	1,1 %	20 103
RESTAURANTS	19 006	0,5 %	13 544
DIVERS	38 676	1 %	7 343

SOURCE : ARCHIVES GMP, RAPPORT DE GESTION EXERCICE 1985.

La recherche s'oriente sur la qualité des farines panifiables et les techniques de fabrication du pain.

***À gauche*: Les fours de l'école de boulangerie des Grands Moulins de Paris.**

***À droite*: La gamme des pains se diversifie.**

***Page de droite*: La formation des pâtons en boulangerie.**

VERS UNE RÉVOLUTION ALIMENTAIRE

La recherche et l'innovation, leviers de développement commercial aux Grands Moulins de Paris

Le Centre de recherches sur les mixes (CRM) préfigura un développement industriel appuyé sur des savoirs scientifiques. Il était indépendant des autres laboratoires où s'effectuaient analyses et recherches, celui de l'École de boulangerie de Paris et l'ARIA. Il regroupait peu de personnes, pas plus de cinq, mais il pouvait s'appuyer dans le groupe sur des personnalités dont le renom scientifique, technique et professionnel était notoire. Les Grands Moulins de Paris adossaient leur stratégie d'innovation aux travaux de Bernard Pratx, Alain Chargelègue, Alain Colas, Roland Guinet. Les objectifs étaient nets : affiner les analyses des matières premières, notamment le blé, fonder les connaissances scientifiques propres à faire naître de nouveaux produits, garantir l'opportunité d'investissement dans les industries alimentaires en plein essor. Les Vilgrain portaient cette technophilie depuis Nancy, où la maîtrise du levain avait été un atout de développement déterminant.

Les savoirs acquis devenaient un argument commercial. La présentation des farines panifiables Moul-Bie, par exemple, insistait tour à tour sur la bonne adaptation des farines aux différents processus de fabrication ou sur le rendement et la tolérance aux apprêts : « Moul-Bie, c'est une grande connaissance des céréales, c'est l'utilisation du meilleur des blés, c'est une longue expérience dans les techniques de meunerie les plus avancées. » Les études en amont avaient développé les enquêtes qualitatives sur les blés achetés. Plusieurs centaines d'échantillons offraient ainsi un panorama régionalisé des approvisionnements, s'ajoutant aux analyses livrées par l'Institut technique des céréales et des fourrages (ICTF) ou l'ONIC. Les conditions de plusieurs récoltes en renforcèrent la nécessité. Les rendements moyens en blé croissaient durablement en France (30 quintaux/hectare en 1964, plus de 45 en 1974) mais deux facteurs les rendaient instables : les changements climatiques, qui réduisaient la production, comme ce fut le cas lors des sécheresses du milieu de la décennie, et la médiocrité de la valeur boulangère de nombreuses variétés, semées en raison de leur rendement élevé, mais dont la qualité variait fortement d'un département à l'autre. L'analyse variétale des blés et leur classement qualitatif devinrent donc de plus en plus exigeants. Des instruments scientifiques, comme le contrôle par infrarouge, mis au point à l'ARIA en 1978, renforcèrent l'expertise des Grands Moulins de Paris.

À partir des années 1980, la recherche et développement s'orienta de plus en plus vers l'innovation alimentaire. Les produits Moul-Bie furent déclinés en une gamme de

plus en plus large au fur et à mesure que les travaux de recherche le permettaient. S'appuyant sur des disciplines rares comme la rhéologie, le CRM développa par exemple l'étude des mélanges à froid au temps de prise rapide pour fabriquer des crèmes. Ce croisement des savoirs justifia même le recrutement, en 1983, d'une jeune ingénieure spécialisée sur les carraghénanes, Catherine Peigney, l'une des premières femmes cadres du groupe parmi les 15 de tout l'effectif des Grands Moulins de Paris, soit... 0,9 % du personnel à cette date. L'ouverture d'un centre de recherche dédié aux surgelés, avec une vingtaine de chercheurs et de techniciens, devint un autre atout durant la décennie. Implanté dans la cour des Grands Moulins près d'un hangar à vélo, et appuyé par une unité de production à l'usine de Marquette-lez-Lille, il devait concevoir de nouveaux produits en boulangerie-viennoiserie-pâtisserie surgelées. Les Grands Moulins de Paris prenaient position sur un secteur agroalimentaire qui débutait à peine. Ils confortaient en même temps leur maîtrise de savoir-faire qu'ils diffusaient hors des frontières nationales.

Mieux accompagner les boulangeries

Les Grands Moulins de Paris repensaient leur stratégie commerciale dans un contexte de compétition accrue. La relation des meuniers à leur clientèle boulangère devenait à la fois plus proche et plus exigeante. Le nombre de boulangeries se réduisait, concurrencées par les points chauds de livraison et les fournils de la grande distribution. Ceux-là visaient des consommateurs qui mangeaient de moins en moins de pain, mais privilégiaient l'approvisionnement le plus facile. La consommation moyenne par habitant, limitée à 170 grammes par jour en 1975, tomba encore plus bas, à 145 grammes, dix ans plus tard. Les attentes étaient parfois contradictoires. Un sondage réalisé par l'IFOP en 1985 à la demande de l'ANMF indiquait la qualité du pain comme premier critère de choix d'un point de vente. Mais comment jugeait-on la qualité ? Un pain sans produits chimiques (54 %), non congelé (38 %), du type désiré (37 %). À l'inverse, les consommateurs déploraient la faible conservation du pain (57 %), son mauvais goût (25 %), voire qu'il ne soit pas naturel (18 %). La recherche d'une bonne compréhension du marché n'était pas nouvelle. En 1977, le Centre national d'Études et de recommandations sur la nutrition et l'alimentation (CNERNA créé en 1946) rassembla un grand colloque, sous l'égide du Pr Buré – directeur des industries céréalières à l'École nationale supérieure des industries agricoles et alimentaires (ENSIA) et président de l'Association internationale de chimie céréalière –, entièrement consacré au pain et son rôle dans la nutrition[135]. Un sondage avait livré cette inquiétante observation : le pain n'était plus une denrée indispensable pour vivre[136]. Le discours médiatisé, porté par les certitudes progressistes des nutritionnistes et les camelots du corps parfait condamnant les « 3 P » (pâtes, pain, pomme de terre), n'aidait pas. Il bénéficiait de la progression d'un lectorat féminin intéressé par cette presse nouvelle des années 1980 dédiée à la santé (*Vital*, *Santé Magazine*, *Santé Forme*...). La relance du marché par la diversification des types de pain, bis, complets, de seigle, ou mélangeant plusieurs céréales, apparut comme un levier de redressement, surtout lorsque le prix du pain fut libéré en 1987 après une brève tentative en 1978. Les états généraux de la Confédération de la boulangerie tenus en 1983 appelèrent à redresser la qualité du pain pour revaloriser ses apports nutritionnels.

Alors qu'en 1969 il existait en France 17 boulangers pour un meunier, en 1987 le rapport passa à 30 commerces. De 46 590 boulangers la corporation était parvenue à 38 000 en 1985[137]. Le comptoir de la boulangère n'était plus nécessairement le territoire élu du pain, quand bien même il restait rentable. En Meurthe-et-Moselle par exemple, la fabrication de 425 pains de 250 grammes laissait une marge brute de 201 francs en 1976, soit une augmentation de 99 % par rapport à 1970 quand le prix de la farine n'avait crû que de 65 %[138]. Les artisans approvisionnaient encore 83 % du marché, mais la boulangerie industrielle en couvrait 11 %, la grande distribution 5 % et les industriels du pain surgelé 1,4 %. Pour les uns, la technologie de panification permettait de se libérer d'une pratique plus lente.

Pour les autres, l'amélioration des conditions de vente par l'hygiène, l'affichage des prix, l'empaquetage ou l'étalage mobilisait le client mieux que la débauche de confiserie ou l'alignement des paquets de biscottes. La boulangerie industrielle croissait au rythme de la restauration collective et de la modernisation de la grande distribution, mais ce sont surtout les techniques comme le pétrissage accentué qui favorisèrent la mécanisation et l'industrialisation de la panification. Les supermarchés et hypermarchés qui s'équipèrent en fournils parvinrent à capter la vente de la moitié des pains spéciaux et les quatre cinquièmes des pains emballés. Des groupes importants s'étaient déjà constitués au milieu de la décennie 1980. Sofrapain employait 1 200 personnes et panifiait 35 000 tonnes de farine dans l'année, Gerbopain en traitait le double. Les fabricants de pains spéciaux emballés approvisionnaient un marché dominé par les sociétés Jacquet, Turner, Harry's. Bien que beaucoup moins développée que dans d'autres pays européens, la boulangerie industrielle française devait projeter sa croissance sur les nouveaux comportements alimentaires, mais aussi sur le tassement du pouvoir d'achat de nombreux consommateurs au cours de la décennie 1980. L'économie de coût bénéficia à la grande distribution, adepte des pâtons crus surgelés, plus facilement stockables, utilisés en livraisons décalées, pour vendre du pain chaud à des clientèles pressées, alors que la cuisson du dernier moment restait l'apanage de l'artisan. Le meunier, qui autrefois apportait des cadeaux à la naissance des enfants, choyait la boulangère ou aidait à financer le fonds de commerce, devait désormais garantir la rentabilité de la boutique par d'autres actions et investir les grandes surfaces.

La meunerie s'adapte aux nouvelles réalités du marché. Aux côtés de la boulangerie traditionnelle émergent de nouveaux produits vendus en supermarché issus de la boulangerie industrielle.

Moul-Bie promettait des facilités de travail nouvelles. La fabrication du pain de campagne était assurée en 100 minutes grâce au levain naturel incorporé qui se substituait aux longues heures pour le préparer. Cette recherche du gain de temps était importante. Elle explique pourquoi se développèrent des fours avec des programmateurs de cuisson, qui allaient jusqu'à libérer l'artisan de la surveillance de cette opération. Le lancement de l'opération « Ronde des Pains » en 1986 marqua le début d'un autre esprit dans l'accompagnement des boulangers vers un autre esprit. Elle leur apportait les relais médiatiques de campagnes télévisuelles et de publicité. La conception du magasin sous cette enseigne donna l'occasion d'organiser des animations sur place, d'orienter le choix des clientèles vers des produits spécifiques et d'assortir la dynamique commerciale à des objets promotionnels ou une ligne de vêtements pour afficher l'enseigne comme une chaîne de boutiques. Le meunier proposait aussi des formations à la fabrication ou à la vente. Il restait le principal contact extérieur du boulanger, qui ne s'informait du marché que par son intermédiaire, comparativement aux grandes surfaces, qui avaient les moyens de déployer enquêtes et panels commerciaux pour s'adapter au marché. Le boulanger signait un engagement précis en échange de ces services. Il devait présenter à sa clientèle, tous les jours, une sélection minimale de cinq pains variés, dont trois obligatoires (pain de campagne, pain de seigle, pain au son), les autres choisis dans une gamme élargie. Les farines lui étaient prescrites, assorties de conseils pour optimiser son travail. Le contrat était d'une durée de deux ans renouvelables. En 1988, un artisan boulanger qui signait cet engagement choisissait ses produits parmi 4 farines panifiables, 2 farines spéciales, 12 types de pains spéciaux dans la gamme Moul-Bie, et 10 produits dans la gamme Moul-Bie Four. Le concept évolua vers une politique de marques régulièrement renouvelées pour dépasser la stratégie d'enseignes. Les boulangeries de la Ronde des Pains n'étaient pas si bien identifiées qu'il l'aurait fallu et leurs dissemblances ne créaient pas un réseau. Après « Campaillou » en 1985, dont l'apparition fut vraiment novatrice, la « Campaillette » fut la première marque des Grands Moulins de Paris, lancée en 1989, reconnaissable par ses bouts pointus, sa grigne à trois coups de lame et sa croûte farinée.

Les Grands Moulins de Paris s'inscrivaient dans un contexte très concurrentiel, notamment face aux initiatives du GIE Unimie, de France Farine et des Grands Moulins Storione, promoteurs du concept de « Banette » en 1981. Le groupement de meuniers Unimie datait de 1980, rassemblant 40 entreprises de taille moyenne dans le but de mettre en commun des infrastructures commerciales et techniques. Il couvrait ainsi 20 % des farines produites en France. Il disposait d'un laboratoire d'analyses à Briare. L'objectif visait la restauration d'une qualité du pain par des procédés similaires à ceux déjà éprouvés des Grands Moulins de Paris, identification des blés, essais de panification. Banette annonçait un pain différent à la recherche de la qualité perdue. La réduction du temps de pétrissage, connue sous le nom de « pétrissage amélioré », livrait un pain moins développé, à la mie d'une couleur crème plutôt que blanche. La farine ne contenait pas de fève, qui dénaturait le goût, et pas plus de soja pour accentuer la fermentation. Son travail en autolyse augmentait son extensibilité. Les Moulins Storione [139] lancèrent plusieurs innovations, dont la farine Francine fut la principale, mais ils développèrent aussi auparavant une farine fluide qui ne demandait plus d'effort aux ménagères pour tamiser la farine. Ils implantèrent une usine de panification industrielle à Las Vegas. Leur position commerciale était forte dans le Sud-Ouest de la France. Elle leur permit de développer une association dénommée Qualité Pain. Le produit mis au point avec Raymond Calvel, professeur à l'École de meunerie, et une équipe de démonstrateurs, fut présenté à la Foire de Marseille. L'ouverture d'une boulangerie pilote (place Notre-Dame-du-Mont) où les vendeuses proposaient le pain dans un sachet « Banette », l'aménagement des boutiques à l'enseigne, l'assistance apportée aux boulangers accréditèrent le concept auprès de plusieurs centaines d'artisans. Une grille d'évaluation comprenant de multiples critères était proposée pour améliorer les ventes.

Opérations marketing et publicités Francine, qui devient l'une des marques française les plus emblématiques.

En haut à gauche : **L'enseigne Francine en haut des silos des Moulins à Marseille.**

Francine, première marque de farine française

Au début du XXIe siècle, la France apparaissait comme le 3e producteur européen de farine. Les farines Francine quant à elles s'écoulaient à 50 928 tonnes en 2024. Si le nom de cette marque est devenu si familier à nombre de consommatrices en particulier, il le doit à de tels volumes de vente et à la réputation du produit. Première filière Vivescia des champs à la cuisine, la marque Francine atteint un taux de notoriété de 94 % et se trouve dans un foyer français sur trois.

Mais si ce nom est tellement connu, il le doit aussi à la stratégie lancée en 1965, qui a très bien réussi. Le groupe France Farine est né de la convergence d'intérêts de plusieurs minotiers : Celbert à Maure-de-Bretagne, Hurtrel dans le Pas-de-Calais, Chatillon en Haute-Garonne, Becher en Alsace, Cantin dans l'Indre, Cantenat en Côte-d'Or et surtout Storione à Marseille, qui fut l'initiateur de cette association industrielle et commerciale. Le siège social fut implanté au 23, rue de la Gare à Maure-de-Bretagne.

Société anonyme au capital de 800 000 euros en 2005, France Farine a porté la marque en avant. Elle détenait à cette date 53 % du marché français des farines en valeur et 36 % en volume. Outre la constance de sa production, Francine a pu conquérir les rayonnages par des campagnes publicitaires diversifiées, nombreuses et plutôt réussies. Mais Francine n'est pas unique, car une autre stratégie

efficace fut d'élargir régulièrement les gammes du produit. À son cinquantenaire, Francine se déclinait en farine de blé, farine fluide, farine à gâteaux, farine suprême, farine complète. Elle offrait également une variété de farines à pain, pour des préparations domestiques, pain multicéréales, pain de campagne, seigle, pain au lait ou brioche, farine fine de maïs.

Les moulins associés à la notoriété de Francine avaient des parts inégales mais le regroupement des meuniers équilibra les pourcentages de fabrication. Au cinquantenaire de la marque, 37 % de la production de la farine Francine provenaient d'Euromill, dont un peu moins de la moitié fabriquée à Marseille chez Storione ; les autres moulins fondateurs produisaient 51 % du marché et les Grands Moulins de Paris 11 %. Francine ne fit pas toujours partie de la minoterie parisienne ; l'intégralité des parts fut rachetée par NutriXo en janvier 2012, permettant l'intégration de cette marque à son portefeuille. Aujourd'hui, la marque Francine, devenue marque iconique du groupe Vivescia pour attester le fonctionnement en filière, pour laquelle plus de 300 agriculteurs-coopérateurs sont engagés, se déploie commercialement en intégrant les innovations comme la *blockchain* associée à la référence de farine Label rouge. Francine a 60 ans et un produit Francine est acheté chaque seconde en France.

LE MARCHÉ NUTRITIONNEL CÉRÉALIER AU MILIEU DE LA DÉCENNIE 1980
(VOLUME EN MILLIERS DE TONNES, VALEUR EN MILLIONS DE FRANCS)

PRODUIT	CONSOMMATION EN VOLUME	CONSOMMATION EN VALEUR
PÂTES ALIMENTAIRES	354	4 250
CÉRÉALES PRÊTES À CONSOMMER	23	714
FARINES	192	1 050
BISCUITERIE	275	8 275
PAINS INDUSTRIELS PRÉEMBALLÉS	84	1 470
PAIN FRAIS	3 250	29 820
DONT PAIN COMPLET	120	1 340

SOURCE : ÉTUDE GIRA, *LA NUTRITION EN FRANCE*, AOÛT 1987.

La stratégie était rigoureuse, mais en 1987, faute de successeurs, il fallut trouver un repreneur. Le site marseillais, qui traitait 120 000 tonnes de blé par an et pouvait moudre 400 tonnes par jour, fut racheté par Champagne Céréales. *Le Provençal* souligna qu'ainsi il ne connaîtrait pas « le triste sort des Grands Moulins de Marseille voisins, rachetés (puis fermés) par les Grands Moulins de Paris[140] ». *Le Méridional* titra : « Grands Moulins Storione : ils ne sont plus une affaire de famille… » L'affaire n'était pas faible, avec un personnel salarié de plus de 170 personnes, dont une vingtaine de VRP. Dans la cour du moulin, personne ne manquait de révérer « Monsieur Alain ». La coopérative champenoise, présentée dans les mêmes colonnes comme « le premier collecteur de blés de haute valeur boulangère de l'Hexagone […] avec lequel existait déjà un *affectio societatis*[141] », n'était pas novice dans la meunerie. La Providence agricole avait acquis en 1973 le moulin de Reims, qui fonctionnait encore avec son matériel originel de 1926.

Les coopératives auboises disposaient aussi de leur aval meunier. La SCARM avait développé Inter-Meunerie, dont le chiffre d'affaires de 700 millions de francs à la fin de la décennie 1980 équivalait au tiers de celui des Grands Moulins de Paris, avec le dixième des salariés et la moitié de la capacité d'écrasement. La création d'Inter-Farine avec la CARB renforça la meunerie coopérative au milieu des années 1980. La promotion d'une farine et de boulangeries sous enseigne passa dans leur cas par la marque Copaline à partir de 1987, adossée à 28 moulins adhérents[142]. La couverture commerciale d'Inter-Farine s'étendait à 21 départements en 1984, le double à la fin de la décennie. La société distribuait alors plus de 88 000 tonnes de farine en France, dont un tiers vers la boulangerie artisanale (13 000 tonnes aux enseignes Copaline) et 61 % aux industries utilisatrices. La SCARM apportait 84 % du tonnage et la CARB 16 %[143].

À la fin de la décennie 1980, les concurrences de la grande meunerie sur le marché du pain s'étaient précisées. Chaque société utilisait les mêmes registres de communication. Chaque société avait son concept emblématique : Banette (Unimie), Ronde des Pains (GMP), Copaline (Inter-Farine), Fleuriane (Soufflet), Baguépi (Grands Moulins de Pantin), Festival des Pains (Meuniers de France). Chaque société avait un nombre d'artisans important dans ses livres de comptes. Au total, un quart de la boulangerie artisanale était rangé sous une enseigne.

Dans les années 1980, les modes de consommation alimentaires se modifient avec de nouvelles préoccupations en termes de forme, de santé et de bien-être.
La meunerie s'adapte à cette nouvelle demande avec des pains différents et plus diététiques.

***En haut :* L'accent est mis sur la qualité de la baguette, avec des marques comme Banette ou La Ronde des pains permettant une montée en gamme et une diversification des produits.**

***À droite :* Délifrance est créée en 1983, à l'origine pour l'exportation.**
Elle propose des produits surgelés pour la boulangerie industrielle et la restauration.

De la Société de spécialités surgelées à Délifrance

À ces initiatives d'ambition nationale, les Grands Moulins de Paris associèrent la prospection internationale de nouveaux marchés. En 1974, le succès de la panification française aux États-Unis motiva la création de GMP International Foods pour développer le conseil technique sur place. Il fut repris au Canada et en Angleterre, puis en Allemagne en 1976. Le succès français de Moul-Bie gagna l'Espagne, les Pays-Bas, l'Allemagne. La SOFIDA, créée en 1976 pour diffuser les techniques de panification maîtrisées dans le groupe, contribua à cette expansion par des relais en Allemagne (les sociétés Le Bon Pain et GMP Lebensmittel) et aux Pays-Bas (Vie de France). Le marché de la fabrication et de la vente de pain précuit s'ouvrait, ce qui permit de pénétrer la restauration rapide hors foyer. Des boulangeries-restaurants associant restauration à la française et vente de baguettes, de croissants et de viennoiseries apparurent à Amsterdam, Berlin et Anvers. L'enseigne Vie de France progressa rapidement. Aux États-Unis, elle développa plus de 60 « cafés bakeries ». La même dynamique prévalut en Asie du Sud-Est, notamment à Hong Kong et Singapour.

Précuisson et surgélation devinrent les supports techniques de la boulangerie industrielle. La pâte surgelée fondait une innovation alimentaire majeure, dont la baguette précuite ne fut que le premier signal en 1978. La fabrication de produits surgelés s'appuya d'abord sur la « 3S » (Société de spécialités surgelées), dont les Grands Moulins de Paris prirent 49 % du capital en 1979, puis 74 % en 1986. Elle avait son siège dans le Morbihan. La reprise d'autres sociétés, comme Patigel, créée à Lorient en 1971 et spécialisée dans le *home service*, ou « MO-GA », implantée à Labeuvrière dans le Pas-de-Calais, apporta des moyens supplémentaires. Le dispositif optimisait les chaînes de fabrication pour produire par exemple 7 000 pains au chocolat par heure. La 3S forma le pivot d'une division « surgelé » soutenue par la construction d'une usine à Avignon, en complément de celles de Landévant, Guidel et Lille. En élargissant les fabrications, le marché s'étira vers l'industrie alimentaire des plats préparés et de la pâtisserie. Le catalogue concurrençait l'artisanat, de la forêt-noire à la pizza... garnie avec les produits de la société Otra-Rolli. La stratégie commerciale devint ostensible lorsque la marque Délifrance porta les nouveaux produits à partir de 1983. Elle fut d'abord dédiée aux marchés étrangers, à partir d'usines situées aux Pays-Bas (Ridderkerk), en Allemagne (Mulheim), en Suisse (Genève). Au total, en 1985, le chiffre d'affaires de la 3S s'éleva à 248 millions de francs répartis en *home service* (34 %), marché professionnel (38 %), Délifrance (18 %), l'export (9 %)[144]. D'autres opérations amplifièrent les ambitions commerciales. Une joint-venture apparut en Espagne avec Nestlé. Un concept novateur sous le nom de « Franquette » visa le marché du fast-food émergent, mais l'idée d'un plat cuisiné servi dans une baguette ne fut pas une réussite, car ce n'était ni un sandwich, dont le marché était colossal, ni un hamburger à l'américaine, plus garni. Le projet n'était pourtant pas décontextualisé. En 1986, les Américains consommaient 45 milliards de sandwichs par an. En France, des milliers de « jambons beurre » s'écoulaient par jour et deux tiers des sandwichs français étaient préparés avec la baguette. Preuve de l'existence de ce marché, un journal international *Sandwich & Food to go News Magazine* apparut en 1990 pour recenser les innovations. Plus largement, le marché des plats cuisinés prit un essor spectaculaire. De nouvelles technologies permettaient l'industrialisation d'innovations. Certains comportements alimentaires plébiscitaient les produits allégés, leur portion individualisée et leur portabilité. Le mouvement de la restauration rapide, joint à l'urbanisation et la tertiarisation de la société française qui favorisait la croissance de la restauration hors foyer, soutenait l'inventivité. Le marché des plats surgelés, qui passa de 8 % du segment des plats cuisinés à 19 % en seulement cinq ans (1982-1987), légitimait la stratégie de Délifrance tournée vers les professionnels de la restauration et *home service*.

Au total, les orientations commerciales prises par certains moulins pour dépasser la simple mouture se sont inscrites dans un contexte de mutations économiques d'ampleur. Les comportements alimentaires changeaient fortement. Au cours de la décennie 1970, les statistiques de l'INSEE avaient consigné trois évolutions qui auraient à elles seules conforté la stratégie meunière : la consommation de pain reculait avec des écarts sociaux marqués ; les pâtes alimentaires augmentaient peu, malgré l'amélioration des qualités et la diversité de l'offre ; les autres produits céréaliers (biscottes, biscuits, farines composées, entremets, pains d'épice) portaient une forte croissance liée à des soucis diététiques ou à des désirs alimentaires de plus en plus variés. La valeur ajoutée de ces produits donnait du sens aux investissements. L'expansion du marché des surgelés apporta des opportunités techniques supplémentaires.

3

1989-2024

DE LA CHAMPAGNE AU MONDE : L'IMBRICATION DE DEUX MODÈLES ÉCONOMIQUES

Entre les réorientations de la politique agricole commune, l'aspiration du commerce international et le retournement des équilibres géopolitiques, les entreprises agroalimentaires ont avancé vers un autre monde depuis les années 1990. Un monde inquiet de son climat, de son environnement, de son universalisme fragile. La Champagne se connecte à la Nouvelle-Zélande. Romans-sur-Isère informe Hong Kong. Pourtant, l'attention portée au sol, au terroir, au grain est la première énergie déployée, désormais sous l'égide de Vivescia, coopérative héritière de multiples ramifications régionalistes et porteuse d'industries alimentaires que leurs exigences qualitatives placent sur toutes les tables.

1989-2001
7. Les nouveaux équilibres

La fin du XXe siècle est marquée par des bouleversements majeurs pour les acteurs de la coopération agricole et des industries alimentaires. Changements de gouvernance, rapprochements institutionnels, partenariats accentués se sont multipliés dans un contexte de mondialisation libre-échangiste, de mise en avant du développement durable et des exigences des consommateurs, de plus en plus inquiets face aux crises sanitaires répétées touchant la sûreté alimentaire.

LA MISE EN CHANTIER DES GRANDS MOULINS DE PARIS

Fermer Paris, ouvrir Gennevilliers

Le 9 octobre 1989, le lecteur ou la lectrice du journal *Entreprises* pouvait apprendre : « Martin Bouygues a profité des querelles familiales au sein du clan Vilgrain pour prendre le contrôle des Grands Moulins de Paris[145]. » Leur rentabilité décroissait, avec un chiffre d'affaires réparti entre 55,3 % de meunerie, 30,4 % d'alimentation animale et 13,9 % de produits à base de pâte surgelée. Les problèmes étaient multiples : tension sur le marché de la farine, réduction des exportations, développement des concurrences, nécessité de restructurer les activités. L'entreprise était au pied d'investissements inévitables. La transaction donna à Bouygues l'opportunité de contrôler 6 hectares de terrains dans Paris pour les intégrer au grand projet urbanistique des rives de la Seine dénommé « Tolbiac-Masséna », autrement dit la « ZAC Paris Rive Gauche ». Mais Bouygues était-il vraiment intéressé par l'agroalimentaire ?

Le tumulte boursier sur l'action GMP durait depuis plusieurs mois. Les déclarations du nouvel actionnaire majoritaire calmèrent le jeu. Bouygues voulait conserver la meunerie et les surgelés dans une stratégie de diversification, même si la valorisation foncière précipita la décision. La nomination d'un directeur qui avait déjà vingt-sept ans de carrière dans le groupe de BTP, Michel Crignon, associé au nouveau président Francis Vilgrain, refléta l'importance de l'engagement. Un audit sur les actifs et les provisions à réaliser permit d'éliminer les participations jugées inutiles : la SOFIDA, GMP International Foods, la SOMDIAA, l'alimentation animale. Le groupe de BTP précisa ses objectifs : « la modernisation des outils de production, la recherche permanente de produits innovants, la volonté de faire progresser les hommes et le souci primordial d'améliorer le service au client[146] ». La construction d'un nouveau site minotier en devint le signe le plus fort pour libérer les terrains du quai de la Gare.

L'évolution conjoncturelle du marché de la meunerie, en particulier celui des exportations, appelait des choix réalistes. Il faudrait trouver d'autres débouchés aux centaines de milliers de tonnes de farine que les Grands Moulins de Paris expédiaient par l'intermédiaire de la Compagnie française commerciale et financière (CFCF) vers l'Afrique, l'Égypte notamment, et les pays tiers. Les pays africains s'équipaient de moulins modernes, aiguillonnés par les constructeurs et équipementiers. La décroissance prolongée de la consommation boulangère en France était un autre problème. Le conseil d'administration du 22 juin 1995 prit acte de la fin d'une histoire après de longues tractations avec la Société d'économie mixte d'aménagement de Paris (SEMAPA). Une fois les terrains parisiens vendus, pour 1,5 milliard de francs, la redistribution des activités se fit sur trois sites : une nouvelle usine bâtie au port de Gennevilliers, l'École de boulangerie et pâtisserie de Paris relogée dans les anciens chais de Bercy, et une partie des productions destinées aux industriels affectée au moulin de Verneuil-l'Étang au cœur de la Brie. À Nancy, la première rénovation de l'atelier levain était engagée au même moment.

GRANDS MOULINS

Le chantier de Gennevilliers couvrait 55 000 m² sur un ancien pôle de stockage de blé. Avec l'adoption d'une organisation en filière, les ateliers furent repensés. Celui des mixes donne bien l'exemple de l'amélioration technique obtenue par leur aménagement. Catherine Peigney, jeune cadre responsable de la recherche et du développement nommée à la tête de cette partie de l'usine, eut à concevoir un atelier neuf. Le chargement automatique des ingrédients présentait une complexité particulière avec trois lignes de production dotées d'un mélangeur mobile et de dizaines de cellules de matières premières. L'unité minimale de fabrication fut réduite de 10 tonnes à une tonne et les mélanges homogènes jusqu'à 10 grammes. L'humidité des blés était désormais contrôlée en permanence par infrarouge, afin que des broyeurs à 8 cylindres et la turbo-séparation augmentent la précision des fabrications. L'assistance informatique devenait un élément central des processus, aussi bien pour la maintenance que pour piloter l'usine à l'aide de 8 000 capteurs. L'organisation du travail fut également revue pour optimiser les coûts de main-d'œuvre, tout autant que les processus de production, de la gestion des stocks et des commandes. Les deux moulins de 400 tonnes par jour, bâtis l'un au-dessus de l'autre dans une tour centrale entre les silos ouest et est, érigeaient près de la Seine un nouvel ensemble industriel impressionnant et moderne. Le personnel vécut un nouveau temps. Au début de l'année 1996, les collaborateurs furent évalués en fonction de trois profils : ceux dont le potentiel d'évolution, d'adaptation et de compréhension les disposait à faire partie de la nouvelle équipe ; ceux qui paraissaient être de qualité, mais qui ne seraient pas maintenus ; ceux qui ne suivraient pas. Au total, de 291 personnes employées à Paris, l'effectif passa à 195 à Gennevilliers, et la distribution rationnelle des ateliers sépara Mixes, Sachets, Export, Magasin, Chargement, de part et d'autre d'une grande cour où les identités professionnelles se signalaient par des vêtements blancs ou bleus. Le 18 novembre 1996, Hubert François, directeur du moulin de Gennevilliers, leur adressa des mots de bienvenue en situant l'évènement : « Vous vivez aujourd'hui un moment historique pour notre groupe [...]. Vous êtes, en équipe, les véritables façonneurs de cette usine[147]. » Le démarrage du nouveau site industriel ne fut pourtant pas si simple. Il fallut d'abord transférer plusieurs productions vers Verneuil et Nancy durant une période indéterminée.

À gauche : **Chantier de reconversion des Grands Moulins de Paris, Paris 13e arrondissement, en 2005. Le bâtiment principal a été réhabilité par l'architecte Rudy Ricciotti de 2004 à 2006, afin d'héberger un campus de l'université Paris VII-Denis-Diderot. L'ancienne Halle aux farines a été réhabilitée par l'architecte Nicolas Michelin pour être transformée en bâtiment de cours avec salles de classe et amphithéâtres.**

Ci-dessus : **Vue des Grands Moulins de Paris à Gennevilliers. Le nouveau site est situé dans le plus grand port fluvial de France.**

Ci-dessous : **En 1996, l'activité du Quai de la gare est répartie entre Gennevilliers et Verneuil-l'Étang en Seine et Marne. À Verneuil-l'Étang, les Grands Moulins de Paris disposent d'une minoterie desservie par la voie ferroviaire.**

Nouvel actionnaire, nouveau management

Le siège social aussi déménagea, de la rue Croix-des-Petits-Champs en plein Paris à la porte d'Ivry, en surplomb du périphérique. Aux portes capitonnées succédaient les baies vitrées donnant sur la banlieue. Bouygues réalisa les plus-values foncières prévues, du quai de la Gare au quartier des Halles et jusqu'à Monaco, où l'un des établissements fut également cédé. Ce ne fut pas le seul changement radical. Le président de Bouygues avait laissé entendre que l'expérience apportée aux Grands Moulins de Paris serait celle de la gestion, de l'organisation et du management[148].

Les plus jeunes eurent le sentiment de changer d'ère au point d'en marquer leurs mémoires. À Bordeaux comme à Nancy, les « sous-barons » qu'étaient les directeurs d'usine avaient des habitudes paternalistes. L'arrivée des « Bouygues-*Men* » trancha, scrutant l'efficacité réelle mesurée aux résultats, sabrant les personnalités trop velléitaires. Les pratiques de travail furent bousculées. À Bordeaux, la paie se faisait encore à la main et en billets ! Bouygues substitua partout l'informatisation des tâches. La pression au travail s'accentua dans une logique de rentabilité impérative, érigeant la gestion de coûts en obligation majeure à chaque étape. Chacun devint responsable à son niveau de ses dépenses et de ses résultats. Du grain de blé à la farine acheminée en boulangerie, aucun prix de revient ne devait être ignoré. Toutes les statistiques comptables préparaient les lendemains. La rémunération allait en concordance. Ceux qui savaient dégager des marges voyaient leur salaire s'accroître fortement et leur mise en avant déclenchait un engagement supplémentaire chez certains... ou l'envie de quitter une entreprise au management brutal.

La rationalisation commerciale porta ses fruits. L'instauration d'une force de vente fut tournée vers la boulangerie artisanale. Pour mobiliser afin de « vendre plus, vendre mieux », le directeur général Michel Crignon en exposa l'esprit en 1990. Le maître mot était devenu la « performance ». Il le déclara sans détour, bien en phase avec l'esprit de l'époque porté par un capitalisme triomphant : « N'ayons pas peur de le dire, notre objectif fondamental est de gagner de l'argent[149]. » La stratégie de domination du marché se fit par des prix de vente plus attractifs, par la qualité, la variété et la notoriété des produits, par les prestations de service aux clients, pour être leader. Il fallait répondre à l'érosion du positionnement des Grands Moulins de Paris depuis le milieu des années 1980. Si les mixes Moul-Bie couvraient 46 % du marché national et les surgelés 33 %, les farines panifiables étaient tombées à 11 %. Dès 1990, le territoire fut divisé en régions dans lesquelles chaque directeur devait développer une véritable culture commerciale du terrain pour s'adapter aux pratiques locales. Cela passait par des équipes de quatre à cinq vendeurs très mobilisés sur des secteurs déterminés. Un fichier informatisé des boulangeries à vendre et des artisans potentiellement intéressés fut établi. Malgré cela, en 1992, le chiffre d'affaires global du groupe était encore en baisse (1,5 milliard de francs contre 1,7 en 1991 sur le périmètre France, 2,6 milliards contre 2,8 en ajoutant le marché export). En 1997, le plan commercial fut renforcé. Deux comités stratégiques furent créés, l'un en meunerie, l'autre en boulangerie-viennoiserie-pâtisserie-traiteur (BVPT), réunis par trimestre avec des stratégies à déterminer, portées vers des horizons européens.

La partie commerciale ne fut pas la seule à subir une révision des pratiques. La réorganisation du groupe avait commencé par la mise en place d'une fonction financière. Le directeur financier Laurent Daunizeau, un ingénieur ESTP diplômé de l'ESSEC venu de Bouygues, mit en avant en 1998 l'optimisation des financements réalisée par la trésorerie centralisée et l'amélioration de la gestion de risques[150]. De nouvelles initiatives furent adoptées, comme le partenariat établi avec des banques pour créer un plan d'épargne du boulanger-pâtissier. Souhaitant se recentrer sur son métier principal, le groupe révisa également sa politique de communication vers le monde agricole en développant le lien avec les fournisseurs, en recherchant un contact plus direct là où la médiation des courtiers d'achat de grains prévalait auparavant. L'amorce en apparut dès 1992, lors d'une réunion au Palais des congrès à Paris pour démontrer les relations nouées avec la coopérative de la Brie. La mise en place de partenariats avec les agriculteurs transformait la relation humaine et plus encore le maillage de la filière. À partir de 1996, il devint plus utile de montrer les forces du groupe face aux attentes concernant la sûreté alimentaire. Les évènements dans le cadre de salons professionnels ou les opérations promotionnelles en boutique visaient les artisans boulangers. L'emploi d'internet permit des relais vers les grands distributeurs européens et les importateurs. En interne, la volonté de faire groupe fut systématisée. Tous les mois à partir de 1992, le *Bulletin* servit de lien dans les différents établissements et services. L'édition d'un livre intitulé *Le Meunier de Paris* rappela même le parcours des Grands Moulins quand il devint nécessaire de quitter le quai de la Gare[151]. Il accompagna l'évènement majeur qui regroupa, en juin 1997, durant cinq jours, salariés, clients boulangers et partenaires commerciaux pour présenter le nouveau site de Gennevilliers.

Page de gauche : **Le site des Grands Moulins de Paris à Gennevilliers est à la pointe de la modernité. Tout y est supervisé automatiquement, avec 160 personnes travaillant sur site.**

À droite : **Les Grands Moulins de Bordeaux, seconde usine en France pour sa puissance d'écrasement, écoule sa production pour une part grâce aux exportations maritimes depuis Bassens, et pour l'autre part en livrant les boulangeries, les biscuiteries et les biscotteries du Sud-Ouest ainsi que les magasins de grande et moyenne surface.**

LES GRANDS MOULINS DE PARIS 1994-1996

MOULIN (TOUS BLÉS SAUF MENTION)	LIVRAISON À LA BOULANGERIE ARTISANALE EN 1994 (TONNES)	LIVRAISON AUX INDUSTRIELS EN 1994	CAPACITÉ DE PRODUCTION EN 1996 (QUINTAUX)	EMPLOYÉ EFFECTIF EN 1996 (MILLIERS DE TONNES)
PARIS/GENNEVILLIERS	297 178	356 542	290	150
BORDEAUX	145 929	86 750	221	83
VERNEUIL			152	26
NANCY	234 375	81 453	90	75
REVEL	69 488	63 083	53	63
GEEL (BELGIQUE)			52	29
BEAUMONT-LE-ROGER	76 412	120 017	45	17
PEYREHORADE	82 482	23 936	40	28
ANNECY	63 919	40 281	34	35
LE PONTET	134 481	49 677	26	43
LOCHES42 125	42 824	24	13	
GOLFE-JUAN	111 934	31 247	19	26
VITRY-EN-ARTOIS (PARTENAIRE)			12	20
ANGOULÊME (BLE DUR)			63	23
MEAUX (SEIGLE)		39 090	22	7

SOURCE : ARCHIVES GMP. PRÉSENTATION DES GRANDS MOULINS DE PARIS, 1997-2001.

LES MIXES PAR FAMILLES ET PAR NIVEAU DE VENTE EN 1996

RANG	1	2	3	4	5	6
FAMILLES DE MIXES	SPÉCIALITÉS 30,2 %	CAMPAGNES 19,2 %	CÉRÉALES 11,5 %	SANTÉ VITALITÉ 9,7 %	CROISSANTS 7,9 %	SEIGLES 6,6 %
PAINS SPÉCIAUX	CAMPAILLOU 35,7 %	CAMPAGNE 23,4 %	CAMPAGRAIN 9,5 %	COMPLET 8 %	SEIGLE 3,8 %	SON 3,4 %
VIENNOISERIE	CROISSANT 48,1 %	BAGUETTE VIENNOISE 18,2 %	BRIOCHE SUCRÉE 12,2 %	PAIN BRIOCHE 5,9 %	BRIOCHETTE 5,8 %	PAIN DE MIE 4,4 %
PATISSERIE	GÉNOISE 50 %	NEIGE DÉCOR 6,8 %	SCP 5,6 %	BEIGNET 5,5 %	POUDRE CRÉME 4,3 %	CPF 3,7 %

SOURCE : ARCHIVES GMP. PART RELATIVE DES VENTES DE MIXES, JUILLET Á DÉCEMBRE 1996.

De nouvelles opportunités de marché à saisir

Tandis que les Grands Moulins de Paris emménageaient dans leur nouveau fief avec le plus grand diagramme de meunerie d'Europe, les 800 moulins en activité en France avaient des capacités limitées. Vingt-cinq d'entre eux, qui dépassaient 50 000 tonnes annuelles, fournissaient certes plus de la moitié de la farine française, les Grands Moulins de Paris détenant 15 % du marché national en volume, maisais beaucoup de moulins étaient plus modestes. Après l'acquisition des Grands Moulins de la Brie à Verneuil-l'Étang en 1995, lorsque la coopérative de Verneuil dut abandonner ses moutures, puis l'entrée à Gennevilliers, Grands Moulins de Paris comptait 14 moulins, dont un en Belgique (Geel). Au total, le nouvel ensemble pouvait écraser un million de tonnes, mais la pondération régionale de chaque moulin était différente. Paris (21 %), Nancy (15,5 %) et Bordeaux (11 %) réalisaient en 1996 presque la moitié des ventes de farines, un peu plus de 40 % des ventes de régulateurs[152] et des ventes de mixes. Mais Le Pontet (Vaucluse) vendait presque autant de farine et Annecy presque autant de régulateurs que Bordeaux. Certains moulins gardaient des positions locales acquises stratégiquement, comme Revel (Haute-Garonne) qui distribuait 5 % des régulateurs, 5 % des farines, 4 % des mixes[153].

La boulangerie artisanale n'était plus le vecteur de croissance. Le marché du pain surgelé suivait une une progression annuelle de 15 %, atteignant en Europe une production de 550 000 tonnes, et la viennoiserie connaissait une dynamique ascendante. Ces marchés porteurs, sur lesquels les Grands Moulins de Paris distribuaient toute une gamme de produits (cru surgelé, prêt à cuire surgelé, précuit frais, précuit longue conservation, précuit surgelé), justifiaient les huit usines réparties en France (Martainville, Marquette, Béthune, Avignon) et à l'étranger (Nivelles, Ridderkerk, Hoganas, Wigston) pour livrer 81 000 tonnes de produits. La fabrication de la pâtisserie et des produits traiteurs était concentrée dans l'ouest de la France (Guidel, Landevant, Theix). Au total, ces lignes de production en surgelé comptaient presque un millier d'employés. Le positionnement des Grands Moulins de Paris sur le marché de la boulangerie industrielle était essentiel. En exceptant l'Italie, la France avait le plus faible

À droite : **Le groupe Grands Moulins de Paris se développe dans la restauration rapide avec plus de 140 sites dans le monde. The Delifrance in the World Wide House est un café-restaurant populaire et relativement bon marché qui propose des repas de style «occidental» à Hong Kong.**

taux de production de pain par des boulangeries industrielles ou des chaînes. Les trois premiers producteurs européens de pain préemballé, Royaume-Uni (77 %), Pays-Bas (74 %) et Allemagne (70 %), dominaient ce marché en 2001[154]. L'empire des mixes soutenait les Grands Moulins.

Quant à la restauration rapide, avec 134 boutiques (120 franchisées) Délifrance se positionnait à la 8e place en Europe. Le groupe comptait déjà une centaine d'établissements (45 aux Pays-Bas, 16 en Suisse, 12 au Royaume-Uni, 10 en Espagne…) et sa croissance profila une géographie internationale vers la Russie, le Moyen-Orient et l'Asie. Le marché promettait des perspectives intéressantes. Lorsque l'usine de Wigston fut conçue au Royaume-Uni, l'analyse commerciale précompta 11,5 millions de baguettes à vendre en Irlande pour faire le « précuit sandwich ». La marge bénéficiaire hebdomadaire en Angleterre s'élevait à 40 %. Les 4 500 pubs, au chiffre d'affaires moyen de 12 000 francs par jour et par pub, attiraient[155] ! Délifrance axa son marketing sur les demandes locales, tout en diffusant des goûts français inspirés par des saveurs régionales ou promouvant la variété européenne.

Sous l'ère Bouygues, l'esprit de conquête était soutenu. Le moulin de Bordeaux, complètement rénové en 1987, disposait par exemple de 68 silos pour stocker plusieurs qualités de blé et moudre 650 tonnes par jour, en dépit de la réduction des effectifs et de la diminution des exportations. La dynamique de son développement passait aussi par le relais de l'amidonnerie Amylum, qui avait succédé au canadien Ogilvy, repreneur de Tenstar Aquitaine. Lorsque la fermeture d'Amylum se profila, suscitant des inquiétudes industrielles et sociales importantes en Gironde, d'autres marchés furent prospectés pour produire certains des ingrédients du papier, des cartons d'emballage, des matières plastiques biodégradables, voire des matériaux de construction. L'alimentation était aussi explorée, les farines pouvaient être utilisées dans les sauces, les enrobages, les aliments infantiles, les viandes reconstituées. Le site de Nancy, qui détenait 15 % des droits de mouture régionale avec un personnel de production plus nombreux qu'à Bordeaux, fut lui aussi confronté à des évolutions radicales. De 271 personnes employées en 1982, il ne restait plus que la moitié en 1992[156]. Le moulin de Nancy conservait pourtant une capacité de production importante avec ses 59 appareils à cylindres et ses 35 plansichters (appareils permettant la séparation des différentes moutures), mais, là comme ailleurs, ce fut un signe de la décroissance du secteur secondaire en France, la Lorraine payant de surcroît l'effondrement économique et social de son industrie sidérurgique, détruite malgré toutes les promesses publiques. Les fabrications anciennes comme le levain restèrent sur place, mais la capacité journalière de mouture fut réduite de moitié.

Ci-contre : **Une de *La France Agricole* sur la réforme de la PAC de 1992. Cette réforme change le système, passant du mécanisme de soutien des prix à l'octroi d'aides.**

Page de droite : **Paysage agricole champenois. Au début des années 1990, les coopératives champenoises sont confrontées à une première remise en cause de leur modèle agricole.**

La France Agricol
29 MAI 1992
HEBDOMADAIRE
PAC
UN TOURNANT REDOUTABLE
● NOTRE RÉFÉRENDUM
● LE DÉTAIL DES MESURES
● LES RÉACTIONS
DOSSIER ENVIRONNEMENT
COMMENT L'ÉLEVAGE INTENSIF S'ADAPTE AUX NOUVELLES RÈGLES

DE PROFONDES REMISES EN CAUSE SOCIÉTALES DANS L'AGRICULTURE

La filière prise entre l'agronomie et l'environnement

Le directeur de la Providence agricole, Edgar Brayotel, projetait une évolution de la coopérative qui lui semblait essentielle en 1970 : « Le service approvisionnement devrait devenir un service agronomique, l'activité commerciale n'en constituant qu'un élément. C'est dans le domaine technique que les relations entre les coopératives et ses adhérents pourront le mieux s'épanouir[157]. » Quelques années plus tard, pour situer la croissance de l'agriculture champenoise au milieu de la décennie 1980, Joseph Garnotel prenait l'exemple des livraisons d'engrais de la Providence agricole. Il constatait qu'en trente ans, la moyenne de consommation à l'hectare était passée dans la Marne à plus du double de la moyenne française. Elle avait permis la prépondérance céréalière sur 65 % des terres labourables, 73 % dans l'Aube, et l'augmentation des rendements de blé à plus de 60 quintaux à l'hectare contre une moyenne française de 50 quintaux. Mais il s'inquiétait aussi de plusieurs évolutions environnementales : « Il est difficile de ménager la nature dans les régions de production intensive. C'est ce qui se produit en Champagne crayeuse, où les effets néfastes de certaines pratiques actuelles amplifient les conséquences des déboisements inconsidérés. Le défrichement sauvage a porté atteinte à la qualité des paysages, à la faune, ainsi qu'à la flore originelle et peut-être au climat... Mais comment refréner de tels abus sans atteindre le niveau de l'activité économique agricole ? C'est une question fort embarrassante[158]. » Il appelait à prendre en compte la fertilité des sols qu'il comparait à un patrimoine[159].

Les deux commentaires soulignent les fondements du croisement qui advint entre la science agronomique et les enjeux d'un développement durable durant la décennie 1990. La promotion d'une agriculture environnementale, multifonctionnelle, devenait de plus en plus manifeste en France. Le monde rural devait à la fois entretenir l'espace naturel, garantir les productions agricoles et contribuer à la diminution de la surface utilisée prônée par les autorités européennes. Cette triple ambition semblait déjà s'incarner dans les débats sur la politique agricole commune, réformée en 1992 pour résorber l'accroissement des stocks agricoles, réduire les dépenses publiques induites par les mécanismes de prélèvement-restitution et de prix d'intervention[160] et aligner la politique européenne sur les cadres du commerce international négociés durant l'Uruguay Round. La réforme Mac Sharry prévoyait la baisse des prix garantis de 35 % en trois ans, la mise en place d'aides découplées associées à la superficie cultivée, la programmation d'un gel des terres. Elle portait une attention plus marquée à l'environnement. Pour les organismes stockeurs,

la réforme laissait supposer la diminution des ventes de produits phytosanitaires et d'engrais, la réduction des collectes à cause des jachères, un moindre intérêt de l'intervention. Les choix agronomiques ne pouvaient être indépendants de ces évolutions, qui trouvaient des relais politiques et réglementaires pour encadrer les pratiques agricoles. Ils reposaient d'ailleurs sur des questionnements multiples jusqu'au sein de l'INRA, partagé entre l'évolution des biosciences et la dissociation d'une agronomie tournée vers les sols d'un côté, vers la conduite des cultures de l'autre[161].

Lorsque l'institut agronomique annonça son probable désengagement de la station d'étude des sols crayeux à Fagnières, près de Châlons-sur-Marne, un pôle de recherche unique en son genre, la chambre régionale d'agriculture mobilisa les énergies pour le conserver en le déplaçant à Reims[162]. De son côté, la Providence agricole considérait l'adaptation des pratiques culturales et la valorisation de la filière végétale plutôt que la conversion de l'agriculteur en gardien de la nature. Elle le faisait chaque année lorsqu'elle mettait en œuvre des parcelles d'essai pour instruire les adhérents, comme lors des journées Agropole Providence de juin 1988. Le travail sur les semences s'inscrivait parmi les objectifs de filière, notamment pour s'adapter au marché européen et assurer l'avenir par la recherche. Au sein de l'Union Champagne Céréales, la R & D évolua dans ce sens au cours de la décennie 1990. L'époque était à l'intégration de la directive européenne « nitrates » (12 décembre 1991) visant à protéger les eaux contre la pollution par les nitrates et à réduire les risques d'eutrophisation agricole. De la préconisation d'engrais et de produits phytosanitaires, les recommandations passèrent à la préservation des sols et à celle de l'environnement. La publication du *Guide des traitements* que la coopérative éditait annuellement témoigne tout autant de la mutation. Les images de couverture abandonnèrent pesticides et ennemis des cultures en 1992 pour devenir le « guide de la protection des cultures » en bonne santé[163]. Plus en aval, les recherches portaient aussi sur les conditions de conservation des grains par le contrôle de leur humidité. Prévenir les risques de moisissure par le captage thermométrique dans les silos correspondait à de nouvelles exigences qualitatives. Les mycotoxines devenaient un sujet à surveiller. Savine Oustrain, qui acheva en 1996 une thèse de biochimie, incarne la trajectoire de cette décennie, passant de l'étude des pois à la direction du service agronomique pour succéder à Jean-Louis Garnotel et engager les réflexions sur les sujets émergents. À la veille technologique qu'elle déclarait faire en 1996, succéda une multiplication de questions pour adapter la qualité de la production aux besoins de la filière de transformation[164]. En fait, l'Union Champagne Céréales avançait de plus en plus vers la convergence des différents maillons de la filière, entre les besoins qu'énonçaient les clients et les choix culturaux des agriculteurs.

Les étapes du partenariat amont que les Grands Moulins de Paris signaient avec leurs fournisseurs scandent ce mouvement vers le concept « Eco-Traçagri ». Le premier contrat fut signé en 1991 pour élaborer des mélanges homogènes de blés composés de variétés pures. Adoptée d'abord sur les blés durs, la montée d'exigences qualitatives se déploya sur les blés tendres. En 1994, le groupe adopta le préfinancement de semences certifiées, l'agriculteur cultivant en fonction des exigences du minotier. Trois ans plus tard, des procédures de traçabilité furent mises en place. Les contrats Traçagri-Semences et Traçagri-Récolte élaborés en 1998 devaient garantir la sûreté alimentaire et la protection de la nature. Les contrats Eco-Traçagri lancés en 1999 parachevèrent le dispositif centré sur la qualité de la filière. Les Grands Moulins de Paris souhaitaient des pratiques culturales spécifiques : traitement des maladies, apport d'azote en fractionnement raisonné (une dose répartie en 3 ou 4 fois au lieu d'une seule), réduction des produits phytosanitaires, interdiction des insecticides en silos. Des recherches parallèles sur les blés hybrides avaient été lancées. Les caractéristiques organoleptiques et la répartition des protéines seraient désormais contrôlées.

Page de gauche : La Champagne crayeuse, baptisée « Champagne sèche » en raison de la porosité de ses sols, s'oppose à la « Champagne humide » voisine avec ses espaces agricoles au milieu desquels on retrouve quelques bosquets.

Ci-dessus : Vue aérienne de distribution d'engrais liquide par pulvérisation sur un champ d'orge.

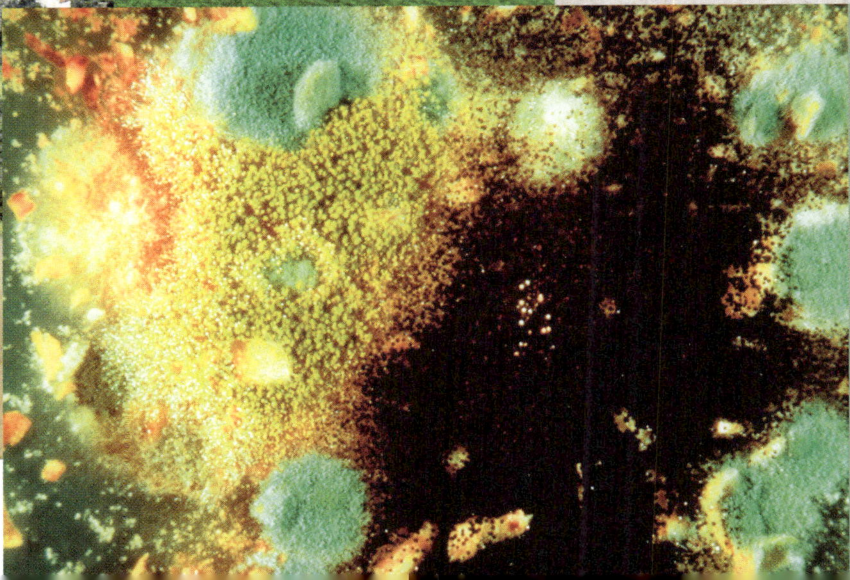

À droite : À partir des années 1990, les recherches menées s'orientent davantage sur les conditions de conservation et la qualité du grain. *Guide des traitements* de la Providence agricole en 1989.

À gauche : Moisissures isolées sur grains (*Penicillium, Aspergillus flavus, Aspergillus niger).*

À droite : Le *Guide des traitements* devient *Guide de protection des cultures* et *Guide de la fertilisation 1995 de Champagne Céréales*, accompagnent les coopérateurs dans cette transition.

Page de droite : Après la grave crise de la vache folle qui secoue l'ensemble du monde agricole, la tracabilité des produits agricoles est renforcée.

En bas : Route des blés, juin 2022, champs et silos, Bréval Sévépi.

Les GMP déterminaient le terroir, l'organisme stockeur, le producteur, la parcelle, la variété de céréales, la conduite culturale, les conditions de récolte et de stockage. Le minotier intégrait l'agriculture raisonnée promue en 1994. Hubert François, devenu président du directoire des Grands Moulins de Paris, souligna la nouveauté de ces processus qui répondaient aux attentes des consommateurs de la fin du xxe siècle et leurs effets : « Un dialogue nouveau doit impérativement s'instaurer entre le sélectionneur de variétés, l'agriculteur producteur, l'organisme stockeur et le meunier transformateur[165]. » Michel Daubé, le directeur de l'activité meunerie et responsable du partenariat blés, annonça que 60 000 quintaux engagés sous ce type de contrat seraient écrasés en 2000. L'annonce était plus symbolique que spectaculaire sur le plan commercial. Mais le principe de contrat en filière s'imposa durant la décennie.

Les fournisseurs qui pouvaient entrer dans le jeu étaient nombreux. Pour fonctionner, la chaîne technique supposait une traçabilité telle qu'une farine ne satisfaisant pas un client puisse être identifiée dans sa fabrication jusqu'à la parcelle du blé utilisé. André Moullet, dont l'un des silos de Paris porte le nom et qui fut le directeur des achats de blés en fin de carrière, pouvait y conforter une fierté, celle d'un « métier de parole » et d'engagements contractuels respectés. Pour aller dans ce sens, le champ d'essai mis en culture en 1996 avec une coopérative du Val-d'Oise pouvait servir de laboratoire témoin. La pratique se multiplia, en collaboration avec l'ICTF, pour relayer l'enquête variétale annuelle. La diversité des approvisionnements était en effet considérable. À Nancy par exemple, la coopérative de Laxou apportait 460 000 quintaux (26,6 % des moutures de l'usine), la coopérative EMC2 436 000 quintaux (25,2 %), Champagne Céréales 402 620 quintaux (23,31 %) en 1993[166]. Lors de la campagne 1998-1999, les Grands Moulins de Paris comptaient 39 partenaires, dont 10 avaient signé le contrat Eco-Traçagri[167]. Signe d'un tournant agro-industriel, le nouveau magazine interne des Grands Moulins de Paris, lancé en décembre 1999 – *Magaïa*, évoquant la mythologie grecque –, fit sa une sur l'Eco-Produit avec la mention : « Respecter le choix du consommateur ». À la même époque, Champagne Céréales organisait une démarche assurance qualité dont le directeur des moyens de production Étienne Fatras souligna en janvier 1998 que « le soin apporté par le producteur à l'itinéraire cultural est le premier maillon de la chaîne de la sûreté alimentaire[168] ».

Les consommateurs face aux risques

Les crises sanitaires diverses qui survinrent au cours des deux décennies firent de la sûreté un impératif que toutes les entreprises devaient considérer. Les consommateurs étaient invités à boycotter les colorants à la suite d'enquêtes de presse en 1976. Ils s'étaient scandalisés de l'élevage des veaux aux hormones en 1979. Leurs inquiétudes s'élevèrent devant la propagation de la listeria sur les fromages en 1987 et sur les charcuteries en 1992. La contamination des poulets belges à la dioxine déclencha une nouvelle angoisse, avant que d'autres doutes ne se portent sur les sodas. La crise de la « vache folle » (ESB) fut le tournant majeur fondant une exigence nouvelle, dont la prise en compte politique aboutit en France à la création de l'Agence française de sécurité sanitaire des aliments (AFSSA)[169]. C'était déjà une préoccupation renforcée depuis qu'une directive européenne avait introduit le système HACCP comme certification de l'hygiène des aliments en 1993[170].

Prolongeant l'action de l'ARIA, le centre technique en charge du contrôle qualité et de la conception de nouveaux produits, l'« Académie » des Grands Moulins de Paris implantée à Gennevilliers endossa un rôle essentiel à l'échelle de la filière. Regroupant une dizaine d'ingénieurs et plus de 20 techniciens, le centre réalisait chaque année l'équivalent de 18 000 tests de panification et 60 000 analyses de toutes sortes. À Verneuil, un autre centre dédié à l'étude des mycotoxines développa une expertise spécifique. Fortement encouragée par Hubert François, la démarche HACCP s'imposa par la contrainte de sûreté alimentaire, mais aussi par le nombre de produits et d'ingrédients utilisés dans le groupe qu'il fallait garantir. L'usine des mixes et préparations prêtes à l'emploi obtint la première certification HACCP délivrée en France par l'organisme Lloyd's Register Quality Assurance (LRQA). C'était une performance. En 1997, l'Association nationale des industries alimentaires avait une position critique sur la procédure d'audit, considérant qu'il était impossible de délivrer des certifications, la responsabilité étant toujours celle de l'usine. Le système fut pourtant répandu lorsque les distributeurs des GMS le réclamèrent. Les Grands Moulins de Paris développèrent leurs propres certifications internes pour renforcer la traçabilité des fabrications. L'usine 3S à Labeuvrière fut la première à en obtenir une en avril 2000, la même année que les moulins de Verneuil et de Golfe-Juan en traçabilité et le moulin du Pontet en HACCP.

L'ANMF avait de son côté créé sa propre commission pour concevoir les bonnes pratiques de la meunerie. Un guide fut publié en 1999. L'extension des protocoles HACCP fit basculer les usines dans des règles d'hygiène et de propreté qui étaient loin d'être de mise. Certaines s'appuyèrent de plus en plus sur l'assistance technologique. Le nouveau moulin de Reims était doté, par exemple, d'un système de contrôle en ligne (le système MYRA de l'entreprise Bühler) détectant tous les paramètres susceptibles d'altérer une farine par des mesures infrarouges. Aux analyses de laboratoire décalées dans le temps se substituait donc une réactivité immédiate.

Enfin, les débats sur les OGM déterminèrent aussi des choix dans la filière, très en amont des polémiques de la décennie 2000. Les avancées du génie génétique et des biotechnologies réalisées depuis deux décennies laissaient espérer une plus grande résistance des cultures aux maladies et aux insectes. La possible réduction des produits phytosanitaires fondait un certain prosélytisme en faveur de cette innovation scientifique. Mais la contestation de l'équilibre entre les avantages et les risques, en fait les incertitudes sur les savoirs, conduisit les autorités publiques à temporiser, puis à établir un moratoire. Au sein même de la recherche agronomique, les fractures conceptuelles étaient considérables[171]. L'enjeu était crucial, mais les experts indécis. Au sein de Champagne Céréales, l'avis fut d'interrompre l'investigation scientifique dès lors que la société s'y opposait. Le président de l'AFSAA équilibrait les positions d'une autre manière : « Qu'une enseigne donne la possibilité à ceux de ses clients qui veulent manger des produits sans OGM d'en trouver en linéaires, pourquoi pas ? En revanche, qu'on jette l'opprobre sur l'ensemble des OGM au nom de la sécurité alimentaire revient à nier l'efficacité du dispositif d'évaluation du risque mis en place[172]. » Les entreprises devaient prendre position. Michel Dubois, responsable R & D des Grands Moulins de Paris, fit état de ses doutes éthiques dans *Magaïa*[173]. La volonté affichée de transparence aboutit à la reformulation des mixes correspondant au refus d'ingrédients OGM.

Le pain et la traditionnelle baguette font un saut qualitatif grâce à de nouvelles farines portées par des enseignes comme La Ronde des Pains, un réseau de boulangeries indépendante créé 1986 ou Campaillette, une marque lancée en 1989 par les Grands Moulins de Paris,rassemblant plus de 1400 boulangeries indépendantes.

À droite : Pin's de La Ronde des pains présente sur le Tour de France de 1992.

La reprise en main générale de la boulangerie

Le pain n'était pas le produit alimentaire qui suscitait le plus de craintes. Une enquête européenne montra en 1998 que 86 % des Français considéraient le pain et les produits de boulangerie comme sûrs. C'était exactement la moyenne européenne, dépassée seulement dans les îles Britanniques (94 %), aux Pays-Bas (97 %), en Autriche (93 %) et dans les pays scandinaves (97 %). Dans ces pays, une logique de l'hygiène l'emportait sur celle du goût. Le plus mauvais résultat concernait les plats préparés, jugés peu sûrs en France (53 %) et en Europe (49 %)[174].

Cependant, le 13 septembre 1993, face à l'accroissement des transformations industrielles, le décret n°93-1074 précisa ce que devaient être le « pain maison », le « pain au levain » ou le « pain de tradition française ». Ce dernier proscrivait toute étape de surgélation et interdisait tout additif. Il ne s'agissait pas de réformer la boulangerie, mais plutôt de réaffirmer le caractère naturel du pain à la française dans le contexte de décroissance des consommations et de doutes généralisés sur l'alimentation. L'École nationale supérieure de meunerie et des industries céréalières (ENSMIC), l'ANMF et chaque meunier firent de la pédagogie, certains ayant déjà fortement milité en ce sens, comme le moulin Viron à Chartres. Un an auparavant s'était formé le centre d'information du Pain, l'Espace pain information (EPI), comme structure de communication rassemblant les trois partenaires de la filière : céréaliers, meuniers et boulangers. Aux Grands Moulins de Paris, la proposition d'une nouvelle farine « Fleur Tradition » fut immédiatement mise sur le marché avec des préconisations excluant l'acide ascorbique et les régulateurs.

La boulangerie traditionnelle engagea sa mutation durant ces années. La mise en scène de la vente, la segmentation et la diversification de l'offre des pains, les aménagements plus accueillants de la boutique devinrent nécessaires pour contrer quelque 3 500 terminaux de cuisson de la grande distribution. Alors que la boulangerie artisanale distribuait 79 % du pain en 1991, mais 70 % en 1999 dans 33 000 boutiques, la boulangerie industrielle, forte de 200 entreprises et 29 000 salariés, augmenta son marché de 15 % à 21 % : les laboratoires des GMS passèrent de 6 % à 8 %, vendant plus de 63 000 tonnes de pain[175]. En fait, la concurrence portée aux boulangeries artisanales ne cessait de croître, entraînée par l'évolution des circuits de distribution et la montée en puissance de l'industrie, mais aussi par les mutations de consommation. Les corn flakes et les pains suédois du petit-déjeuner marginalisaient le croissant et la tartine. Des enseignes de boulangerie associées à des groupes, comme Paul (groupe Holder), le Pétrin Ribeirou (groupe Seguy) ou Le Fournil (groupe Le Duff), affûtaient des stratégies de marketing efficaces, parfois bien supérieures à celles de la boulangerie artisanale, grâce à une standardisation qualitative et contrôlée. Le président de la Confédération de la boulangerie déclara en 1999 : « Le goût et la traçabilité du produit sont devenus des paramètres essentiels[176]. » Il faudrait ajouter les prix, car celui du pain et de la pâtisserie fraîche augmenta de l'indice 100 (1990) à 121 (1999).

Discipliner le marché était utile, mais la formation continue des artisans était un enjeu déterminant. Les pratiques étaient parfois défectueuses. Les congélateurs surchargés, le fournil intenable à 40 °C, le matériel à la dérive par manque d'entretien et de renouvellement n'étaient pas si rares. Ces constats ressortaient des enquêtes effectuées comme celle réalisée auprès de boulangers « banetiers » en 1997, l'une montra que 10 % ne maîtrisaient pas le diagramme spécifique de Banette, 17 % devenaient négligents au fil du temps, 31 % n'avaient jamais fait de stage. Les boulangères avaient aussi été interrogées et ce n'était pas mieux : 46 % n'avaient jamais participé à une formation sur les thèmes de la vitrine, de la décoration, de la diététique ou de la vente. Pire, lors d'une enquête conduite par un organisme indépendant sur 200 boulangeries du réseau Banette, 27,8 % de l'échantillon présentaient des défauts majeurs, ne respectant pas les contraintes de la charte d'enseigne ou les règles sanitaires[177]. Banette fidélisait pourtant 3 200 artisans à la fin de la décennie 1990, dont seulement 20 % en région PACA. Les artisans demandaient plus d'information, des réunions régionales, une écoute plus forte. Car la déception existait aussi chez les boulangers constatant des pratiques de concurrence déloyale ou dénonçant des problèmes techniques. Parmi les artisans qui répondaient aux sondages de satisfaction vis-à-vis de la marque (environ le quart des boutiques), les souhaits étaient nets : des vêtements de travail plus modernes et porteurs de l'enseigne, des articles publicitaires plus diversifiés, des objets de décoration adaptés aux petites vitrines[178]. Le métier revenait peu dans les demandes. Les voies de formation étaient pourtant multiples.

L'École de boulangerie de Paris ajouta en 1991 un centre de formation continue (Institut européen de boulangerie-pâtisserie) à la préparation des diplômes CAP, BEP, Bac professionnel. Elle restait la référence technique de l'apprentissage. Les Storione créèrent l'École Banette en 1993. Tandis que l'EBP, douée de son expérience pluridécennale, comptait en moyenne annuelle près de 150 étudiants et 60 adultes en formation, l'École Banette visa une position supplémentaire : renouveler les générations de boulangers par la formation d'adultes prêts à reprendre des fonds de commerce en déshérence. Implantée à Briare sous forme d'une pédagogie intensive de plusieurs mois et un stage, la formation était accompagnée et financée à 40 % par un des meuniers du groupe Unimie-Banette. En 1997, l'École Banette se targuait d'avoir installé 96 stagiaires, dont 50 % étaient à l'origine demandeurs d'emploi[179].

La concurrence entre les Grands Moulins de Paris et les autres meuniers ne se limitait pas à la formation. La conquête commerciale de la boulangerie artisanale était le véritable enjeu. En 1992, sur un échantillon national de 454 consommatrices, le taux de notoriété était de 77 % pour Banette et 52 % pour la Ronde des Pains, tandis que la Baguépi des Moulins de Pantin était à 17 % et Copaline à 5 %[180]. La Ronde des Pains était mieux connue à Paris (62 %) que dans les villages (48 %), portée par le point de vente. En 1994, un rapport interne souligna que la boulangerie artisanale se portait mal du fait de l'affaiblissement de la qualité, de la trop grande diversification et de la difficulté à maîtriser les mutations de fonds, bien que le minotier réalise 16% de ces changements de propriétaire sur le territoire national. Un sondage IFOP réalisé en 1997 auprès de 1 069 individus donnait encore 75 % de notoriété à Banette et 49 % à la Ronde des Pains[181]. Nombre de consommateurs confondaient enseigne et chaîne[182].

Les boutiques suscitèrent une attention renouvelée, qu'il s'agisse du design des lieux ou des équipements. Une trentaine de boulangeries artisanales au décor historique furent classées par le ministère de la Culture. La diffusion de caisses enregistreuses simplifia la gestion. Les mixes qui facilitaient les fabrications, limitant les pesées, évitant certaines opérations préalables ou le contrôle des mélanges, ajoutèrent l'opportunité de diversifier les articles. Les GMS les avaient largement intégrés, au point que parmi les clients des GMP, 77 % des pains en étaient issus. Le pain de campagne réalisait 40 % des ventes. Pour renouveler les produits, l'inventivité n'eut plus de limite, soutenue par des capacités techniques de plus en plus pointues. Elle promut de nouvelles associations culinaires. Autant de plats, autant de pains. Le « Ciapo » des sandwichs au « style italien » et le pain de mie à l'anglaise « Doomy » traduisaient la mobilisation commerciale des Grands Moulins de Paris. Le pain « Forgeron » des GMP lancé en 1996 devait détrôner le pain « Bûcheron » d'un concurrent. À Nancy, le directeur Marcel Cornette suggérait en 1998 toute une série d'idées : « La sortie de farines nouvelles, la création de produits spécifiques (spéciale pour pâtés, spéciale pour pâte à décorer), l'habillage des produits existants en ajoutant son, graines, châtaignes, en trouvant des formes suggestives (pain de Noël en forme de sapin), en apportant des propositions de consommation (la couronne et le fromage, le goûter idéal, le pain avec des noix propre aux salades, le multicéréales du petit-déjeuner), en créant des pains aromatisés (à la bergamote en Lorraine), en copiant sur des produits dont le marché est pris par des industriels[183]. » Dans le Sud, Gabriel Antoun, qui avait en 1996 la responsabilité de toute la région PACA, fondait ses stratégies commerciales sur un sens incomparable des relations humaines avec la clientèle et une capacité à répondre aux demandes d'une manière différenciée : savoir vendre un pain à mie blanche sur la Canebière, des michettes à l'italienne dans le Vieux-Nice, le pain tunisien à la semoule et la farine corse à la châtaigne dans les boulangeries porteuses d'échanges sociaux essentiels.

***Ci-dessus :* Un effort est mis sur la traçabilité et la haute qualité des farines. Sacs de farine Fleur Tradition et pain forgeron de la marque Moul-bie.**

***À droite :* La Fête du pain créée en 1995 est depuis trente ans un rendez-vous incontournable de la boulangerie. Ici, un boulanger explique son métier à une classe d'enfants.**

Le contact direct avec les consommateurs devait passer par des initiatives bien marquées, mais les artisans étaient parfois réticents. La vente des sachets de farine, par exemple, qui était limitée à quelques sachets seulement dans l'année, n'intéressait pas, comme le montra en 1991 une enquête sur un échantillon de 137 boutiques réparties en région parisienne, à Nancy et Bordeaux. Les causes étaient diverses : ignorance du consommateur des différentes farines disponibles, prix trop élevé par rapport aux linéaires de GMS, crainte des boulangères de voir leur étal de pâtisserie dévalorisé ; 13 % d'entre elles cachaient même les sachets sous le comptoir. Seule la période de la Chandeleur était bénéfique. La marque Francine ne manqua pas cette opportunité.

À l'inverse, fêter le pain était une voie appréciée. Le lancement en 1995 d'une fête du Pain par le ministre Jean-Pierre Raffarin, qui avait renforcé l'appellation de l'enseigne de boulangerie par un décret, impulsa un regain d'intérêt de l'opinion publique. La première fête du Pain eut lieu du 13 au 16 mai 1996 pour se raccorder à la Saint-Honoré, saint patron des meuniers, des marchands de farine, des boulangers et pâtissiers et symbole pluriséculaire des calendriers corporatifs. L'évènement n'était pas seulement une manifestation commerciale. Il précéda l'adoption, en 1997, d'une réglementation des cinq stades opératoires de l'appellation « boulanger ». Voie difficile, car entre-temps le Conseil d'État avait annulé le décret de 1995, saisi par le Syndicat national des industries de la boulangerie-pâtisserie qui réfutait la corrélation exclusive entre la dénomination de « boulangerie » et la fabrication sur place.

L'axe nutritionnel vint des attentes des consommateurs désireux d'aliments bénéfiques à leur santé. Le 8 novembre 1996, un symposium fut réuni à la faculté de médecine de Paris sur le thème « Pain et santé ». L'année suivante, les Grands Moulins de Paris discutèrent avec le Pr Hercberg, directeur de l'Institut de la nutrition et de l'alimentation au Conservatoire national des arts et métiers (CNAM), pour commercialiser un pain aux fibres dans les pharmacies[184]. L'idée n'était pas si neuve à considérer la vente des bouteilles d'eau minérale des sources thermales dans les mêmes officines à la fin du XIXe siècle, mais elle démontre la stratégie scientifique combinée à la recherche commerciale qui s'instaurait. Le projet suscita d'autres rencontres à l'Institut national de la santé et de la recherche médicale (INSERM), à l'INRA, à l'Institut Pasteur de Lille pour définir la composition du pain, enrichi en vitamine B9 ou en calcium. L'obtention d'une allégation santé restait compliquée et très contraignante. Le succès du pain « Oméga » de Palsgaard, société partenaire des GMP, en Europe, induisait des voies similaires pour conquérir le marché français en associant boulangerie et santé. La panification bio ne dépassait pas 2 500 tonnes par an et concernait moins de 5 000 boulangeries, mais des positions avaient déjà été prises. De Lauza, qui produisait une Banette bio avec une farine T80 distribuée par Interfarine, concurrençait les GMP qui proposaient quatre références Moul-Bie bio et insistaient dans l'argumentaire de vente sur la provenance des blés : terres sans engrais chimiques depuis deux ans, pas d'ajout de pesticides de synthèse, fournis par des partenaires très engagés comme la coopérative Biocer. Le « pain santé » semblait une voie commerciale marginale comparativement aux autres pays européens, l'Autriche, la Suisse ou l'Allemagne, toutes portées par leurs consommateurs vers des produits diversifiés exploitant les qualités organoleptiques et nutritionnelles des céréales.

L'EXPANSION DU MODÈLE COOPÉRATIF

Nom de code : projet 3M

La boulangerie artisanale mobilisait les initiatives car elle restait un vecteur de ventes importantes. La panification représentait toujours les deux tiers des utilisations de farine, mais la consommation de pain n'était pas suffisante. D'autres stratégies commerciales se déployèrent. Le cas de France Farine, qui multiplia ses projets de diversification durant les années 1990 pour investir le marché des fonds de tarte ou de pizza puis celui de la pâtisserie (cookies ou macarons), est exemplaire. Il s'agissait de concurrencer d'autres entreprises alimentaires à partir de la notoriété de Francine. Le rayon frais des GMS était visé selon la stratégie élaborée par le directeur du développement, qui avait déjà réalisé le lancement de la pâtisserie surgelée de Belin/Lenôtre. D'autres marques occupaient le terrain, soit sur le segment du préemballé frais, soit sur la diversification de produits traiteurs fondés sur le plat cuisiné. Europâte avait été créée en 1974 par une société américaine en lien avec BSN (Danone) dans le Pas-de-Calais. Elle lança « Croustipate » en 1993, sur deux créneaux : les viennoiseries en boîte pur beurre et la première gamme de pâtes roulées[185]. Herta contrôlait 26 % de l'offre, à égalité avec les marques de distributeurs. L'analyse du marché par France Farine mit en évidence que Francine, bien que leader des ventes, serait bientôt attaquée sur le segment des farines ménagères en raison de la diffusion des pâtes à tartes réfrigérées. Se diversifier était donc nécessaire, mais l'entrée sur le marché du frais s'avéra plus compliquée que la déclinaison classique de l'épicerie.

Ces stratégies portées par les meuniers visaient une rentabilité accrue. Le chiffre d'affaires global de la meunerie s'était abaissé de 29 % durant la décennie 1990. Il restait beaucoup de moulins en France (582 en 2001) malgré la diminution régulière de leur nombre (un tiers durant la décennie 1990). En rapportant les quantités de céréales triturées au nombre de moulins, le rapport montrait des différences fortes en Europe : 12 000 tonnes par moulin en Allemagne et en Italie, 9 000 en France. Depuis 1994, l'effondrement des exportations de farine accentua les difficultés. En Champagne-Ardenne, la rentabilité d'Euromill, estimée à partir de son excédent brut d'exploitation (EBE) sur l'actif immobilisé, tomba de 15 % à 7 %. Le groupe meunier détenu à 70 % par Champagne Céréales comptait deux entités. Euromill Nord-Est, né en 1973 à l'acquisition du moulin de Reims, groupait les Moulins de Corbie, Mareuil-sur-Ourcq, Aubervilliers, Saint-Quentin, Braine. Euromill Sud-Est trouva sa place après la reprise des Grands Moulins Storione, joints à ceux de Bourgoin. Pour le monde agricole coopératif, disposer d'un outil qui assure un débouché de proximité et une sécurité face à la baisse du prix des céréales et l'augmentation des coûts de transport était vital. Cette logique n'était pas nouvelle, mais elle avait changé d'échelle. Euromill employait 360 salariés, distribuait sa farine sous la marque Francine et dans le réseau Banette ou approvisionnait les industriels de l'amidonnerie et de la biscuiterie. Au sein d'Inter-Meunerie (SCARM-CARB), qui constituait avec ses moulins de Brienne, Romilly et Troyes le troisième groupe français, les exportations n'étaient plus que de 79 000 tonnes en 1999, engendrant un résultat négatif de la coopérative. Les uns et les autres devaient restructurer et fermer des moulins ou considérer des rapprochements à grande échelle.

La décision de Bouygues en octobre 1998 de vendre ce qu'il avait acquis dix ans plus tôt précipita l'histoire. Un groupe d'investisseurs réunis par AXA Private Equity permit le montage financier d'un holding (Financière d'Ivry). Il aboutit à ce qu'en 2001 l'actionnariat du groupe se distribue entre des cadres de GMP (6 %), Bouygues (14 %), Guilde Buy Out/Rabobank (26,5 %), Charterhouse/CCF (14,5 %), Caisse des dépôts et placements du Québec, un important fonds de pension (9,5 %), AXA (29,5 %). L'originalité du dispositif tenait à la mise en œuvre d'un *leveraged buy-out* (LBO) attractif joint à l'actionnariat interne. Plutôt que de compenser la dette qui avait été contractée par des fermetures nombreuses de sites, la recherche de l'équilibre vint d'une organisation interne repensée et efficace. La période Bouygues prit fin, non sans avoir marqué son temps. Un programme d'investissement massifs avait été réalisé, l'usine de Gennevilliers avait vu le jour et les « Bouygues-*Men* » s'étaient attachés à la meunerie parisienne. Michel Crignon, qui ne fut pas reconduit à la direction du groupe, le déclara tout net : « GMP aura été pour moi une aventure passionnante et la plus belle page de ma vie sur le plan professionnel et humain. Homme de BTP, j'ai découvert et appris, avec vous tous, un nouveau métier que j'ai aimé, qui m'a captivé et dans lequel je me suis totalement investi[186]. » Hubert François, qui dirigeait le pôle parisien des GMP, devint le président du directoire. Ancien élève de l'École polytechnique, ingénieur du génie rural et des eaux et forêts, diplômé de l'École nationale de la statistique et de l'administration économique (ENSAE), son itinéraire professionnel lui assurait une largeur de vues pour impulser la progression du groupe dans le contexte international d'une financiarisation croissante des activités industrielles.

CHIFFRE D'AFFAIRES DES GMP EN 1999 (MILLIONS DE FRANCS)

RÉPARTITION PAR TYPES DE PRODUITS		RÉPARTITION PAR MARCHÉS		RÉPARTITION PAR ZONE GÉOGRAPHIQUE	
FARINES	1089	BOULANGERIE ARTISANALE	619	FRANCE	1492
BOULANGERIE	364	INDUSTRIELS	536	RU	176
VIENNOISERIE	262	RHF	423	BELGIQUE	145
ISSUES	173	GMS	333	ALLEMAGNE	68
MIXES	167	NÉGOCE INTERNATIONAL	295	PAYS-BAS	62
PÂTISSERIE	91	HOME SERVICE ET FREEZER CENTERS	108	AUTRES EUROPE OCCIDENTALE	124
TRAITEUR	84	DIVERS	56	EUROPE DE L'EST	10
SEMOULES	84			HORS EUROPE	293
DIVERS	56				

SOURCE : ARCHIVES GMP. COURRIER DU DIRECTEUR DE LA COMMUNICATION, CHARLES-HENRI BURGELIN, AU CABINET COUDERC, 1ER OCTOBRE 1998.

Ci-dessus : **Ligne de production de boulangerie industrielle avec des biscuits sucrés sur tapis roulant. En parallèle de la boulangerie artisanale, la boulangerie industrielle et les surgelés se développent pour répondre à de nouvelles demandes des consommateurs.**

À la fin des années 1990, le secteur de la meunerie est marqué par la revente par le groupe Bouygues des Grands Moulins de Paris et la constitution de NutriXo, créée en 2001, avec les minoteries gérées par les sociétés coopératives champenoises.

Passé par le ministère de l'Agriculture, par une mission aux États-Unis pour préparer la partie agricole et agroalimentaire du General Agreement on Tarif and Trade (GATT), puis par l'ONIC, il avait rejoint les Grands Moulins de Paris en 1991. Les priorités furent énoncées dans un plan dénommé « Trajectoire 2000 », qui associait plusieurs objectifs : maîtrise des coûts, investissements dans des outils de production supplémentaires, notamment en surgelé, croissance externe et surtout engagement collectif. Le journal interne *Magaïa* en traduisit l'esprit par des reportages, des commentaires, des instructions pour mobiliser le personnel de Grands Moulins de Paris autour des 431 marques du groupe. Les résultats étaient visibles. Le chiffre d'affaires atteignit 2,3 milliards de francs en 1999.

Une nouvelle étape associa les Grands Moulins de Paris, Euromill et Inter-Meunerie au sein d'Intermill-Paris. La société NutriXo, constituée en 1998, devait coiffer le groupe. Le projet fut annoncé en février et conclu en avril 2001. Il reposait en fait sur des accords antérieurs qui avaient établi la nécessité d'un tel rapprochement au printemps 2000. Christian Rousseau, qui présidait Inter-Meunerie, rappelait

NUTRIXO

au magazine *Actualités agricoles* en 2001 que l'idée avait germé à l'occasion d'une réunion de la branche Meunerie de la Fédération française des coopératives agricoles de collecte d'approvisionnement et de transformation (FFCAT) deux ans auparavant. Il voyait dans ce projet la convergence des intérêts plaçant les hommes et les terroirs au centre[187]. Les concepteurs du projet, au nom de code de « 3M » (trois moulins), pensaient que cette réunion agro-industrielle permettrait à la fois une restructuration de la meunerie (en fermant au moins six moulins et en limitant certaines productions comme l'amidonnerie), un débouché international accru du « pain français issu de champs français » et une valorisation des innovations grâce à l'antériorité en recherche et développement. C'était selon eux la seule réponse viable pour faire face aux multiples menaces sur le marché français : incursions allemandes sur le marché des sachets, pénétration hollandaise dans la vente aux industriels, concurrence italienne sur les marchés d'exportation, velléités belges d'entrer sur la boulangerie artisanale en France. Le tout dans un contexte proclamé de construction européenne renforcée face aux surcapacités de production !

Les trois sociétés cumulaient des chiffres d'affaires respectifs de 2,3 milliards de francs, 712 millions et 280 millions. En revanche, leurs résultats nets étaient limités. L'EBE des GMP valait 4,8 fois celui d'Euromill et 19 fois celui d'Inter-Meunerie. L'Agence d'information des industries alimentaires souligna : « Ce sont maintenant les producteurs de blé – grands absents du dossier lors de l'éclatement de la famille Vilgrain et de la vente à Bouygues – qui mettraient la main au portefeuille, Champagne Céréales en actionnaire de référence, aux côtés de 150 collaborateurs de GMP[188]. » Le holding restait contrôlé à 25 % par Hubert François, des salariés apporteurs de capital et plusieurs entités agricoles : Euromill et Inter-Meunerie réunis dans le pôle Molitor ; la Coopérative agricole lorraine (CAL), qui entrait ainsi dans l'aval meunier ; la réunion baptisée « CM3 » constituée par Champagne Céréales, les deux coopératives auboises SCARM et CARB ainsi que la coopérative de Bras-sur-Meuse, EMC2 ; Unigrains qui complétait le tour de table.

La réunion était aussi complexe que logique. La décroissance de la meunerie et les exigences de traçabilité de la filière poussaient les synergies qui pouvaient être optimisées entre agriculteurs, industriels de l'agroalimentaire et marché final. Le nouveau groupe pesait lourd : 20 % des écrasements, un tiers des exportations françaises de farine, 18 % des ventes sur le marché intérieur. Les moyens réunissaient plus d'une vingtaine de moulins répartis sur tout le territoire et des usines de BVP surgelées, en France, en Europe, en Asie et en Amérique du Nord. La seule Compagnie française commerciale et financière (CFCF) des Grands Moulins de Paris déployait son négoce dans plus de 60 pays dans le monde. Le démantèlement de plusieurs moulins (Marœuil, Braine, Romilly, Bonnard, Loches, Annecy) participait de l'ajustement du groupe. Chaque entité conservait

son fonctionnement. Le cas de Banette fut en effet immédiatement soulevé. La marque d'origine marseillaise était concurrente des marques des Grands Moulins de Paris. Elle se retrouvait dans la nouvelle structure, coincée entre son propre réseau et celui d'Intermill. Le ton monta à Marseille face au risque de voir disparaître la production de Banette dans le moulin qui l'avait vue naître. De même, si Champagne Céréales s'appuyait sur le réseau Unimie, Inter-Meunerie s'appuyait sur le réseau Copaline. Les deux groupes coopératifs avaient bien des liens par le biais de Malteurop et ARD, mais leurs trajectoires n'étaient pas similaires et la vente de leurs marques restait indépendante. La solution fut la stricte séparation des stratégies commerciales. La constitution du capital de NutriXo devint un levier stratégique. L'appel public à l'épargne permit aux salariés mobilisés de détenir 30,8 % du capital en 2001, fondement d'un engagement ostensible dans l'entreprise. Lorsque les parts durent être revendues, chacun s'accorda à dire que l'investissement avait été... très rentable, indépendamment de l'identité entrepreneuriale commune qui en résulta. Les commentaires de presse jugèrent le nouvel édifice selon des points de vue divers. Les uns célébrèrent l'avènement du 1er meunier européen dans une conjoncture tendue. D'autres espéraient que ce soit « pain béni » pour l'agriculture régionale. Le basculement qui s'opérait en faveur des agriculteurs était retenu sans détour par la *France agricole* qui titra : « Les Grands Moulins de Paris sous la coupe des coopératives[189] ». L'interprétation n'était certainement pas celle des entrepreneurs de la minoterie. Lorsqu'une convention de présentation de NutriXo fut réunie au musée des Arts et Traditions populaires à Paris, le slogan était plutôt : « Travailler tous d'égal à égal en équipe car tous ont des compétences[190] ». Le nouveau groupe devait forger son identité commune, donc sa communication, pour expliquer le logo ou les trois couleurs de NutriXo (bleu, rouge et jaune), mais surtout pour insister sur les enjeux. Le plus important était de développer le partenariat avec les organismes stockeurs et les agriculteurs pour ajuster les blés aux deux piliers de la meunerie et de la BVP surgelés. À la fin de l'année 2001, le nouvel ensemble réalisa un tiers de son chiffre d'affaires sur les marchés internationaux, 64 % dans le cas des surgelés. Les effectifs se répartissaient entre 1 467 emplois en meunerie, 25 en semoulerie et 1 272 en fabrication des surgelés.

En haut : **Regroupement, concentration et transition, le paysage coopératif champenois s'apprête à vivre de d'importantes mutations.**

Ci-dessous : **Grains dans l'usine Malteurop.**

Champagne Céréales : du malt à l'exploration du végétal

À l'issue des journées techniques organisées en juin 2001 par Champagne Céréales sur un champ d'essais de 26 hectares à Beine-Nauroy, Jacques de Bohan déclara à son auditoire : « Une page est irrémédiablement tournée. Le consommateur est inquiet et demande de sérieuses garanties sanitaires, de qualité et de respect de l'environnement. » Le Conseil européen de Berlin qui adopta en mars 1999 le volet agricole de l'Agenda 2000, avait récemment mis en jeu l'environnement, l'espace rural, la qualité et la sûreté alimentaire. Le président de Champagne Céréales poursuivit : « D'autre part, l'agrandissement de l'Union européenne est un évènement inéluctable[191]. » Il n'était plus question de limiter la production et de se positionner dans la dynamique exponentielle du commerce mondial. Il fallait reconvertir l'agriculture productrice vers de nouvelles rentabilités agricoles. Ces prises de position n'étaient pas surprenantes à la tête de la coopérative champenoise qui s'était agrandie par la fusion des coopératives constitutives de l'Union pour accéder à la taille européenne. Présentée en assemblée extraordinaire le 26 janvier 1990 à Châlons-sur-Marne et officialisée en décembre 1991, elle promettait une collecte de 26 millions de quintaux (2,6 millions de tonnes), un chiffre d'affaires dépassant 7 milliards de francs, une marge d'autofinancement d'un demi-million. Le même orateur avait d'ailleurs lancé : « Nous aurions la capacité de lever assez d'argent pour racheter les Grands Moulins de Paris si M. Bouygues décidait de s'en séparer[192] » ! Pour trouver l'agilité opérationnelle nécessaire, le président de la Providence souhaitait séparer l'amont agricole de l'aval industriel et fonctionner avec une SICA en commandite pour attirer des capitaux sans perdre la main sur la coopérative. Les huit coopératives qui entrèrent résolument dans la formation de Champagne Céréales (Providence agricole, Union agricole ardennaise, CAPAV, CAREV, Union champenoise des producteurs, coopératives de Dormans, Somme-Tourbe et Valmy) regroupaient 92 % des agriculteurs de l'Union précédente. Le but était bien de consolider les fonds propres et de rester maître chez soi en dynamisant l'aval industriel.

L'organisation était complexe pour trouver les bonnes mutualisations d'emploi et préserver les identités tout en rationalisant les services et les moyens logistiques. Les chefs de silos devaient jouer un rôle fédérateur dans une structure comptant désormais des centres de quatre à sept silos, des régions de six à sept centres ou sections, un territoire de quatre régions. Le pari était fort pour mobiliser 14 356 adhérents. Il l'était tout autant pour les 1 440 salariés de la coopérative. L'esprit coopératif dont se prévalait la Providence agricole devait être maintenu par le contact de terrain, la coopérative étant pour certains très éloignée en kilomètres. Mais, comme le souligna son président, en adressant comme dernier cadeau de fin d'année de la Providence une gravure du portail du Syndicat agricole de la Champagne, la porte forgée ouverte invitait au passage vers Champagne Céréales. Le siège rémois devait fédérer, car la dispersion de tous était normale. Claude Vegas, qui

Malteurop poursuit sa croissance à l'international. En 2001, elle possède 13 usines dans le monde.

***À droite :* Tandis que certains silos ferment, d'autres, comme celui de Revigny dans la Meuse, sont modernisés et informatisés.**

était chef du silo de Revigny et avait mis en place à partir de 1991 l'informatisation du site pour l'industrialiser, le voyait bien. Le silo devenait une plate-forme technologique au lieu d'être un foyer de rencontre et de sociabilité, une sorte de « bar du coin ». Celle-ci devait maintenir son esprit coopératif par le contact de terrain maintenant que ses membres étaient davantage dispersés et éloignés.

Pour faire un groupe, il fallut concevoir de nouveaux canaux d'information, par exemple en utilisant les télécopieurs ou en développant le flux de données dénommé Arterre en 1993. Les assemblées de section prirent rapidement une place essentielle et l'assemblée plénière devint le carrefour de cette collégialité. La première, tenue en 1996, permit à la fois de présenter le projet d'entreprise et d'inscrire Champagne Céréales dans son histoire, en confiant au très médiatique académicien Alain Decaux une conférence sur les agriculteurs et la coopération. Tous les présents votèrent informatiquement sur 40 questions soumises à leur expression. Les adhérents attendaient à 47 % plus de contractualisation, à 35 % plus de sécurité, à 8 % plus de services, à 9 % plus de conseils techniques. Pour 85 % d'entre eux, les outils de transformation paraissaient un atout. En revanche, la collecte ne satisfaisait que 53 % des adhérents. La recherche n'était pas leur priorité (22 % seulement souhaitaient l'intensifier) contrairement à l'augmentation des rémunérations (92 %). Il fallut aussi unifier les pratiques marchandes et engager l'ensemble des adhérents vers une contractualisation de la qualité. La récolte de 1995 permit de tester la qualité des orges de brasserie par leur taux de protéines pour déterminer le prix de l'orge sur ce critère. L'avènement de l'agriculture raisonnée ne pouvait qu'accroître cette propension à la valorisation de la qualité. La réflexion sur l'organisation des ventes par la coopérative se fit à la même époque, entre le maintien d'un prix calculé sur la moyenne des ventes réalisées au cours de la campagne et un prix à décision immédiate d'engagement ferme de quantités sur un marché acheteur. Les moyens d'informations nouveaux, comme le fax, permettaient ce changement. Il n'était pas neutre, car le risque d'arbitrage du prix incombait dès lors au producteur et non plus à la coopérative.

Les orientations stratégiques privilégièrent la croissance des industries d'aval, qui absorbaient une part importante des collectes, environ le quart en 1995, et l'exploration de nouveaux fronts de développement issus de la recherche. Le groupe Champagne Céréales s'appuyait sur la réussite de Malteurop, qui construisait en 1991 une nouvelle malterie sur le port céréalier de Rostock en Allemagne. L'implantation confortait le 1er exportateur mondial et 1er producteur européen de malt en Europe du Nord. Malteurop regroupait 95 000 agriculteurs de Champagne, du Nord et de l'Est de la France. Deux ans auparavant, une assemblée générale l'avait déjà consigné, Malteurop ne devait pas rester une entreprise franco-française mais au contraire accéder aux marchés et au financement externes. Elle avait alors changé de statut pour devenir une SICA en commandite par actions. Son expansion géographique avait commencé par le rachat de la malterie Thieffry dans le Nord de la France et l'augmentation de sa participation dans Intermalta en Espagne. Le positionnement en Allemagne était d'autant plus stratégique que la réunification allemande engageait à moderniser les malteries tout en imposant la fameuse « loi de pureté » allemande à tous les brasseurs. Malteurop entra dans une phase de développement capitalistique. Ses ventes allaient à 13 % en France, 43 % dans la CEE, 44 % ailleurs dans le monde. En 1994, elle filialisait à 100 % la malterie Gebler en Bavière, puis franchit un nouveau pas en 1996 en s'installant en Chine. La malterie de Baoding, dans le Hebei, devait répondre au dynamisme d'un marché devenu le 2e producteur mondial de bière. Malteurop était tout aussi présent pour saisir les opportunités du marché de proximité, lorsque le 2e brasseur mondial Interbrew décida de remplacer ses propres malteries en Belgique et aux Pays-Bas par des achats de malt, ou bien lorsqu'il apparut rentable de s'implanter en Amérique du Sud. En 2001, avec 385 salariés, le malteur d'origine champenoise détenait 13 usines dans le monde et produisait plus de 800 000 tonnes de malt pour un chiffre d'affaires approchant 2 millions d'euros. Cependant, après des tensions sur le marché européen du malt au cours des années précédentes, son EBE décrut. En 1997, la rentabilité de son actif économique[193] était passée de 15 % à 10 %. La sensibilité de Malteurop à la conjoncture internationale était de plus en plus forte, son chiffre d'affaires étant désormais réalisé à 91 % à l'étranger. Mais l'entreprise avait fait de la recherche un atout. Depuis 1992, une plate-forme d'expérimentation de plus de 500 variétés d'orge d'hiver avait été créée en collaboration avec des obtenteurs, l'INRA et l'ICTF. Le savoir-faire de Malteurop devint celui de la sélection des qualités d'orges et la préconisation de leur emploi auprès de chaque coopérative, en Picardie, en Lorraine et en Champagne-Ardenne.

Durant ces années, la maïserie prit aussi son essor par la diversité des productions associées. Bière, corn-flakes du petit-déjeuner, ingrédient de plats préparés ou de produits industriels, l'expansion du maïs ne cessait pas et ses rendements doublèrent en une décennie. Mais les polémiques sur les OGM, les demandes des clients et les manifestations de ceux qui se regroupèrent en 2003 sous le nom de « Mouvement des faucheurs volontaires », inclinaient à privilégier les exigences draconiennes pour assurer la qualité d'un maïs sans OGM (organismes génétiquement modifiés). Les débouchés étaient à forte valeur ajoutée, répartis en 2000 entre les gritz (55 %) et les coproduits (45 %).

Champagne Céréales, 1re entreprise agricole en France, se lança aussi dans une agriculture non alimentaire. Le 18 avril 1991, la coopérative s'était engagée avec Sucre Union pour créer Chamtor à partir des recherches d'ARD. Les deux sociétés disposaient chacune d'un tiers des actions aux côtés du finlandais Finn Sugar, un des leaders mondiaux de la commercialisation du fructose. L'implantation industrielle à Bazancourt reposait sur l'exploitation de 15 000 hectares de céréales et de chicorée. Chamtor démarra son usine à l'automne 1992 pour transformer de l'amidon de blé en glucose et dérivés et obtenir de l'inuline[194]

de chicorée pour valoriser des coproduits. Les sucriers pensaient se diversifier pour parer à la probable disparition des quotas de sucre sur le marché européen. Les céréaliers comptaient sur la valorisation aval du blé pour compléter l'amidonnerie. Mais les débuts furent difficiles – le souvenir en reste amer à plusieurs acteurs – et la stratégie incompréhensible pour des observateurs contemporains du monde bancaire. La technologie industrielle n'était pas prête et l'économie incertaine. Les cosses de chicorée manquaient sur place et la valorisation des coproduits était aléatoire[195]. Mais le déséquilibre vint surtout lorsque Cristal Union se retira, changeant de stratégie et laissant un autre sucrier allemand prendre la place (Pfeifer & Langen). Champagne Céréales dut compenser les soubresauts financiers. Cela ne remettait pas en cause la valeur d'ARD, dont les activités de recherche dans les biotechnologies et la chimie verte produisaient peu à peu des signes tangibles de réussite. Mais l'affaire Chamtor posait un problème, à l'inverse de la création de Soliance en 1994, dédiée aux ingrédients de la cosmétique, et du regroupement de plusieurs coopératives céréalières au sein de Céréales Recherche-Développement.

Au total, Champagne Céréales atteignit un rang considérable en dix ans, avec un chiffre d'affaires consolidé dépassant 2,4 milliards de francs et une rentabilité économique évaluée à 10 %. Le chiffre d'affaires se répartissait au tiers en France et à 64 % à l'étranger, composé par 65 % d'activité en malts, 29 % en farines, 6 % en maïs, chaque secteur avec ses sous-produits. Le malt dispersait l'activité plutôt à l'étranger, la farine plutôt en France et le maïs sur les deux à la fois. La profitabilité (résultat net/chiffre d'affaires) restait cependant fragile, mais l'actif immobilisé était solide (1,2 milliard de francs). Champagne Céréales couvrait un périmètre de 68 entités dont 49 sociétés incluses dans l'intégration du groupe Intermill-Paris.

Ci-dessus : **Le ballon Nouricia prend son envol. La coopérative Nouricia est constituée en 2001 à la suite de la fusion des SCARM et de la CARB du département de l'Aube. La même année, elle s'unit à Champagne Céréales et Les Grands Moulins pour former le groupe NutriXo.**

À gauche : **Champs de maïs à Vitry-le-François dans la Marne.**

La naissance de Nouricia

L'année 2001 marqua une autre évolution importante, cette fois-ci dans l'Aube. Le 4 décembre, en ouverture d'un document publié par Nouricia, Christian Rousseau, le nouveau président de cette coopérative issue de la fusion entre la SCARM et la CARB, rappela cinq principes : 1. La coopération, 2. Le respect des clients, 3. La protection du revenu des agriculteurs, 4. La performance de la gestion, 5. La qualité des hommes. La tension entre l'image de couverture montrant une jeune maman allaitant son enfant sertie dans un épi de blé or et l'exhortation à entrer dans une compétition agricole mondiale très rude définissait la mission de la nouvelle coopérative.

La fusion des deux coopératives auboises répondait à de multiples logiques. Dès 1993, face à la nouvelle politique agricole européenne qui ne cessa d'accroître sa libéralisation dans les marchés mondiaux, il apparaissait à la CARB qu'il serait utile de se rapprocher d'Inter-Meunerie. Cela permettrait de mutualiser le travail et de concentrer l'activité commerciale. La SCARA y serait naturellement associée. Les perspectives étaient analysées en comparaison du succès de Malteurop démontrant que les activités d'aval bénéficiaient nécessairement des regroupements d'actifs. Mais au sein de la CARB, les points de vue étaient partagés entre ceux qui voyaient la coopérative comme le prolongement de leur ferme et d'autres qui la considéraient comme une entreprise de négoce. La fidélité des sociétaires n'était pas égale. Cela se manifestait d'ailleurs lors des réunions de secteurs, où les présents ne dépassaient pas le tiers des adhérents coopérateurs, représentant tout de même plus de 40 % de la collecte. Des critiques tombaient régulièrement au cours de la décennie 1990 : coût du stockage trop élevé, valorisation des contrats de « blés qualité » aux stockeurs à la ferme, alors que la coopérative était plutôt contre historiquement, inégalité des prix sur le maïs. Les agriculteurs se montraient plus opportunistes et moins fidèles pour réaliser leurs approvisionnements. La réflexion stratégique fut alimentée par une enquête qui permit aux adhérents d'exprimer leurs souhaits. Pour certains l'avenir était clair : « Dans le cas d'une jachère à 40 % en l'an 2000 (imposée par l'Union européenne), la collecte et l'approvisionnement ne suffiront plus à faire vivre la coopérative[196]. » La diversification devrait s'imposer. Cela pouvait passer par la valorisation de productions végétales non alimentaires, en s'appuyant sur ARD, une position que la SCARM regardait plutôt avec réserve de son côté. La CARB avait aussi failli se rapprocher des coopératives de l'Yonne, mais le projet échoua. En 1998, les solutions les plus acceptables furent énoncées. Elles privilégiaient le renforcement des métiers de base, la manifestation d'intérêt sur les biocarburants, les agro-matériaux et les services agricoles à haute technicité. Des engagements convergents étaient déjà bien marqués au regard des participations financières : 99 % d'Aube Luzerne, 30 % de Champagri, 27 % de la SICAM, 34 % de 4 Saisons Vignes, 18 % d'Inter-Meunerie, 4,5 % de Malteurop[197]. La SCARM avait un positionnement un peu différent mais complémentaire, bien que plus puissante que la CARB. Les ambitions de la coopérative s'étaient renforcées dans son aval. Le projet Copaline déployait l'activité d'Inter-Meunerie vers l'Europe du Nord, mais aussi l'Europe centrale en plein bouleversement géopolitique. Au début des années 1990, la marque avait rassemblé une trentaine de moulins et livrait 16 % de la clientèle artisanale des boulangeries. En 1994, le moulin de la CARB à Brienne avait rejoint Inter-Meunerie. Depuis 1970, en fait, les deux coopératives avaient multiplié les ponts entre elles.

En octobre 1999, elles s'accordèrent pour former une entité économique régionale, d'abord par une union qui aboutirait à une fusion dans les deux ans. Le territoire était divisé en sections représentant chacune un tiers des adhérents. L'Union concentrait les achats, la commercialisation de la collecte, les services administratifs et généraux, les relations avec les adhérents. Le directeur général venait de la SCARM, son adjoint de la CARB. Au total, la nouvelle coopérative rassemblait plus de 3 000 agriculteurs et une surface agricole utile de 300 000 hectares. À l'issue de la campagne 2000-2001, Nouricia destina ses blés à des utilisations très différentes des deux coopératives réunies. La meunerie recevait 37 % des blés contre 46 % à la campagne précédente. Les blés « placés à l'intervention », un mécanisme qui selon les modalités des règles communautaires permettait aux États membres d'acheter, de stocker et de vendre les céréales produites en excédent, étaient moins rentables. L'intervention, dont le tarif était monté à 34 %, avait disparu, remplacée par une augmentation en faveur de l'amidonnerie (40 %) et de la malterie (3 %).

Les exportations vers les pays tiers se maintenaient à 10 %. Les agriculteurs apportaient à la coopérative 980 000 tonnes de céréales et d'autres produits (colza, tournesol, pois et féveroles, semences). Le nouveau groupe étira ses implantations de Nogent-sur-Seine à l'extrême ouest à Bourbonne-les-Bains à l'est et disposait de 52 silos. Son actif atteignait le milliard et demi de francs en consolidant les comptes de la SCARM et de la CARB, mais ses dettes pesaient 69 % du bilan.

Au bout d'un siècle d'histoire coopérative, le territoire de Champagne-Ardenne était désormais dominé par deux entités, l'une plutôt au nord, Champagne Céréales, l'autre plutôt au sud, Nouricia. L'aimantation d'Intermill, devenu NutriXo, joignait les deux dans un triangle relationnel de plus en plus imbriqué. Au régionalisme marnais, aubois et ardennais qui avait soutenu les initiatives agroalimentaires coopératives s'étaient ajoutées des entreprises au rayon d'action mondial.

2002-2012
8. Vers des liens renforcés

Les opérations de fusion effectuées durant les deux premières décennies du nouveau siècle ont créé une forte imbrication entre les intérêts des coopératives céréalières de Champagne-Ardenne et ceux de la minoterie rassemblée au sein de NutriXo, chacun devenant tour à tour à la fois client et fournisseur l'un de l'autre. Ce changement était essentiel, car si les relations entre agriculteurs et industriels de l'alimentaire existaient déjà, les entreprises tournées vers le marché et celles privilégiant le mutualisme coopératif ne semblaient pas pouvoir partager beaucoup d'intérêts communs.

Les cadres mouvants de l'activité agricole

« La performance par la qualité »

Une enquête Sofres du 8 novembre 2001 pour saisir l'opinion des Français sur leur agriculture et sur les agriculteurs posa cette question : « De votre point de vue, qu'est-ce qu'une agriculture performante[198] ? » Les réponses se portèrent à 60 % sur « privilégier la qualité des produits », 22 % préféraient « préserver l'environnement », 7 % en restaient au volume produit… et seulement 6 % se souciaient de la nécessité de privilégier le revenu des agriculteurs ! Le critère environnemental revenait davantage dans les réponses des jeunes de 25 à 34 ans, et parmi les personnes se déclarant politiquement de gauche. Les agriculteurs choisirent plutôt le critère du revenu, point principal pour le quart d'entre eux.

Les items prenaient une acuité particulière. En créant le contrat territorial d'exploitation (CTE) en 1999, puis en le remplaçant par le contrat d'agriculture durable (CAD) en 2003, les pouvoirs publics légitimaient au même moment une agriculture multifonctionnelle tournée vers la diversité des engagements territoriaux, locaux et environnementaux. En cessant de valoriser le soutien à la production sectorielle, cette politique obligeait à modifier les éléments du revenu agricole, soit par la diversification des activités, soit par un effort de productivité technologique, soit par l'approfondissement des savoirs agronomiques. La production devait en revanche être tournée vers une recherche qualitative. Les mêmes personnes interrogées dans l'enquête estimaient que toutes les filières n'avaient pas privilégié la qualité des aliments de la même façon au cours des dernières années. Parmi sept produits – à base de porc, de volaille ou de bœuf, fruits et légumes, produits laitiers, vin, produits céréaliers –, ces derniers étaient en 6e et avant-dernière position. Transformer les pratiques agricoles, reconsidérer l'équilibre des exploitations et apporter une qualité reconnue par le goût, des labels ou des méthodes de fabrication, forgea un contexte contraignant durant cette décennie.

Il l'était d'autant plus au début des années 2000 que la révision de la PAC apporta aussi ses propres effets. Adoptée le 26 juin 2003 par les ministres de l'Agriculture de l'Union européenne, la réforme reposait sur trois éléments principaux. Elle instaurait un nouveau moyen de financement de l'agriculture par le régime du paiement unique, versé une fois dans l'année aux exploitations quelle que soit la production. La mise en place de ce « découplage », selon la terminologie de la PAC, incitait à produire en fonction du marché et moins par l'attrait de primes associées à une production particulière. Plus proche du système américain de subvention, elle facilitait l'alignement de l'agriculture européenne sur le commerce mondial.

Elle permettait aussi de privilégier une agriculture durable sans pour autant exclure des adaptations et des aides spécifiques tournées vers certains produits, blé dur ou cultures énergétiques par exemple. La pratique de la conditionnalité introduisait en effet un autre élément essentiel en privilégiant les pratiques protectrices de l'environnement. Surtout, la réforme engagea un abaissement des dépenses globales de la PAC, jusqu'à réduire les prix d'intervention. Les agriculteurs devaient donc vraiment rechercher de nouvelles sources de revenus. D'autant plus que la compétition s'intensifia durant la décennie, non seulement par les effets de l'OMC, mais aussi par l'entrée dans le périmètre communautaire de nouveaux pays d'Europe centrale et orientale à forte population agricole.

Page précédente : Une attention de tous les instants à la plante.

À gauche : Vue de la plaine avec ses champs de blé au nord de Tours-sur-Marne avec au fond la montagne de Reims.

Ci-dessous : Vue sur les cultures mixtes de la région Champagne, au premier plan des vignes, au second plan des champs de cultures variées, la Marne se dessine dans le panorama.

La région Champagne-Ardenne se trouvait au croisement de ces évolutions mais avec des spécificités propres. La Marne comptait parmi les départements qui utilisaient plus de 65 % de leur surface pour l'agriculture en 2004, plus que l'Aube ou les Ardennes, alors que la moyenne française était à 54 %, la moyenne de l'UE à 25 se limitant à 45 %. Le courant d'internationalisation du marché du blé tendre pouvait susciter des attraits nouveaux pour des départements à forts rendements. La qualité des orges de brasserie ouvrait une autre opportunité. Les exportations mondiales de malt soutenaient simultanément un courant ascensionne, qui passa de plus d'un milliard d'euros en 2004 au triple en 2012. Le rôle médian des coopératives pouvait servir de levier à condition que les adhérents restent convaincus. La conviction reposait sur la capacité à bien évaluer les perspectives dans un contexte flou, sinon morose. En 2004, *Le Monde* annonçait le 41e Salon de l'agriculture par ce titre : « Que faut-il faire des agriculteurs français[199] ? » L'importance des appartenances territoriales et la variété des modalités d'engagement apportaient des réponses, ouvrant une autre approche, celle de la diversité des agriculteurs[200]. En Champagne-Ardenne, un cinquième des agriculteurs déclaraient être en pluriactivité à la fin de la décennie 2010, plus fortement parmi les jeunes agriculteurs et les femmes, et surtout plus nettement que leurs aînés. Le taux global était de 20,4 % des chefs d'exploitation en céréaliculture exerçant une activité secondaire, beaucoup moins que ceux de l'élevage ovin et caprin ou de la viticulture[201]. La répartition des exploitants par âge est un autre indice de cette diversité. Alors que le taux de moins de 40 ans dans la région atteignait 22 % en 1970, il monta à 30 % en 1988, se maintint, puis retomba au cours de la décennie 2000 pour n'être que de 21 % en 2010. La pluralité des situations des agriculteurs n'était pas un phénomène nouveau, mais il s'accentua au début du XXIe siècle. Les coopératives devaient en tenir compte afin de trouver le positionnement adapté de leurs services pour maintenir une définition partagée de la notion de qualité.

Prendre en compte l'environnement

Champagne Céréales et Nouricia ont dû se saisir des enjeux environnementaux dans un contexte de marché plus tendu. L'environnement et le commerce des fournitures aux exploitations n'étaient plus pris en charge de la même manière sur le terrain, du fait de la séparation progressive des missions de conseil technique et de conseil commercial. Au sein de Champagne Céréales, l'activité commerciale est restée fortement articulée autour des chefs de silos, mais la réduction de leur nombre et des magasins associés a déplacé le relais auprès des adhérents de la coopérative vers une individualisation du conseil. L'organisation opérationnelle a évolué pour renforcer ces transformations. Les territoires affectés à chaque conseiller ont été réajustés. Le service rendu aux adhérents a dû se préciser, le terme même de « service » remplaçant définitivement celui de « développement » au milieu de la décennie dans la désignation des agents technico-commerciaux. La professionnalisation s'accentua par de nouvelles pratiques, comme la mise en place des indicateurs de pilotage ou la mise en œuvre d'une veille concurrentielle. Une culture commerciale plus intense a été soutenue à partir de 2002, lors de la création d'une force de vente, puis en 2003 avec l'adoption du « Plan de progrès » au sein de la coopérative, et surtout avec la formation d'un service de marketing en 2006. Dès lors, la stratégie commerciale permit de dispenser les préconisations et de vendre les produits selon des niveaux de service différents, choisis par les adhérents, mais également selon des orientations culturales à privilégier. Le lancement de la gestion déléguée en 2008 rencontra un véritable besoin : elle fut adoptée par 82 % des adhérents.

La réduction de l'emploi des produits phytosanitaires, accentuée par le programme Écophyto en 2008, devint un enjeu important. L'engagement dans l'agriculture raisonnée, dont la définition avait été arrêtée par décret le 25 avril 2002, souhaitait optimiser le résultat économique de l'exploitation en limitant les engrais ou les pesticides. C'était une autre voie de protection de l'environnement, mais elle était déjà décriée dix ans après son apparition par ceux qui y trouvaient encore une trace de productivisme agricole car toujours centrée sur le rendement. Adossées aux actions des années précédentes, dont les premières pourraient être celles sur la maîtrise des fumures à la fin de la décennie 1980, plusieurs initiatives ont été prises par Champagne Céréales. En 1998, le *Guide de la protection de l'utilisateur et de l'environnement* accompagnait les conseils de traitement. Deux ans plus tard, il portait le titre de « fertilisation raisonnée ». Une recherche permanente de diminution des intrants s'est traduite par la proposition d'itinéraires culturaux à la fois rentables et mieux adaptés. Des solutions originales furent régulièrement proposées, par exemple pour concevoir des semis plus tardifs et moins denses. Cette mobilisation reposait sur les essais, l'observation des alternances de cultures et l'acquisition de nouveaux savoirs agricoles ou de connaissances sur la gestion des exploitations. Cela procédait aussi des enquêtes conduites auprès des agriculteurs sur leurs pratiques, en lien avec la diffusion des contrats de qualité pour l'obtention de l'orge de brasserie ou des blés répondant aux demandes meunières mis en place lors de la décennie 1990. Conjuguant la recherche de la rentabilité des exploitations et les obligations sociétales et réglementaires, Champagne Céréales comme Nouricia se sont inscrites dans « l'exploration stratégique du thème de la durabilité[202] ». Certaines initiatives étaient très avant-gardistes. La création d'un logiciel du nom d'Inventerre, développé par une start-up de Châlons-en-Champagne, permit d'enregistrer les pratiques de traçabilité, comme le suggérait l'IRTAC dans les années 2000. Les coopératives champenoises accédaient très tôt à la compilation de données, devenues des instruments de pilotage stratégique, dans la veine de ce que proposait le mouvement coopératif en France. Cela permettait aussi aux coopératives de compenser la baisse de revenus de la vente des engrais et des produits phytosanitaires, ou plus simplement de réassurer le lien entre une coopérative fournissant produits et services et des adhérents prompts à profiter des opportunités de marché, fût-ce aux dépens des apports de collecte. L'agriculture raisonnée permit de contractualiser davantage les rapports entre la coopérative et ses adhérents. En choisissant des techniques culturales, des produits plus spécifiés, un conseil sur l'environnement par exemple, la coopérative attendait un engagement de la part de l'agriculteur qui soit plus formalisé. Si des contrats existaient bien sûr auparavant, l'accord conclu par une simple poignée de main était aussi une pratique répandue. Elle tendait à diminuer avec l'application de l'agriculture raisonnée.

La Route des blés, à Saint-Quentin-le-Petit, 2023.

À partir des années 2000, la région Champagne-Ardenne, très exploitée, amorce de grandes transitions. Celles-ci passent par la mise en place de plusieurs dispositifs proposés par les coopératives pour repenser les modes d'exploitation.

Comme l'a identifié Robin Villemaine, auteur d'une thèse intitulée « Le Conseil agricole coopératif à l'épreuve de l'environnement : une enquête en Champagne-Ardenne », ces engagements ont conduit à des réflexions essentielles. Cette nécessité s'inscrivait dans l'évolution du modèle coopératif, amené au cours de la même décennie à renforcer le conseil et les services comme voie d'attachement des adhérents. Champagne Céréales créa des groupes d'intérêt technique en 2000 autour de plusieurs sujets, dont la préservation du sol ou les matériels de pulvérisation. Le sol était particulièrement investi au sein de Nouricia, où la réflexion portée par le président Christian Rousseau développait la recherche sur sa préservation, notammenten limitant les labours. Son itinéraire personnel l'avait conduit à défendre fortement cette proposition. Issu de la dernière promotion parisienne de l'Institut national agronomique (« Agro »), exploitant d'une ferme familiale mobilisée par la SCARM, dont il prit la présidence en 1995, l'intérêt du semi-labour et d'une couverture des sols plus importante-sur sa propre exploitation lui apparaissaient opportuns, au point de le convaincre d'adopter des techniques culturales simplifiées. Il s'en fit le prosélyte à la création du club NouricAgrosol au sein de Nouricia en 2005. Le nom même de la coopérative, qui résulta de la fusion de la CARB et de la SCARM, allait dans ce sens : nourrir la terre, nourrir les plantes. Cette conviction était relayée à travers des visites d'exploitations en non-labour et des réunions mêlant techniciens et agriculteurs intéressés. À la fin de la décennie, le club rassemblait presque une centaine de membres. Les groupes d'intérêt technique de Champagne Céréales furent de courte durée, favorisant les prises de parole mais peu les solutions. L'invitation d'experts sollicités en conférenciers parut plus pertinente et devint une démarche pérenne. En 2008, 1 640 adhérents participèrent aux 50 réunions organisées en hiver pour animer les enjeuxagronomiques. En revanche, les deux coopératives se rejoignaient sur la promotion d'une agriculture durable qui puisse relayer l'agriculture raisonnée. En 2007, Champagne Céréales lança une certification de ses adhérents sous ce concept, inauguré par une symbolique historique forte en choisissant l'exploitation d'Olivier de Bohan pour débuter. Le processus de certification prévoyait une information spécifique pour chaque adhérent et des préconisations validées par le ministère de l'Agriculture sur l'emploi des produits phytosanitaires, la gestion des effluents, le stockage des engrais, l'aménagement de la ferme. La démarche était collaborative et n'était pas sans ressembler aux médiations progressistes que dispensait naguère le *Journal d'agriculture pratique* au XIXe siècle, avec la même problématique d'avènement de la « ferme modèle ». Nouricia proposait à ses adhérents un cahier des charges d'engagements qualitatifs propres à convaincre leurs clientèles en aval. En 2004, cela avait justifié l'adoption de la démarche HACCP. En 2007, le « champ d'experts » de Nouricia développa un nouveau concept de rencontres entre les adhérents et les clients.

Ci-dessous : **Une politique environnementale portée par les pouvoirs publics se met en place avec l'organisation en 2007 du Grenelle de l'environnement au ministère de l'Écologie à Paris, par le ministre de l'Environnement Jean-Louis Borloo.**

À droite : **Les sols, un écosystème sensible, au cœur de toutes les attentions sur une exploitation, à Somme-Yèvre. De nombreuses réflexions sont lancées au sein des coopératives pour accompagner ce changement de pratiques sur le terrain.**

Ci-dessous : Parcelle cultivée en agriculture de conservation des sols (ACS). Un blé (visible en vert) a été semé sous un couvert de chaume de colza (tige blanches) et de lotier (moins visible à cette saison).

En bas : Essai réalisé en 2024 de couverts agronomiques à Sompuis dans le département de la Marne.

À droite : Couvert réalisé avec un mélange de moutarde d'Abyssinie, mélilot blanc et phacélie.

Lorsque le Grenelle de l'environnement fut lancé, par des réunions en 2007 puis une loi en juillet 2009, les coopératives avaient un rôle majeur à jouer pour modifier les pratiques. Champagne Céréales disposait d'outils d'information et de communication via son extranet Arterre dédié à ses adhérents : la synthèse hebdomadaire agronomique sur les cultures, des dossiers agronomiques thématiques, un guide de fertilisation et le guide annuel de protection des cultures. Ces derniers se verdirent durant la décennie. Au point de faire disparaître sur les couvertures des guides les herbicides, les tracteurs, les épandeurs du premier plan. Ils furent remplacés par des images mettant en valeur les nouveaux acteurs des bonnes pratiques, techniciens et agronomes. Le premier rapport développement durable de Nouricia, concernant l'exercice 2007-2008, rendit compte de toutes les forces en tension. Le propos introductif souligna qu'après « avoir été perçue comme un formidable moteur de développement économique, l'agriculture est progressivement devenue, aux yeux des citoyens qu'elle nourrit, source de coûts de production excessifs, de dénaturation du paysage, de pollution de l'environnement[204] ». La réponse apportée, celle de l'intensification écologique, n'était pas déconnectée d'une création de valeur par la production et la transformation, mais elle insistait sur la prise en compte environnementale exprimée à travers de multiples actions. La relation de Nouricia avec la Ligue de protection des oiseaux (LPO) ou l'organisation de rencontres sur la biodiversité témoignaient de cette nouvelle préoccupation.

Champagne Céréales et Nouricia, coopératives en quête de croissance

La dynamique de recherche et d'innovation que les deux coopératives ont suivie durant la décennie 2000 a permis d'élargir un peu plus leurs activités vers les fronts pionniers de la chimie végétale. L'idée remontait au moins à 1992 lorsque, à l'Exposition universelle de Séville, des conférences sur les biocarburants avaient attiré l'attention de Christian Rousseau puis celle de Jacques de Bohan, qui soutint fortement le développement d'activités dans la chimie verte. Un puissant ressort d'innovation et de fractionnement des risques financiers apparaissait dans cette voie. Le regroupement des compétences scientifiques et industrielles promu par la politique des pôles de compétitivité amorcée en 2004 favorisa plus tard un projet comme celui de bioraffinerie du végétal porté par les acteurs locaux. Il s'agissait bien de faire croître des avantages comparatifs régionaux. Toutes les structures de développement – SRD, ERD, CRD – trouvaient leur épanouissement au sein d'ARD. Le site de Bazancourt-Pomacle devint un foyer d'attractivité majeur : fractionner les plantes pour produire de nouvelles matières premières dédiées aux cosmétiques, aux emballages, aux matériaux de construction et surtout, dans les espoirs de cette époque, aux carburants. Le pôle de compétitivité industries et agro-ressources entra dans les vues du gouvernement et du président de la République Jacques Chirac, qui inaugura le site champenois le 30 août 2005. Dominique Dutartre, devenu président de ce pôle, souligna à juste titre la création d'écosystèmes favorables aux agriculteurs car ils fonctionnaient à partir des productions du territoire et non d'importations de matières de base. La cohérence du dispositif restituait une valeur ajoutée aux exploitants agricoles, qui ne devaient pas être perçus comme de simples fournisseurs mais bien comme des acteurs concernés de toute une chaîne économique.

L'esprit champenois y trouvait son compte en compensant des ressources limitées par un fort esprit d'initiative et la recherche de nouvelles voies de valorisation. En 2009, ARD développait son activité au cœur de plusieurs filiales : Soliance dans le secteur des cosmétiques, Bioamber dans la production d'acide succinique, Procethol 2G, qui préparait la recherche de biocarburant de seconde génération, Wheatoleo, fabricant d'éléments tensioactifs destinés à la cosmétique comme aux détergents, FRD pour l'exploitation des fibres végétales. Par détention de capitaux dans les sociétés créées, les coopératives champenoises relayaient le développement de leur pôle d'aval industriel en cascade. Champagne Céréales détenait, par exemple, 26,3 % de Blétanol, qui contrôlait 45 % de Cristanol en 2009 ou, par le relais direct d'ARD, 98,96 % de Soliance ou 50 % de Bioamber. Alors qu'en 2001 le chiffre d'affaires d'ARD s'élevait à 2,7 millions d'euros, il ne cessa de croître, décuplant dix ans plus tard. La profitabilité n'en était pas moins très limitée, à considérer le rapport entre le résultat net et le chiffre d'affaires. Le slogan d'ARD, « l'innovation verte », ne cachait pas qu'il s'agissait d'un investissement tourné vers le futur... Il fallait tout de même le mettre en avant dans les rapports de gestion dès ses origines.

Le développement de la chimie végétale est l'un des grands axes de développement des années 2000.

À gauche : La plateforme de Bazancourt-Pomacle dans la Marne, qui réunit plus d'une dizaine d'acteurs de la bioéconomie, transforme des matières premières agricoles (betteraves sucrières, bois et céréales) en différents produits biosourcés à haute valeur ajoutée. C'est un exemple concret de bioraffinerie intégrée.

En haut : Créée en 1992 sous l'impulsion du monde agricole, Chamtor, située au cœur de la Champagne-Ardenne, transforme et valorise le blé de sa région. Les produits fabriqués sont destinés à l'industrie agroalimentaire, aux industriels de la papeterie-cartonnerie ou au secteur de la fermentation. L'entreprise développe aussi sa présence dans la chimie du végétal.

Ci-dessus : Vue du siège et de l'usine Chamtor.

Chamtor fut une affaire difficile, mais avec ses 200 employés et un chiffre d'affaires dépassant la centaine de millions d'euros, la société contribuait tout de même à transformer plus de 400 000 tonnes de blé et à exporter ses produits. Du point de vue des agriculteurs champenois, c'était mieux que de laisser les terres en jachère. Affectée par la volatilité des cours de sa matière première, Chamtor gardait la perspective des débouchés de l'amidon. Soliance, qui s'équipa d'une cellule innovation en 2007, réussit par la mise sur le marché de produits à haute valeur ajoutée. Implantée à la fois à Pomacle et dans les Côtes-d'Armor, l'entreprise de cosmétiques faisait écho à de nouvelles demandes générationnelles, de l'anti-âge à l'autobronzant, dans une époque prônant le corps parfait. La création en 2011 de Bioveal, entre Champagne Céréales, Nouricia et EMC2, pour valoriser les productions biologiques de chacune, était aussi une réponse à des demandes accrues du marché concernant (par exemple) l'alimentation bio, alors que le Programme national nutrition santé (PNNS) engageait une réflexion nutritionnelle portée vers la santé et la valorisation d'une agriculture soucieuse de sûreté alimentaire. Par ailleurs, Bioveal tissait un trait d'union significatif entre les coopératives. Mais l'investissement qui mobilisa le plus fortement les coopératives champenoises reste celui des biocarburants. Champagne Céréales y participait par des sociétés filiales (comme Ineos Champlor) ou directement (dans le projet Cristanol pour produire de

Ci-contre :
La bioraffinerie de Saint-Étienne-à-Arnes dans les Ardennes.

En haut à droite :
Biomasse par hydrolyse enzymatique, une voie prometteuse pour la bioconversion des matières végétales, avant et après broyage.

Au milieu : **À l'usine pilote du projet Futurol à Pomacle-Bazancourt, les résidus agricoles sont transformés en biocarburant.**

En bas : **Les coopératives s'unissent pour la mise en place d'un pôle industriel de transformation des céréales et des résidus. L'assemblée générale de Siclaé, créée en 2012.**

l'éthanol à partir de l'installation de Bazancourt, portée par le sucrier Cristal Union et l'association de 26 coopératives du Nord-Est). Les directives européennes promouvaient l'emploi des biocarburants à horizon d'une décennie, signe que c'était un secteur à considérer. Mais des débats agitaient la société autour de la véritable fonction des terres agricoles. Nourrir ou produire de l'énergie ? Le projet Futurol lancé en 2008 visait à mettre sur le marché des technologies permettant de produire du bioéthanol à la fois rentable, performant et respectueux de l'environnement dans sa production, celle-ci étant basée sur la préparation de la biomasse, donc de résidus agricoles recyclés. Champagne Céréales s'y engagea en 2011.

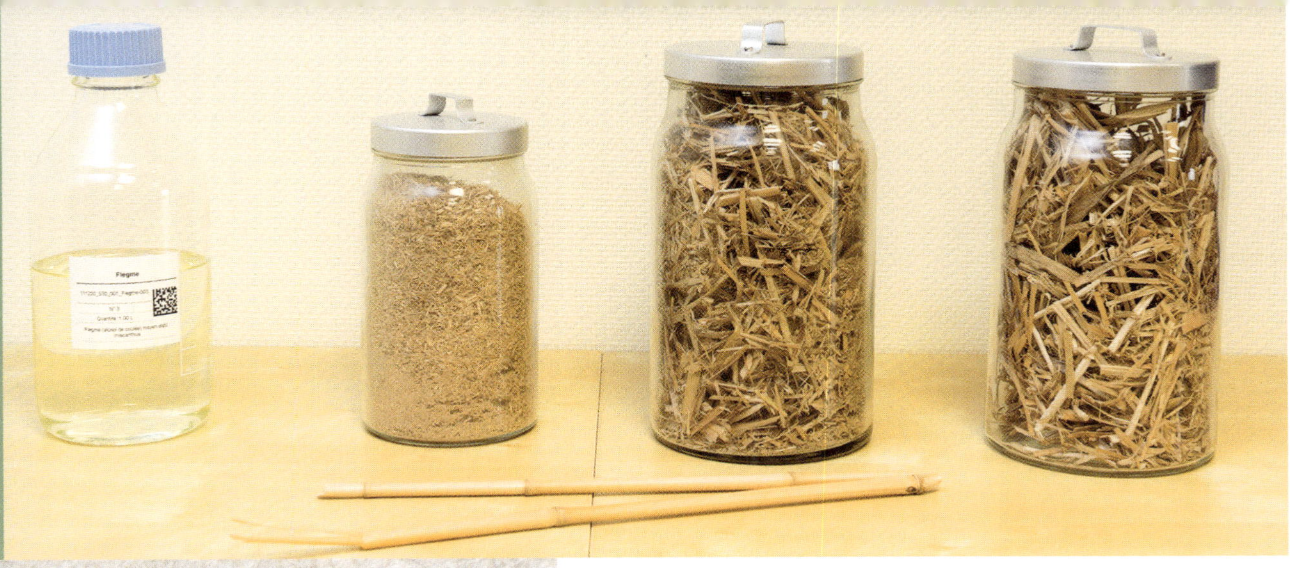

Siclaé, vers la constitution d'un pôle industriel commun

Les initiatives tournées vers l'innovation prolongeaient la rationalité économique du pôle industriel destiné à valoriser les actifs des coopératives. En 2004, la conception d'une Société d'investissement champenoise et lorraine pour l'agro-développement (SICLAD) avait été préparée pour réunir les participations aval des trois coopératives, Champagne Céréales, Nouricia et EMC2, auxquelles s'adjoindraient celles de Coligny et de Sézanne. Un holding commun intégrerait notamment les parts détenues dans Malteurop (67,87 %), NutriXo (53,39 % par Molitor dépendant de CM3 à 69,33 %), Copam (78,65 %), mais aussi Champagne Maïs (100 %) et Soprol (4 %). Le montage était clair : affirmer une volonté stratégique, regrouper les participations, renforcer les moyens financiers des coopératives, pondérer les engagements coopératifs, apporter un bilan consolidé rentable, améliorer la politique de dividendes à reverser aux adhérents-actionnaires[205]. La création eut bien lieu. En 2005, sous un acronyme devenu Siclaé (« expansion » remplaçant « développement »), Champagne Céréales contrôlait désormais 62,25 % de ce pôle industriel ; Nouricia, 19,26 % ; EMC2, 14 % ; Coligny et Sézanne, 4,49 %.

Siclaé prolongeait les coopératives vers sept filières agro-industrielles où se comptaient la malterie, la boulangerie-viennoiserie-pâtisserie, la transformation du maïs, l'amidonnerie-glucoserie, la nutrition animale, les bioénergies et la recherche avec ARD. L'ancrage était essentiellement situé au nord-est de la France. Progressivement, l'équilibre des parts se modifia pour ouvrir le capital à des apports nouveaux, un moyen de financer les activités d'aval. En 2011, le capital était redistribué entre les trois coopératives originelles (Champagne Céréales, 40,89 % ; Nouricia, 12,50 % ; EMC2, 9,14 %), de nouvelles coopératives régionales (19,09 %), plusieurs actionnaires financiers (fonds d'investissement 11,33 % ; Crédit agricole 2,27 %), Unigrains (2,27 %) et des actionnaires privés, adhérents des coopératives, salariés et autres (2,51 %). Siclaé transformait alors 3 millions de tonnes de céréales de ses coopératives, créait 1 500 emplois directs et se trouvait implantée dans 23 pays dans le monde. Le chiffre d'affaires du groupe, qui s'élevait à 1,7 milliard d'euros, provenait aux trois quarts de la malterie et de la meunerie.

RÉPARTITION DU CHIFFRE D'AFFAIRES DE SICLAÉ EN 2011 (POURCENTAGE)

SECTEUR	MALTERIE	MEUNERIE/BVP	AMIDONNERIE-GLUCOSERIE	NUTRITION ANIMALE	BIOÉNERGIES	MAÏSERIE	R&D
ENTREPRISE PRINCIPALE	MALTEUROP	NUTRIXO	CHAMTOR	NESTAL	INEOS/CHAMPLOR	KALIZEA	ARD
CHIFFRE D'AFFAIRES	40	37	9	7	4	2	1

LE "B TO B" MONDIALISÉ : MALTEUROP ET DÉLIFRANCE

Deux sociétés à la conquête du monde

Qu'il s'agisse de Malteurop, déclaré 1er malteur mondial en 2008, ou de Délifrance, développant son marketing visuel dans l'honorable quartier de Sha Tin à Hong Kong, ces deux aventures industrielles illustrent bien les stratégies internationales ambitieuses portées par Siclaé.

Elles procèdent d'abord de la multiplication des sites hors de France. Au cours des années 2000, Malteurop consolida son implantation en Espagne par l'achat d'une usine à Albacete, l'extension de celle de San Adrian, et la construction d'une malterie à Séville en 2008. Les sites de Gdansk en Pologne et Heidenau en Allemagne s'ajoutèrent durant cette période. Deux autres acquisitions en territoire ukrainien, à Chernigiv et Kharkiv, complétèrent le rachat de la société russe Belgorsolod. Lorsqu'en 2008 le leader de la malterie en Amérique du Nord, Archer Daniels Midland Malting, fut racheté, Malteurop poursuivait ses investissements internationaux, engagés avec le rachat du groupe chinois Hebei Bada. En 2010, l'intégration de la société lombarde Diamalteria, fondée en 1909, donnait au groupe une légitimité historique supplémentaire dans la fabrication des produits alimentaires à base d'extraits de malt. Elle signalait également la volonté de se diversifier face à la volatilité des cours du malt, devant la concentration croissante des groupes de brasserie à même d'imposer leurs choix sur les marchés.

À la fin de la décennie, de manière similaire, Délifrance contrôlait un nombre important de filiales qui formaient ses vitrines commerciales, après avoir rebaptisé en 2003 la Société de spécialités surgelées (3S) de ce nom international. Elle détenait 100 % de Délifrance Europe, qui elle-même disposait de quatre filiales à 100 % en Belgique, aux Pays-Bas, en Hongrie et en Suisse. Par ailleurs, la société mère détenait, selon des pourcentages variés, de 50 % à 100 % des sociétés sous le nom de Délifrance au Royaume-Uni, en Pologne, en Russie, en Roumanie, en Allemagne, en Autriche, en Grèce, en Espagne, en Italie, au Portugal, au Liban, dans les pays scandinaves, à Hong Kong, Singapour et Bangkok ! Cette géographie se doublait des ventes effectuées depuis la France, dont les exportations de BVP tissaient un maillage commercial en Amérique du Nord, aux Caraïbes, en Afrique. D'un côté les enseignes commerciales internationales, de l'autre des sites usiniers hors de France, comme Nivelles, Southall, Wigston ou Ridderkerk. Ils avaient projeté Délifrance vers d'autres horizons pour produire et commercialiser le pain précuit frais puis surgelé.

Ces ouvertures vers le monde se caractérisèrent ensuite par le pourcentage du chiffre d'affaires réalisé hors de France. À l'issue de la campagne 2005-2006, Malteurop le tirait à 60 % de l'étranger. L'essentiel venait de deux pays européens, l'Espagne (24,7 %) et l'Allemagne (17,34 %), complétés par l'Ukraine (13,3 %) et la Chine (4,4 %). Six ans plus tard, Malteurop ne couvrait plus son chiffre d'affaires

Depuis sa création en France en 1978, Délifrance développe des produits de boulangerie, viennoiserie, pâtisserie et traiteur pour les professionnels de la restauration, les artisans boulangers et la grande distribution dans 100 pays à travers le monde.

Page de droite : **Une boutique Délifrance en Chine.**

qu'à 3,3 % en France. 38,8 % des résultats étaient issus de l'Union européenne et 57,8 % de pays tiers. Le schéma de filialisation de Malteurop, qui n'intégra longtemps que des pays européens proches, Allemagne et Espagne, déployait désormais ses ramifications sous des dénominations internationales d'échelle mondiale : Polska, Ukraïna, North America, Canada, Australia, New Zealand. La déclinaison des chiffres d'affaires du groupe montrait à la fois l'extension géographique, la répartition des risques et les positions acquises sur tous les grands marchés brassicoles. L'Europe continentale fournissait 40 % des revenus, l'Amérique du Nord 27,3 %, l'aire Asie-Pacifique un dixième. Les clients de Malteurop, inscrits eux-mêmes dans une très large mondialisation, reflétaient en 2011 la multinationalisation du groupe. Les livraisons se répartissaient auprès des leaders mondiaux de brasserie : Anheuser-Busch InBev (88 000 tonnes), Heineken (73 000 tonnes), San Miguel (37 000 tonnes), Karlsberg (15 000 tonnes)... Fournir ces très grands clients finaux était un point de passage obligé car, à la fin de la décennie, seuls 40 brasseurs couvraient 92 % de la production dans le monde.

Le chiffre d'affaires international de Délifrance présentait en 2012 des écarts élevés en fonction des pays. Il contribuait à 63 % du chiffre d'affaires BVP de NutriXo. La répartition opposait des territoires prépondérants (Royaume-Uni, 39 % du chiffre d'affaires international de Délifrance ; Pays-Bas, 10 % ; Belgique, 8,3 % ; Allemagne 13 %) à de plus petits marchés (Autriche ou Italie). L'Europe occidentale comptait 150 millions d'euros, mais avec une majorité absolue des pays septentrionaux (92 %), comme si la culture du pain séparait des pratiques méridionales moins tournées vers cette production industrialisée que les pays du Nord. Porté par des cadres dont l'expertise issue de sociétés agroalimentaires multinationales était déjà éprouvée, le positionnement de la marque réussit à associer son expansion internationale à la vitrine d'une boulangerie-viennoiserie à la française avec du pain croustillant et des produits prêts à cuire.

L'internationalisation de ces deux sociétés marque enfin la connexion que chacun a pu établir pour sa part, Champagne Céréales avec Malteurop, NutriXo avec Délifrance, avec l'économie mondiale. Ce n'était pas la seule, puisque le cours des céréales ou les exportations de farine raccordaient ces entreprises au commerce extérieur et aux fluctuations économiques intercontinentales. Mais le fait de se confronter à différents marchés à l'international offre un champ d'observation plus large sur les évolutions des modes de consommation et de la demande. Par exemple, en suivant les résultats de la filiale allemande Malteurop Deutschland GMBH, le marché du malt et de la bière dans ce pays de référence était riche d'enseignements. Très fragmenté, en situation de surcapacité de production de malt avec de nombreuses petites malteries régionales, le marché affrontait une décroissance de la consommation. Celle-ci provenait de la situation démographique déclinante et d'une relative désaffection des jeunes clientèles, mieux éduquées à la prévention des risques d'alcoolémie. Une situation aggravée par la crise économique de 2008. L'Allemagne n'en restait pas moins le principal marché en volume de Malteurop, qui couvrait presque le cinquième du marché allemand. En considérant la situation globale du marché du malt, d'autres investissements pouvaient s'avérer intéressants. Ce fut le cas par exemple lorsque l'intégration en Italie de Diamalteria ouvrit de nouvelles perspectives sectorielles basées sur la fabrication des ingrédients alimentaires issus du malt.

La mission de reconnaissance effectuée par Délifrance en Asie du Sud-Est à l'automne 2007 était tout aussi prospective. L'objectif principal visait à identifier le site d'une nouvelle usine de panification surgelée pour desservir cette aire géographique. La place singapourienne exploitée en joint-venture s'avérant insatisfaisante, d'autres lieux pouvaient se montrer attractifs. Délifrance était implantée à Singapour depuis 1983 et sa capitalisation était contrôlée à 25 % par des investisseurs asiatiques. Devenue la première société française cotée à la bourse locale, elle disposait à la fin de la décennie 1990 de plus de 50 restaurants et boulangeries, la situant au 2e rang derrière McDonald's. Mais à la stratégie de déploiement d'autres commerces depuis Singapour vers la Chine, Brunei, l'Australie, il fallait désormais substituer un autre foyer et décentrer les intérêts financiers. La mission accomplit une large revue informative auprès de banques, d'avocats d'affaires et de consultants, concernant les clients potentiels, comparant à la fois les concurrences implantées et les opportunités. Les goûts et les habitudes alimentaires furent explorés avec attention : grignotage en Indonésie, prépondérance du riz en Thaïlande, où les consommateurs étaient jugés intéressés par les nouveaux produits tout en s'en lassant vite, préférence pour les goûts sucrés et doux des Malais et recherche d'une cuisine saine parmi la population d'origine chinoise. La spécificité française n'apparaissait pas comme le vecteur commercial à privilégier, au contraire des produits locaux. Une telle mission permit de considérer l'Indonésie comme un « pays gagnant » à moyen terme, la Thaïlande comme le hub commercial de l'ASEAN et la Malaisie plus rentable que marchande.

Malteurop devient un géant de la malterie fournissant les grandes marques de brasserie mondiales.

Ci-contre : **L'entreprise avec son site principal à Vitry-le-François est désormais présente partout dans le monde.**

En bas : **le site Malteurop en Pologne.**

À partir des années 2000, Delifrance développe son savoir-faire acquis à l'étranger pour s'implanter en France et profiter du marché porteur de la sandwicherie industrielle.

Faire valoir son marché international

La croissance de Malteurop et de Délifrance s'est articulée sur ces capacités d'analyse des marchés. L'intégration de nouveaux produits par la recherche et développement et la proposition de technologies plus sophistiquées ont été déterminantes dans le destin des deux sociétés. Surtout, elles surent proposer des réponses commerciales différentes et adaptées aux tendances sociétales alimentaires très mouvantes durant la première décennie du XXIe siècle. Elles n'étaient pas de même type pour les deux sociétés internationales. Du côté de Délifrance, les plus fortes évolutions sont venues des prises alimentaires hors foyer, qui ont progressé, et du commerce en Grandes et moyennes surfaces (GMS) qui était densifié un peu partout dans le monde. L'appétence pour suivre les innovations alimentaires a joué en faveur d'un marketing dédié de la BVP. Malteurop dut plutôt composer avec le déplacement géographique des marchés porteurs de la bière et de l'adaptation aux cahiers des charges que les puissants brasseurs avaient adoptés à des échelles continentales.

Délifrance multiplia les actions et les évènements pour dynamiser son commerce. La société était nécessairement présente dans les nombreux salons professionnels qui existaient depuis longtemps en France. Le salon Europain créé en 1967 rassemblait en 2008 plus de 600 exposants et attirait 87 000 visiteurs. Le Salon national de la boulangerie-pâtisserie, apparu en 1997, était aussi un événement obligé. D'autres rassemblements permirent de mettre en avant des initiatives plus ciblées. Le Challenge européen du sandwich Délifrance lancé en 1998 devint un rendez-vous tactique. En 2002, il réunit, dans le cadre du Salon international de la restauration, de l'hôtellerie et des métiers de l'alimentation, 127 propositions venant de huit pays. Avec plus de 165 000 visiteurs professionnels et 75 nationalités présentes, un tel rendez-vous constituait une belle vitrine pour valoriser la marque. Le Salon international de l'alimentation (SIAL), né à Paris dans les années 1960, offrait un théâtre similaire, tout comme le devint le Salon Horeca dans l'hôtellerie-restauration des collectivités. Le marché était porteur. En 2010, tous circuits commerciaux confondus en France, le chiffre d'affaires des sandwichs dépassait 6 milliards d'euros, avec les deux tiers de ces articles composés à partir de baguette. Vendus en GMS (24 %), en boulangeries artisanales, dans les stations-service et en distribution automatique (7 %), ou plus spécifiquement dans les sandwicheries, ils supportaient une culture alimentaire à la fois territorialisée, comme le promouvait Délifrance, et patrimoniale, avec la reconnaissance de spécialités[206]. Ces références servaient l'expansion hors des frontières.

Malteurop se développe sur des marchés en croissance grâce à la qualité de ses orges. Elle fournit par exemple la marque de bière San Miguel produite et distribuée aux Philippines et en Espagne.

Le faible taux de réclamations sur l'ensemble des produits, moins de 5% rapportées à mille tonnes vendues sur le marché de la panification industrielle, était un atout indéniable[207].

Malteurop dut aussi se confronter à l'exigence de qualité des marchés internationaux. Du fait même de la concentration de la filière brassicole, celle-ci se renforça sur différents points concernant la qualité des orges et l'appréciation des malts. La charte de production de l'orge de brasserie, conçue en 1999, lista les engagements techniques que les producteurs devaient respecter dans un cadre de bonnes pratiques. Il ne s'agissait pas de prescriptions mais plutôt d'objectifs, définis en commun par l'Institut technique des céréales et des fourrages (ICTF), l'Institut de recherches technologiques agroalimentaires des céréales (IRTAC) et des agriculteurs dans le contexte prégnant d'exigences de sûreté alimentaire et de traçabilité des produits. Malteurop suivit les préconisations de ces organismes. Cinq orientations étaient recommandées : assurer la compétitivité de la production, atteindre une qualité technologique qui garantisse l'innocuité des processus de malterie et de brasserie, obtenir un produit de qualité sanitaire optimale, développer des pratiques environnementales protectrices, enregistrer les interventions réalisées sur les grains et les cultures. Toutes les étapes de culture, de récolte, de stockage et de transformation étaient balisées.

Sur un marché international qui privilégiait le rapport prix/qualité, les orges champenoises prirent une place importante. La force de l'orge d'hiver et de la variété plaisant donna une compétitivité qui permit d'ouvrir des opportunités sur des marchés difficiles, comme ceux de la brasserie San Miguel aux Philippines ou celui des bières blanches allemandes, grâce à des malts de blé appréciés. La qualité des orges assurait de profiter de l'ascension des cours, comme lors de la récolte 2009-2010, le prix à la tonne passant de plus de 100 euros à 250 euros en quelques mois. Le contexte était favorable à la Champagne, car la sécheresse affectait la récolte russe, les moissons trop humides dégradaient les livraisons danoises et polonaises et l'intense pluviométrie déstabilisait les productions australiennes. Les conditions climatiques jouent sans constance et Malteurop dut aussi affronter parfois des récoltes d'orges aux qualités inadaptées, ce qui bouscula le processus de maltage et empêcha l'obtention de bons malts... Pendant ces années-là Malteurop s'est hissé sur l'échiquier mondial des grands malteurs, avec une politique commerciale offensive, d'une pratique experte de la négociation et des subtilités du Long Term Agreement (LTA), marché à terme déterminé par les brasseurs. Mais la capacité de la société à optimiser les processus industriels forgea un autre avantage. Les rendements obtenus le démontraient. Pour des productions qui étaient en moyenne

Épis d'escourgeon bien formés, juste avant la maturation.

autour de 380 000 tonnes, le rendement en malt ne tomba jamais en dessous de 81 % durant la décennie. Les améliorations techniques furent bien souvent le fruit des exigences des brasseurs comme lorsqu'il fallut revoir le système de refroidissement de l'usine de Metz parce qu'il ne convenait pas à l'un des clients principaux, ou réviser les équipements de la malterie de Pringy dont les couleurs de malt n'étaient pas au goût des clients[208]. La capacité de Malteurop de sélectionner ses orges, avec l'appui de son service de développement variétal, fut très tôt un atout maître dans cette compétition mondiale aussi discrète qu'influente.

La multinationalisation des emplois

Les deux sociétés internationalisées devaient désormais prendre en compte des personnels différents et en faire une clé de réussite. Lorsque Malteurop créa sa Business Unit France/Allemagne, elle en renforça la cohésion par la nomination d'un planificateur industriel, d'un directeur qualité et d'un ingénieur énergie communs aux deux pays. Il existait déjà une école du malt à la création de la « Malt Academy » en 2011, mais ce nouveau cadre de formation éleva la qualification de l'ensemble des personnels. Il s'agissait d'accroître les compétences dans l'ensemble de la filière, des champs à la brasserie, mais aussi d'uniformiser les pratiques. Traduire toutes les formations pour les dispenser à l'étranger s'avérait compliqué, mais dès 2012, l'action était déjà lancée en Allemagne. À la fin de la décennie, ce dispositif de formation concernait 150 salariés.

La dispersion géographique au sein de Délifrance n'était pas moindre. En 2007, Jean-Manuel Levêque déclarait en tant que directeur de Délifrance International : « Notre objectif à moyen terme est de faire de Délifrance une entreprise “globale” présente sur les cinq continents » et il notait que les projets d'expansion « permettront d'offrir des opportunités de carrière aux collaborateurs du groupe désireux de découvrir de nouveaux horizons[209] ». Les effectifs employés hors de France étaient jusque-là restés assez limités. En 2002, Délifrance comptait 137 personnes à l'usine de Nivelles, 110 à Ridderkerk, 120 à Wigston. Au Portugal, il n'y avait que trois employés, 9 à Barcelone, 17 en Suisse, 30 en Allemagne. En 2003, la société comptait 1 295 salariés : 442 en Europe et 853 en France. Le tiers de ces emplois était feminin.

L'emploi ouvrier était moins important dans les filiales européennes (49 %) qu'en France (64 %). Les pôles usiniers majeurs, à Landévant, Theix et Béthune, rassemblaient une majorité de femmes (61 %). C'est également là que la conflictualité était plus forte, Landévant apparaissant comme un des lieux de contestation majeure des politiques sociales et de l'organisation du travail sur les chaînes de fabrication de la pâtisserie et des plats. La part des effectifs se renforça en France du fait de multiples rachats de sociétés réalisés durant la décennie 2000 : Appétit de France (2004), Krabansky (2006), Touflet Gourmet (2007), Farandole Gourmande (2009), Sofrapain (2009). D'autres s'y ajoutèrent en Europe : Le Pain Croustillant au Royaume-Uni (2009), SEFA en Italie (2011). La distribution des sites industriels s'élargit avec ces intégrations. Appétit de France apporta ses usines de Romans-sur-Isère et Tailly. Krabansky était implanté à Dunkerque depuis sa fondation en 1963 et développait des gammes de produits que Délifrance n'avait pas encore. Sofrapain avait des usines à Trappes et Vaulx-en-Velin. La Farandole était basée à Fougères, Toufflet à Louviers. En 2009, Délifrance comptait 1 013 emplois en France dont 634 ouvriers, 60 employés, 177 agents de maîtrise et 142 cadres. Les implantations hors du pays progressèrent durant toute la décennie. Parfois, elles prenaient l'apparence d'une boutique pilote, comme à Anvers, ou de commerces stratégiquement situés, comme à la gare de Bruxelles-Midi. Mais le travail d'identité de l'entreprise passait aussi par une formation internationale. En 2006, par exemple, un programme dédié à tous les commerciaux constituant la force de vente en Europe fut organisé.

LES CONVERGENCES OBLIGÉES DES CÉRÉALIERS ET DES MEUNIERS

Produire ensemble

Le lien entre les céréaliculteurs champenois et les promoteurs du développement de NutriXo passa de plus en plus, au cours de la décennie, par la construction d'une filière dont les coopératives étaient l'acteur médian. Le croisement d'intérêts fondait des opportunités diverses.

L'une d'elles fut explorée en 2003 au sein de NutriXo, la réalisation de coproduits destinés au secteur de l'alimentation animalealors en plein développement. Elle répondait à la demande d'amélioration et de sûreté dans le contexte critique de la crise de la vache folle. Le projet s'appuyait sur des atouts identifiés : l'action menée en amont de la meunerie pour obtenir des blés d'origine française, récoltés dans un environnement proche, traités dans des moulins valorisés par une démarche HACCP[210] rigoureuse et des procédés de fabrication optimisés. C'était par exemple le cas en n'incluant pas les poussières minotières dans les issues. Le fonctionnement du moulin de Geel en Belgique faisait référence pour avoir déjà appliqué le système de sécurité GMP +[211]. Parvenir à cette exigence supposait que les coopératives livreuses des blés répondent aux normes sévères de nettoyage des silos ou bien que le blé soit contrôlé à réception, déterminant un barème de prix. Mais cette démarche avait des limites. La qualité des blés variait, notamment leur taux d'humidité. Il y avait également des risques susceptibles d'être mal identifiés : concentration de mycotoxines, résidus de pesticides, qui pouvaient affecter les issues sans que le blé lui-même n'ait été contaminé, ce qui soulevait l'enjeu de la responsabilité en cas de problème, voire entraînait des pénalisations. Si le recours à des courtiers assurait les marchés, en revanche il distendait le lien avec les clientèles. Malgré les incitations du Syndicat national de la nutrition animale et de la Fédération des coopératives de production et d'alimentation animales, le projet restait donc incertain. Mais la voie des coproduits présentait bien des avantages pour NutriXo : l'utilisation des sons de blé, la valorisation d'un produit sans OGM, l'amélioration de la propreté des moulins. En outre, l'IRTAC, qui mettait au point des chartes de qualité de façon collégiale en réunissant les organismes stockeurs, l'Association générale des producteurs de blé (AGPB créée en 1924) et les industriels de première transformation, pouvait encadrer les pratiques. Ces chartes de production élaborées à la fin de la décennie 1990 engageaient la production de blé tendre, de blé dur, d'orges brassicoles, de maïs fourrage et de maïs doux.

Meuniers et céréaliers travaillent à moderniser les installations pour répondre à des critères de qualité de plus en plus rigoureux.

***Ci-contre :* Moulin de Reims, vue de l'extérieur et à l'intérieur dans les ateliers de remplissage de farine les sacs de farine Moul-Bie.**

Page de droite

***En haut :* Une alliance entre meuniers et céréaliers pour la constitution d'Intermill permet de renforcer les positions sur le marché meunier. Ici, les bâtiments de stockage des farines au moulin de Reims.**

***Au milieu :* Son de blé obtenu par broyage du grain de blé et après séparation de la farine par tamisage (ou blutage). Les coproduits du blé sont de mieux en mieux valorisés.**

La constitution du groupe Intermill avait été conçue en soi comme une opportunité agro-industrielle pour peser sur le marché de la mouture et des farines. Les contributions de chaque site étaient proches par les résultats techniques, mais différaient par les volumes produits. En 2007, la mouture de Gennevilliers produisait 240 000 tonnes, dont 80,5 % de farines humides, puis 77,4 % de farines sèches et 24,6 % d'issues qui laissaient 18,9 % de sons. À Reims, Euromill Nord produisait 179 000 tonnes de sa mouture et parvenait à tirer 20 % de sons. Les Grands Moulins Storione atteignaient la moitié de la mouture rémoise avec le même taux de farines humides et sèches qu'à Gennevilliers, mais peu de sons. C'était quasiment la même chose à Verneuil, qui obtenait 147 000 tonnes de sa mouture, à Nancy, avec 99 000 tonnes, et à Bordeaux, qui parvenait à 109 000 tonnes de farines sèches[212].

L'ensemble de ces moulins permettait de contrôler une part notable du marché meunier. En 2011, NutriXo mettait L'ensemble de ces moulins permettait de contrôler une part notable du marché meunier. En 2011, NutriXo mettait en œuvre un cinquième des grains traités en France. Le groupe produisait 17 % des farines destinées à la boulangerie artisanale, 21 % de la farine pour la boulangerie-pâtisserie industrielle, et le même pourcentage des farines destinées aux GMS. Un tiers des ventes de sachets de farine lui incombait. NutriXo détenait 56 % du marché des mixes et 48 % des produits vendus aux utilisateurs divers des filières alimentaires. Hors contingent de mouture, Nutrixo gardait 14 % de l'alimentation animale et 40 % des livraisons exportées[213]. Au-delà de ces données annuelles, la force de Nutrixo se traduisait aussi par sa pénétration géographique hexagonale. GMP livrait à la boulangerie artisanale plus du tiers du marché local dans huit départements. Dans les Alpes-Maritimes, les fournitures dépassaient la moitié des livraisons en 2011. InterFarine n'était présent significativement que dans l'Aube, en livrant 17 % du marché. Storione couplé à Euromill Nord livrait 26 % des farines vendues dans la Marne et 30 % de celles des Bouches-du-Rhône. En prenant en compte l'ensemble des marchés de NutriXo, les ventes étaient très importantes dans plusieurs régions. En Aquitaine littorale et dans les départements pyrénéens, le groupe contrôlait de 32 à 38 % du marché ; sur la Côte d'Azur, c'était plus de la moitié ; en Champagne-Ardenne et en Lorraine, les affaires allaient de 27 à 48 %. Par contre, NutriXo était faiblement présent dans l'Ouest de la France, dans le couloir rhodanien et dans les départements orientaux de l'Auvergne. La concurrence était plus forte en région parisienne, où NutriXo ne dépassait pas au mieux 20 % (Val-de-Marne) et au plus bas 9 % (Hauts-de-Seine). Par contre, il approvisionnait les industriels à 82 % du marché en Essonne, à 47 % en Meurthe-et-Moselle, à 56 % dans les Charentes, et les scores augmentaient un peu partout dès qu'il s'agissait de GMS. Il n'était pas rare que NutriXo vende les deux tiers des farines achetées par les GMS (Haute-Saône, Hautes-Alpes, Dordogne par exemple).

La farine Francine occupe une place de choix dans les supermarchés.

Au cours de la décennie, la pratique du pain maison se développe et s'accompagne de la multiplication des robots à cet usage. Francine suit le mouvement et propose des farines adaptées.

Les pourcentages et les chiffres d'affaires ne rendent compte que d'une réalité statistique et masquent les stratégies de marché que les entreprises constituant NutriXo n'ont cessé de déployer au cours de la décennie : multiplication des actions de marketing, inventivité des produits proposés, ajustements aux nouvelles formes de consommation. Francine assurait un relais essentiel, mais qui n'était pas le seul. En 2006, sur plus de 100 000 tonnes de farines vendues par par Nutrixo, la moitié l'était en différentes gammes de Francine, qui détenait 53 % du marché français en valeur mais 36 % en volume. Les marques de distributeur couvraient un tiers du volume, mais évidemment beaucoup moins en valeur (25 %), et les marques de premier prix 28 % en volume et 12 % en valeur. Dans le cas de Francine, le sachet logé dans de nombreux placards domestiques constituait un volume assez faible du marché hexagonal (28 %) à la différence des farines à pain (70 %) et des préparations (66 %). Euromill distribuait le tiers des farines Francine au kilo, 43% des étuis de préparation, 56% de la farine proposée à la restauration. NutriXo vendait aussi de la farine Francine, mais pas seulement. Au sein de France Farine, le groupe meunier Celbert, basé à Maure-de-Bretagne, et les minoteries Cantin vendaient des produits sur les mêmes marchés que NutriXo. Les linéaires de supermarchés créaient en fait des proximités entre toutes les marques, y compris Treblec, Darley, Le Gruau d'Or, les farines Lemaire bio, les T55 et les T45 de toutes sortes. Cette diversité de produits se faisait au profit des ventes en GMS.

Lorsque l'engouement pour les machines à pain et la fabrication du pain maison saisirent les consommateurs dans le contexte de crise de 2008, Francine positionna plusieurs produits de farines dédiées. À l'origine, le marché semblait attractif, puisque les foyers français furent bientôt 34 % à s'équiper de la machine à pain, quand ils n'étaient que 18 % à posséder une centrifugeuse, 10 % une sorbetière et 13 % une yaourtière. Mais l'enthousiasme pour ce nouveau robot ménager passa rapidement. Seuls 12 % des 1 350 personnes interrogées par le Groupement des marques d'appareils pour la maison (GIFAM) en 2010 concédaient faire son pain tous les jours[214]. En 2008, les ventes étaient montées à plus de 21 000 tonnes de farine pour ces machines. Deux ans plus tard, elles étaient déjà réduites du tiers. La marque Francine, rodée aux initiatives commerciales allant de la saison des crêpes aux pâtes ménagères, en passant par les « inratables » et les modes de conditionnement nouveaux, avait prévu un calendrier marketing bien rempli : création de produits variés sous forme de mélanges tout prêts, levure incorporée, comme s'il s'agissait de mixes de boulangerie, commercialisation dans des paquets étanches à diviser, élaboration de recettes pour façonner des pains plus originaux.

Une partie des consommateurs se tourne vers des produits issus de la culture biologique.

Issues imprévues

Alors que les stratégies s'affûtaient, le marché de la farine portait en France sur une production de 4,4 millions de tonnes en 2007. Les volumes de blé écrasé restaient depuis plusieurs années dans les mêmes proportions, autour de 5 millions de tonnes. La panification absorbait 65 % du volume, les industries 27 %, les sachets 6 %. La farine de panification avait des destinations commerciales désormais très différenciées. La boulangerie artisanale en consommait 40 %, la boulangerie industrielle 18 %, les ateliers de GMS 6 %. À cette époque, la farine d'origine biologique ne dépassait pas 1 % du marché. Les moulins producteurs étaient toujours de moins en moins nombreux, encore 523 en 2003, mais 471 en 2007. En fait, il n'existait plus que 392 entreprises, dont trois de rang national écrasaient 49 % des céréales. À l'inverse, 309 entreprises au rayon d'activité départemental traitaient 6 % de la mouture. Quatre moulins sur 10 n'écrasant que moins de 1 000 tonnes à l'année subsistaient. Le marché intérieur procurait un chiffre d'affaires de 1,7 milliard d'euros et l'exportation le dixième. Face à la meunerie française, la corporation la plus productrice se situait en Allemagne, où 318 moulins livraient 5,3 millions de tonnes de farine. Avec ses 476 moulins, la France était le 2e européen derrière la Pologne, qui en comptait 620[215].

En avril 2008, le Conseil de la concurrence décida d'enquêter sur le secteur de la farine. C'est à la suite de l'initiative d'un meunier allemand (Wilh. Werhahn Gmbh & Co. KG) sollicitant une procédure de clémence en échange de la dénonciation d'une entente que l'affaire du cartel des farines éclata. Aidé de son équivalent en Allemagne (le Bundeskartellamt), le Conseil mit au jour des pratiques anticoncurrentielles destinées à limiter la pénétration des marchés, grâce à des quotas préalablement établis entre des meuniers français et allemands. L'entente allait évidemment à rebours d'une construction européenne du marché agroalimentaire. La décision finale intervint le 13 mars 2012. Lourde d'effets : sur les 13 sanctions pécuniaires prononcées cette année-là, celle infligée aux farines en représentait la moitié (242 millions d'euros sur 540).

Les parties prirent connaissance des griefs qui leur étaient reprochés en février 2010, après une enquête minutieuse et des confrontations entre les acteurs de ces travers marchands. La farine en sachet, incriminée dans l'affaire, couvrait plusieurs types de produits (farine classique des usages ménagers, préparations spéciales pour gâteaux, pizzas, crêpes, farines à pain). Les volumes français, passés de 188 000 tonnes en 2003 à 255 000 tonnes en 2008, étaient inférieurs à ceux du marché allemand (320 000 tonnes en 2007). Les prix de la farine étaient à l'inverse plus faibles en Allemagne, par la valorisation des coproduits incluant le son dans des farines moins blanches qu'en France. Culturellement, cette différence était aussi bien fondée sur des appréciations nutritionnelles, des valorisations agricoles régionales qu'à une moindre addiction à la mie blanche, comme ce fut longtemps le cas en France. Les principaux acteurs de la meunerie et de la commercialisation des farines étaient concernés par cette entente : France Farine, groupement organisé en 1965 et transformé en société anonyme en 1988, dont NutriXo était devenu l'actionnaire majoritaire en 2001 ; Bach Mühle, créé en 1971 par les Grands Moulins de Strasbourg et devenu un commissionnaire de ventes à destination de la distribution en hard discount, avec un capital ouvert en 2001, notamment à des acteurs de France Farine et de NutriXo ; la coopérative Epis-Centre détenant 70,7 % du capital d'Axiane Meunerie et actionnaire du groupe Celbert et des minoteries Cantin. En Allemagne, le premier groupe meunier, VK Mühlen, propriétaire de trois grandes marques de farines en sachet (Aurora, Diamant, Rosenmehl), et sept meuniers de second rang étaient incriminés. Les différents considérants mirent en évidence la multiplication de réunions entre meuniers français et allemands (au moins dix entre mai 2002 et décembre 2004) dans l'idée originelle de développer des structures de coopération commerciale, l'expérience de France Farine étant précieuse à cet effet, puis d'organiser une répartition des marchés.

Les juges appuyèrent leurs conclusions sur une documentation instructive, saisie auprès des différentes parties prenantes. Au-delà de l'application du droit commercial, l'enquête souleva les vrais enjeux. La très forte progression du hard discount en GMS rendait l'analyse des marchés nécessaire sur le plan européen. Les évolutions de prix du blé dictaient des adaptations. Les cours internationaux avaient fléchi à la fin de la décennie 1990, s'étaient stabilisés à un niveau modéré jusqu'en 2006, puis avaient connu une hausse spectaculaire en 2007 et 2008 avant de retomber

temporairement à la fin de la décennie. La décroissance des consommations était un signal incitant à réguler le marché par la compression de l'offre ou sa segmentation qualitative. Les arrangements et les allocations de volumes que les uns et les autres voulurent établir relevaient d'une logique économique protectionniste. Elle n'était pas favorable aux consommateurs. Elle n'était pas nouvelle non plus, car l'enquête révéla que depuis 1965 accords et ententes de commercialisation, partages optimisés des territoires et définition de tarifs communs réglaient en France le marché intérieur de la farine en sachet. Il y eut bien des protestations sur des éléments de procédure, des justifications, des dénégations et des contestations, mais au total, l'amende tomba, séparée en deux attributions. Sur un premier montant de 95 millions d'euros, il en incombait 8,5 % à France Farine et 12,3 % aux Grands Moulins de Paris. Sur une seconde sanction de 146,8 millions d'euros, Euromill Nord était condamné à en verser 23,9 %, Grands Moulins de Paris 16,7 % et Storione 6 %. La farine coûtait très cher à NutriXo.

Les conséquences possibles étaient diverses, entre la remise en cause des pratiques de marché, voire l'appréciation critique portée sur des marques, et l'incidence économique qui en résulta dans les comptes de chaque société. La relation de NutriXo avec Champagne Céréales se trouva nécessairement impliquée par le biais de Siclaé, au point d'engendrer un contrôle financier différent des années antérieures.

En 2004, la création d'Atrixo avait constitué un actionnariat important de NutriXo, à hauteur de 40 % du capital, collecté auprès de 414 collaborateurs. Complétée par l'épargne salariale d'un fonds commun de placement, cette proportion s'élevait à 45,6 %. Elle marquait la progression de l'investissement des personnels dans NutriXo, depuis 1998. Le reste du capital dépendait des coopératives, dont Champagne Céréales était le pôle principal, et d'Unigrains. À terme, Atrixo devait permettre de reprendre l'intégralité des participations possédées par les salariés du groupe dans le cadre d'un holding. À sa formation, une grande part des actions était déjà détenue par quelques actionnaires majoritaires. Sur 393 apporteurs, 11 détenaient 61,6 % du capital[216].

En 2007, la nécessité d'une augmentation de capital de NutriXo devint patente. Le groupe réalisait alors 946 millions d'euros de chiffre d'affaires depuis ses 45 sites de production divers. Il avait progressé régulièrement depuis 2002, où il se situait à 634 millions d'euros, dont les deux tiers venaient de la meunerie, quand en 2007 le rapport était descendu à 54 %, attestant la forte croissance des marchés de la BVP et traiteur. Bien que l'EBE ait lui aussi progressé, de 29 % entre 2002 et 2007, le résultat net oscillait entre 11 et 16 millions. L'endettement financier restait supérieur aux fonds propres et les investissements s'ajoutaient, notamment avec sa politique de croissance externe. Successivement, outre les acquisitions réalisées par Délifrance, le groupe intégra l'activité meunerie de la coopérative Scara, les Meuniers du littoral et le Moulin du Bos, puis les Moulins Fayol et les Grands Moulins Maurel, associés depuis longtemps au commerce céréalier méditerranéen. Les tensions du marché mondial des céréales n'aidaient pas, vues du côté des meuniers. En 2007, il y eut à la fois des déceptions dues aux quantités de blé récoltées, le report de la crise financière mondiale sur des positions spéculatives qui finirent par toucher le marché céréalier et les choix de valorisation agricole des céréales recherchant dans le même temps des prix ascendants et des opportunités ouvertes par la filière des biocarburants. Le marché à terme préconisé par Hubert François, qui en avait fait un élément cardinal d'un « Que sais-je » en 1990, trouvait une actualité nouvelle au point de former des équipes dédiées au sein de NutriXo[217]. La société avait atteint un seuil de développement que toutes les statistiques démontraient : 12 000 fournisseurs, 20 000 clients, 3 500 emplois, 5 milliards de données informatiques stockées. L'augmentation de capital vint des actionnaires d'Atrixo.

En 2010, la répartition du capital n'avait pas évolué. Siclaé détenait toujours 54 % de NutriXo, mais avait intégré les holdings Molitor et Cofimalt, ouvrant ainsi à une vingtaine de groupes coopératifs l'opportunité de détenir 100 % de Malteurop. Le titre Siclaé se portait bien en 2011, un an après l'ouverture du capital à d'autres investisseurs. Le printemps 2012 fut bousculé. L'amende du Conseil de la concurrence remettait en question la stabilité apparente. Il fallait payer plusieurs dizaines de millions d'euros ! Au regard du chiffre d'affaires de Siclaé élevé à 1,7 milliard d'euros en 2011, c'était peu, mais au regard du résultat net consolidé du groupe, à 29 millions d'euros, c'était vraiment beaucoup ! NutriXo dut provisionner le montant de l'amende dans ses comptes et racheter l'intégralité des parts de France Farine. Le résultat net de l'année 2011 chuta.

Le 18 juin 2012, Siclaé racheta Atrixo et prit le contrôle complet de NutriXo. Le président de la cogérance de Siclaé, Alain Le Floch, rappela aux coopérateurs le but à poursuivre. La valorisation du végétal passe par la détention de fortes positions industrielles qui ouvrent aux agriculteurs l'accès aux consommateurs. Avec le 1er malteur mondial et le 3e meunier européen, c'était bien le cas, à condition de « renforcer leur leadership et garder leur contrôle[218] ». La création de Nestal dans l'alimentation animale en 2008 et le renforcement de l'activité maïs avec Kalizéa depuis l'été 2011 s'étaient inscrits dans la même vision. Mais Siclaé n'était plus seulement un aval industriel. En 2012, il était devenu la vitrine de valorisation d'une coopérative céréalière encore plus élargie.

À gauche : **La grande distribution développe des rayons boulangerie proposant des pains frais, concurrençant ainsi la boulangerie traditionnelle. Ici, dans un supermarché à Reims dans les années 2000.**

Ci-dessus : **Les intérêts communs des céréaliers et des meuniers conduisent Nutrixo à se renforcer en rachetant plusieurs moulins, dont Les Grands Moulins Maurel depuis longtemps associés au commerce céréalier méditerranéen.**

Ci-dessous : **Au cœur de la Champagne, les groupes coopératifs poursuivent leur regroupement pour constituer un puissant groupe coopératif céréalier.**

« Construire un champion dans le domaine des céréales »

S'exprimant en introduction du rapport d'activité 2010-2011 de Champagne Céréales, le président Pascal Prot avait tracé les prémices d'un nouvel avenir coopératif. L'acquisition du groupe Compas marquait l'accès du groupe au domaine vitivinicole, et le rapprochement avec la coopérative La Marnaise et ses sept silos une extension des moyens actée en avril 2011. Surtout, il avait noté l'intention de renforcer le pôle agricole pour équilibrer le pôle industriel de la coopérative. En septembre 2011, il laissa entendre : « Nouricia est notre partenaire historique... Notre projet va au-delà de l'union entre deux coopératives [...] un ambitieux projet d'entreprise ancré dans l'agriculture durable [...] former un nouveau groupe avec un nouveau nom [...] l'avenir du modèle agricole français repose sur des entreprises coopératives puissantes et internationales[219]. » De son côté, le directeur général Alain Le Floch, qui avait récemment succédé à Laurent Jubert, artisan du développement de la coopérative durant la décennie 2000, voyait dans la fédération des acteurs du territoire et la mutualisation de nombreux atouts.

En 2011, Champagnes Céréales comptait 170 silos répartis dans ses 13 sections et 32 centres. Six régions constituaient un immense territoire, dont la dénomination est en soi une géographie parlante : Rethel-Champicarde, Reims-Dormans, Coupetz-Fère-Champenoise, Vitry-Barrois, Suippes-Valmy, Ardennes-Mazagran. L'imbrication coopérative ouvrait largement les échelles spatiales. À la fin de la décennie, la coopérative avait dépassé 2,7 millions de

tonnes de céréales collectées et son chiffre d'affaires consolidé approchait les 3 milliards d'euros. De son côté, Nouricia, jeune coopérative d'une dizaine d'années, mais héritière d'entreprises nées juste après la Première Guerre mondiale, pouvait faire valoir des apports substantiels. Étendue sur six départements, elle présentait un actif dépassant 200 millions d'euros, dont 13 % en immobilisations corporelles et 36 % en immobilisations financières. Ses capitaux propres s'élevaient à 118 millions d'euros[220]. En une décennie, sa collecte avait progressé de 20 %, proche du million de tonnes. Elle comptait au moins 2 000 adhérents livreurs, dont plus de 60 % apportaient la totalité de leur récolte à la coopérative. Nouricia collectait la moitié de ses apports en blé, mais disposait également d'orge, de maïs, de pois, de colza, de tournesol. Son expertise environnementale et la connaissance des sols qui avait été développée étaient devenues des atouts.

Le rapprochement des deux groupes coopératifs représentait une opération de grande envergure, autant localement que sur les marchés internationaux, tant leurs identités étaient différentes. Certaines très régionalistes, dans un contraste aubois/marnais, et d'autres relevant de conceptions managériales et de convictions personnelles, avaient déjà pu s'affronter. En 2007, les relations s'étaient un peu tendues lorsque la coopérative SCARA, qui avait cédé son moulin à NutriXo, s'était rapprochée de Champagne Céréales par le biais de Siclaé, alors que sa localisation dans l'Aube aurait justifié que l'intermédiaire soit Nouricia. Celle-ci eut le sentiment de surcroît de n'être ni écoutée ni respectée par une coopérative rémoise au tempérament jugé hégémonique. Les désaccords se multipliaient d'ailleurs. Ainsi, l'entrée de Chamtor dans Siclaé avait aussi été critiquée par Nouricia contre le choix stratégique de Champagne Céréales. Alors que la coopérative marnaise s'était retirée des expérimentations OGM, Nouricia ne les avait pas refusées, estimant que même si les polémiques publiques étaient vives et qu'il était absolument nécessaire de tenir compte des choix des clients en matières

Vivescia est créé en 2012 avec la volonté de construire un « champion dans le domaine des céréales ».

VENTILATION DU PREMIER CHIFFRE D'AFFAIRES DE VIVESCIA, EXERCICE 2011-2012

RÉPARTITION DES POSTES	
COOPÉRATIVE	26
COMMERCE	7
APPROVISIONNEMENTS	13
AMIDONNERIE-GLUCOSERIE	4
MALTERIE	22
MEUNERIE	17
NUTRITION ANIMALE	3
AUTRES FILIALES INDUSTRIELLES	4
AUTRES FILIALES COOPÉRATIVES	4

premières, il convenait également d'affranchir l'agriculture française du lobbying des multinationales en participant à la recherche génétique végétale. En fait, Nouricia craignait que le rapport de force avec Champagne Céréales ne tourne à son désavantage. En décembre 2011, une fois le rapprochement acté, après que les adhérents eurent finalement plébiscité cette fusion, quelques voix rappelèrent que les projets initiaux étaient plutôt tournés vers d'autres groupes, la coopérative 110 Bourgogne ou Cohésis. Entre 2009 et 2011, tout changea pourtant. Tout comme la CARB avait cherché à équilibrer les rapports de pouvoir avec la SCARM en tentant une alliance avec la SCARA, avant finalement d'intégrer Nouricia, à son tour Nouricia avait voulu ériger une force concurrente face à Champagne Céréales. Mais, dans tous les cas, les velléités unionistes achoppèrent sur les divergences d'opinions et les réticences. Rassembler en l'absence d'accord était impossible. La convergence de Nouricia et de Champagne Céréales releva finalement des fondements économiques du projet.

La volonté de « construire un champion dans le domaine des céréales » advint à la création de la nouvelle coopérative Vivescia, le 3 avril 2012. Elle procédait en fait plus des continuités que des ruptures. Des lignes parallèles de plusieurs décennies devenaient sécantes. Elles auraient pu aussi croiser la trajectoire de la coopérative EMC2 qui, en définitive, renonça à rejoindre cette géométrie, rendant d'ailleurs la position de Nouricia moins forte face à Champagne Céréales.

Vivescia groupait désormais plus d'une trentaine de filiales, dans l'approvisionnement (14), les semences (3), les services (9), le négoce (4) et le commerce (4). La coopérative aux multiples ramifications régionales et internationales devenait aussi un des acteurs majeurs de la promotion du modèle coopératif. La nouvelle société promettait l'évolution vers des pratiques culturales plus durables dont la marque Respect'In allait devenir le support. Elle avait été inspirée par l'orientation durable de Nouricia et les observations que le président de la coopérative auboise avait faites au Canada où le concept de « terre vivante » était très soutenu. Quant à sa puissance économique, elle pouvait l'appuyer sur 200 millions d'euros d'ebitda[221], dont les sources principales étaient alors la malterie (44 %), la meunerie (18 %), les services de la coopérative (19 %). Au terme du premier exercice comptable, rétroactif au 1er juillet 2011, la nouvelle coopérative annonça une collecte de 3,4 millions de tonnes, dont la moitié en blé, 24 % en orge, 11 % en colza et 10 % en maïs. À l'échelle du groupe consolidé, le chiffre d'affaires approcha les 4 milliards d'euros. Le 18 décembre 2012, la première véritable assemblée plénière de Vivescia rassembla 155 associés coopérateurs qui venaient de toute la région. Les plus nombreux représentaient Reims (13 présents), Coupetz (12), Mazagran (12). Ce n'était qu'une expression des 12 165 adhérents comptabilisés par un groupe de 139 sociétés, adossé à 8 322 salariés et présent dans 24 pays.

2012-2024
9. Incarner une filière : Vivescia

En choisissant de faire de l'année 2012 l'année internationale des coopératives, le secrétaire général de l'Organisation des Nations unies Ban Ki-moon proclamait sa confiance envers un modèle entrepreneurial particulier. Au numéro 2 de la rue Clément-Ader à Reims, lorsque le groupe coopératif Vivescia prit forme pour réunir deux cultures d'entreprises au siège de Champagne Céréales, le message onusien pouvait conforter et suggérer une question : 2012, année de rupture ou de continuités ?

LES TERRITOIRES DE VIVESCIA

Une puissante coopérative agricole

Vivescia n'a pas tardé à démontrer sa puissance. En 2013, le chiffre d'affaires consolidé du groupe atteignait 4,2 milliards d'euros, dont le tiers venait de la coopérative et le reste des actifs industriels. Dans le cas de la coopérative, le chifre d'affaires restait corrélé au prix des céréales. Les années suivantes laissèrent des résultats moins élevés. Entre 2013 et 2022, ils se situèrent entre 3,1 et 3,9 milliards au niveau du groupe. La coopérative connut des années difficiles, en particulier à l'issue des mauvaises récoltes 2016-2017 et 2017-2018, puis à nouveau en 2020-2021, le chiffre d'affaires passant trois fois sous le milliard d'euros. Les performances affichées en 2022-2023 n'en ont pris que plus de relief, le chiffre d'affaires consolidé dépassant à nouveau pour la première fois les 4 milliards d'euros et l'ebitda consolidé augmentant de 19 % et de 30 % sur les deux campagnes précédentes. Au 30 juin 2024, le chiffre d'affaires du groupe dépassait à nouveau les 4 milliards d'euros et l'ebitda progressait de 15 %.

Ces fluctuations, qui sont à relativiser, Vivescia évoluant dans un contexte général tendu, n'ont pas empêché la coopérative de s'installer aux premiers rangs du monde agricole. En 2013, elle nouait au minimum 130 000 contrats dans l'année. À niveau de comparaison équivalent, Vivescia réalisait à cette date 89 % du chiffre d'affaires du groupe Soufflet et le tiers du mastodonte In Vivo dix ans plus tard. Les rapports d'activité ne manquent jamais de le rappeler, Vivescia est la 1re coopérative céréalière en France, le 2e maïsier européen, et par son aval industriel, depuis plusieurs années, classé 1er malteur mondial et 1er meunier français. En 2014, il s'agissait du 11e groupe agroalimentaire français. L'évolution du chiffre d'affaires par pôle d'activité corrobore cette place très particulière qu'occupent les activités industrielles au sein d'un groupe coopératif fondé par des agriculteurs. L'exemple des années 2014 à 2016 pourrait l'illustrer, lorsque Vivescia Agriculture livra annuellement le tiers du chiffre d'affaires, le trading moins de 4 % et Vivescia Industries (le nouveau nom de Siclaé) 63 %. En 2023, les activités industrielles couvraient les deux tiers du chiffre d'affaires. La coopérative apportait 29,2 % du chiffre d'affaires du groupe et 10,3 % de l'ebitda total.

Sa géographie projette la coopérative sur des strates multiples entre des activités proprement agricoles et celles relevant d'un aval industriel expansionniste. Les associés-coopérateurs sont toujours établis dans l'aire régionale des départements des Ardennes, de la Marne et de l'Aube, mais Vivescia déborde sur l'Aisne et la Seine-et-Marne, sur la Meuse et la Haute-Marne, vers l'Yonne et les confins occidentaux des Vosges. À l'inverse de cette distribution localisée en Champagne-Ardenne, la cartographie industrielle couvre, depuis la fusion, 25 pays grâce à plusieurs dizaines d'implantations en Amérique du Nord, en Europe, en Asie et en Océanie. En conséquence, à l'échelle du groupe, la répartition géographique du chiffre d'affaires a peu changé au cours de la décennie écoulée, en dépit de rares variations. La moitié environ vient désormais de France, un tiers de l'Union européenne et le reste de pays tiers. Cependant, en 2014, le groupe tira son chiffre d'affaires à 56 % de France et le reste de l'étranger.

L'innovation était défendue par Dominique Dutartre, le directeur général adjoint en charge de la recherche et de l'innovation. En 2013, il reprenait le slogan « L'innovation par nature » pour regrouper solutions agronomiques, évolutions techniques, développement de processus et création de produits. Cela passait par la collaboration entre la branche industrielle d'ARD et la branche agronomique pour créer des synergies novatrices, déployées dans toutes les filiales.

Dès 2015, il était déjà question de considérer de possibles extensions. Reprenant les propos du directeur général adjoint Franck Coste, le journal *Les Échos* titrait « Céréales : les coopératives à la veille d'une vaste consolidation[222] ». Le calendrier s'inscrivait en théorie dans les cinq années à venir. La réduction des aides européennes à l'hectare, conséquence de la réforme de la PAC, laissait penser qu'il faudrait rapidement trouver de nouvelles sources de valorisation, mais aussi d'adaptation. Si les agriculteurs devaient réduire leurs coûts de production, ils demandaient en échange que leurs coopératives réduisent les coûts de stockage, le prix des engrais ou des pesticides et les frais d'acheminement.

En 2017, le nouveau président, Christoph Büren, souligna dans l'édito du rapport d'activité la récolte « catastrophique » de blé dans la région sans que les prix bougent. Les résultats du groupe s'en ressentirent. Heureusement, cette année-là, les activités industrielles résistèrent bien malgré des facteurs contraires, comme le bouleversement du marché anglais lié au Brexit ou la hausse vertigineuse des prix du beurre, une matière primordiale de la BVP. Mais les inquiétudes s'accentuèrent deux ans plus tard, suscitant des changements dans l'organisation managériale et la mise en œuvre d'un nouveau plan. Le rapport d'activité 2018-2019 consigna que « le résultat net part du groupe était déficitaire, lourdement impacté, pour plus de 85 %, par deux éléments exceptionnels : la dépréciation d'actifs incorporels de l'activité boulangerie, suite à la contreperformance prolongée de ce pôle, et l'impact d'une décision de justice défavorable dans un dossier meunerie très ancien[223] ». Le 25 juillet 2019, une nouvelle équipe rejoignait la tête du groupe, Olivier Miaux comme gérant de Vivescia Industries et Jean-Luc Jonet comme directeur général de Vivescia Agriculture. Deux mois plus tard, la direction générale et financière de NutriXo changeait également.

Vivescia développa une nouvelle dynamique, portée par un agenda digital, une démarche accentuée vers la certification environnementale (CE2 et HVE) des exploitations, le lancement du plan Performance logistique grains et intrants. Comme le mit en avant le président Büren « la coopérative s'adapte à des agriculteurs pluriels et à des marchés diversifiés[224] ». La *Revue agricole de l'Aube* notait pour sa part que le groupe Vivescia vivait « des heures sombres » et qu'il se restructurait en profondeur « sur fond de suppression de postes et de fermetures de silos et de magasins[225] ». Deux ans plus tard, l'horizon de la coopérative était posé, sous les formes du plan « Ma Coop 2025 ».

CHIFFRE D'AFFAIRES ET EBITDA DU GROUPE ET DE LA COOPÉRATIVE VIVESCIA

	CHIFFRE D'AFFAIRES GROUPE CONSOLIDÉ (MILLIARDS D'EUROS)	CHIFFRE D'AFFAIRES COOPÉRATIVE (MILLIONS D'EUROS)	EBITDA CONSOLIDÉ (MILLIONS D'EUROS)
2012-2013	4,2	1391	198
2013-2014	3,9	1245	205
2014-2015	3,6	1147	200
2015-2016	3,6	1106	219
2016-2017	3,4	884	199
2017-2018	3,2	933	168
2018-2019	3,3	1087	158
2019-2020	3,2	1076	120
2020-2021	3,1	993	150
2021-2022	3,8	1229	164
2022-2023	4,6	1536	195
2023-2024	4,1	1214	224

Page précédente : Sur la Route des blés, à Janvilliers en Haute-Marne.

En haut : Dans le contexte tendu des marchés se met en place une politique qui vise à réduire les coûts de stockage et d'approvisionnement.

À gauche : Une nouvelle voie de recherche autour des bio-intrants développée au laboratoire ARD.

À droite : Le groupe restructure un certain nombre de ses installations de stockage, comme à Pomacle dans la Marne.

Engagée dans le Grand Est

Lorsqu'en 2017 le directeur général de Vivescia Alain le Floch déclarait : « Notre socle régional donne du sens à notre histoire, notre activité à l'étranger la projette plus loin », il distinguait parfaitement les sédimentations.

La Champagne et les Ardennes portent les traces de l'enracinement de la coopérative à travers le nombre de ses usines (16 en 2013), ou celui des emplois résultant de son activité directe. En 2014, 10 315 emplois en équivalent temps plein étaient implantés en Champagne-Ardenne, et 12 350 sur l'ensemble du territoire de Vivescia, y compris celui hors de la région Champagne-Ardenne. Sur la totalité des emplois induits en France, 55 % l'étaient en Champagne-Ardenne. La structuration fonctionnelle de la coopérative montrait également un maillage territorial précis par l'organisation en 2 régions, Nord et Sud, 8 territoires, 18 sections et 41 pôles. Leurs dénominations reprennent des territoires existant de longue date, du pays d'Othe à l'Argonne, du Barrois au Rethélois. Au cœur de cet immense périmètre, Reims semble bien loin à l'agricultrice de Poix-Terron et au céréalier de Saint-Parres-lès-Vaudes.

Cette identité collective s'est toujours matérialisée, notamment par les bâtiments coopératifs, stations de semences ou magasins d'approvisionnement. Les 270 points de collecte mentionnés à la création de Vivescia se sont réduits, fermés en raison de leur vétusté ou de contraintes logistiques. D'autres, conservant un rôle stratégique pour expédier les grains par voie ferrée ou fluviale ou placés à des carrefours, justifient des investissements renouvelés, comme ce fut le cas à Sommesous. Équipé de 10 cellules de 3 750 tonnes et de 10 autres plus petites, il permit, à partir de 2015, collecter 250 tonnes par heure en deux fosses de réception avec nettoyage des grains à l'ensilage. En 2020, la coopérative comptait encore 220 silos, dont la moitié au moins datait de plus de quarante ans et quelques-uns de plus de... quatre-vingts ans. À terme, la réduction de leur nombre à 170 était programmée. Destruction ou rénovation, les modifications pourraient paraître parfois mineures, mais elles s'inscrivent dans un maillage économique territorial. Pour simplement améliorer la prestation de séchage de chènevis de la chanvrière de l'Aube par exemple, un vieux séchoir fut remplacé à Châtres en 2020. Investissement mineur semble t-il, en fait essentiel au bon équilibre des territoires. Le stockage à la ferme, enfin, s'est accentué durant la décennie 2010, au point de constituer 30 % de la collecte de Vivescia en 2023, portant sur un million de céréales, ainsi réparties chez plus

La moisson reste un temps fort pour les agriculteurs-coopérateurs. De la moisson au transport du grain vers les silos de stockage.

En bas : Les conditions climatiques influent sur le déroulement de la moisson. La qualité du grain et sa maturité en dépendent. Certaines années particulièrement humides impactent directement la production.

de 3 000 agriculteurs stockeurs. Devenue fonctionnelle, elle est une autre voie choisie par rapport au plan Silos de 2013, qui prévoyait à l'échelle française la construction de nouvelles capacités de stockage, financées notamment par Unigrains et Sofiprotéol, avec le soutien du ministère de l'Agriculture. Ici, les agriculteurs perçoivent une prime de 17 euros par tonne en stockage long et la moitié en court[226].

Les récoltes jouent bien sûr un rôle déterminant dans l'équilibre coopératif. À l'issue de la campagne 2012-2013, Vivescia collecta 3 384 404 tonnes à la coopérative (3,8 millions à l'échelle du groupe). Le blé en formait l'essentiel (40 %) devant l'orge (33 %) puis le colza et le maïs, dont l'addition pesait 20 % des collectes, et plusieurs autres cultures (féveroles, pois, tournesol) équivalant à moins de 3 %. Les semences apportées comptaient 3 % de cette campagne. D'une année sur l'autre, quelques variations apparaissent. Aujourd'hui, Vivescia collecte 5 % du blé français et 25 % des orges brassicoles. À l'échelle nationale, le marché céréalier dépasse 67 millions de tonnes dont 11 millions de tonnes d'orge et d'escourgeon, 15 millions de maïs, 35 millions de blé tendre. La France est exportatrice de grains. Placer Vivescia sur une échelle mondiale reviendrait à lui attribuer 0,25 % de la production mondiale de blé tendre et presque 2 % des orges. Ce qui est faible dans l'absolu mais important en comparaison des autres structures de collecte.

L'arbitrage climatique reste une constante déterminante de l'équation agricole, et donc des résultats de la coopérative. En 2016, par exemple, la sécheresse affecta la récolte de tournesol, qui baissa d'un tiers par rapport à l'année précédente, et celle du maïs de 50 %. Obtenir le grain n'est pas tout, encore faut-il qu'il satisfasse les clients. La faiblesse du taux de protéines des blés – comme en 2016 où il ne dépassa pas 10,7 % – est un facteur contraignant. Le risque d'un printemps sans luminosité ou d'une moisson perturbée par les mauvaises pluies engendre parfois des effets terribles, trop souvent ignorés du grand public, prompt ensuite à se plaindre des prix alimentaires. En 2016, les conditions météorologiques locales furent désastreuses. En 2021, la moisson mit à nouveau la coopérative à rude épreuve. Au retard de maturité des espèces s'ajoutèrent des orages et des pluies diluviennes en juillet, si bien que fin août certaines parcelles de bas de vallée n'étaient toujours pas récoltées. La qualité d'un grain sur cinq était dégradée. La coopérative dut activer les séchoirs pour traiter au moins 10 % des récoltes. Ils ne s'arrêtèrent… qu'en décembre, pour traiter du maïs très long à déshumidifier au point qu'il fallut même demander aux cultivateurs d'arrêter de faucher pour ajuster le traitement de grains humides et collants, au risque de compliquer le stockage et les flux logistiques. Au regard de cette difficile campagne, la disparité territoriale réapparaissait comme un fait obligeant à penser l'effort coopératif pour l'adapter. Les terres limoneuses et crayeuses avaient porté de meilleurs rendements. Ailleurs, ils se réduisaient d'au moins un tiers par rapport aux meilleures récoltes. De nombreux moyens furent employés pour rendre équitable la démarche coopérative entre tous les adhérents, mais les terres, les gels et les grêles ignorent l'égalité.

Par les sols et les champs

Vivescia a fait de la diffusion des savoirs agronomiques un axe prioritaire. Des objectifs multiples ont été mis en avant : assurer les rendements culturaux, orienter les bonnes pratiques en individualisant les conseils, augmenter la maîtrise des connaissances en fonction des impératifs environnementaux et climatiques. Cette mission relève d'un service dédié à la recherche et l'innovation, mais dont les attributions ont évolué avec les années.

Le conseil agronomique, dont l'activité était centrée sur la distribution des produits phytosanitaires et des engrais, est passé à la qualité en prenant en compte les aspects sanitaires et les nouvelles contraintes pour diminuer les produits phytosanitaires, agir sur les nitrates et tout en multipliant renforcer les apports azotés. Les attentes des clientèles se sont portées sur le choix plus fin des variétés. Une connaissance scientifique de plus en plus experte s'ajoute ou se substitue à l'intuition et à l'observation paysannes des champs et des saisons. Le facteur rendement n'est plus l'unique indicateur. Le service des semences conforte ou pas les possibilités de bons résultats. Les savoirs génétiques suggèrent les choix culturaux. La directrice Recherche et Innovation de Vivescia Agriculture, Savine Oustrain, évoque l'entrée de l'agriculture dans une complexité instable, en soulignant aussi que l'expertise du terrain et l'apport des filières favorisent les suivis des préconisations agronomiques. Cette démarche correspond au changement de paradigme qu'évoquait Christian Rousseau dans l'un des premiers rapports de Vivescia, indiquant que les pratiques des agriculteurs devaient évoluer, par pression sociétale et prise en compte d'un environnement à préserver[227].

Certaines actions relèvent d'une orientation de recherche. L'effort de réduction de la dépendance aux engrais azotés, facteurs d'émission de gaz à effet de serre lors des épandages, a transformé leur utilisation. Le club VivesciAgrosol, adossé aux pratiques que Nouricia avait développées dans le club Agrosol, propose des savoirs sous la conduite d'un agronome spécialiste de l'agriculture de conservation des sols. Les formations s'appuient sur le partage d'expériences pour utiliser plus de couverts végétaux ou consommer moins d'intrants. Son succès est allé croissant durant la décennie 2010. En 2017, il dépassa pour la première fois les 300 membres. Les essais de culture d'orge bas carbone à partir de 2019 vont dans le sens des préconisations européennes afin de lutter contre le réchauffement climatique dans une démarche qui n'est pas si éloignée des orientations du club Agrosol. Dans ces dispositifs, le rôle des experts agro-terrain, en lien avec les technico-commerciaux est utile. Ils croisent en effet la diffusion de connaissances agronomiques et informent des pratiques novatrices des cultivateurs. En 2018, la coopérative s'appuyait sur 27 agronomes, qui travaillaient déjà sur plus de 80 hectares dédiés à des tests culturaux ou au suivi de semences, et une sélection de 600 parcelles d'observation des cultures. Aujourd'hui, ce sont 11 000 microparcelles d'essais agronomiques qui sont travaillées et contrôlées. La professionnalisation agronomique de la coopérative, qui passe par la technologisation d'une partie des savoirs, porte aussi bien sur le phénotypage à haut débit des plantes, la collecte de données massives sur les évolutions culturales que sur la création d'outils d'aide à la décision de plus en plus sophistiqués.

Dans ce dispositif, la place de SeVeal révèle un autre atout coopératif. Née d'un rapprochement en 2005 entre Champagne Céréales, Nouricia, EMC2 et Cohésis, la filiale de Vivescia est devenue une entreprise majeure de la distribution d'agrofournitures, en produits phytosanitaires (43 500 tonnes en 2015) et en engrais minéraux (803 000 tonnes en 2014). Elle a développé une mutualisation des moyens en opérant ses achats par l'intermédiaire d'une centrale (AgriHub) qui sert également d'autres coopératives françaises (Agrial, Euralis…). Chargée de la coordination réglementaire de l'utilisation des produits, elle peut aussi contribuer à la progression des connaissances agronomiques, comme en 2015 en lançant une étude sur la sensibilisation des agriculteurs aux pratiques culturales alternatives, ou en 2017 lorsqu'elle organisa un colloque sur le désherbage des céréales.

Les orientations stratégiques de Vivescia ont finalement affirmé la connexion qui doit prévaloir entre les attentes du marché et l'organisation des cultures. En 2013, le président de la coopérative avait souligné combien les agriculteurs avaient disparu des débats sur l'avenir de l'agriculture et des territoires, sur les enjeux de l'agroalimentaire et de

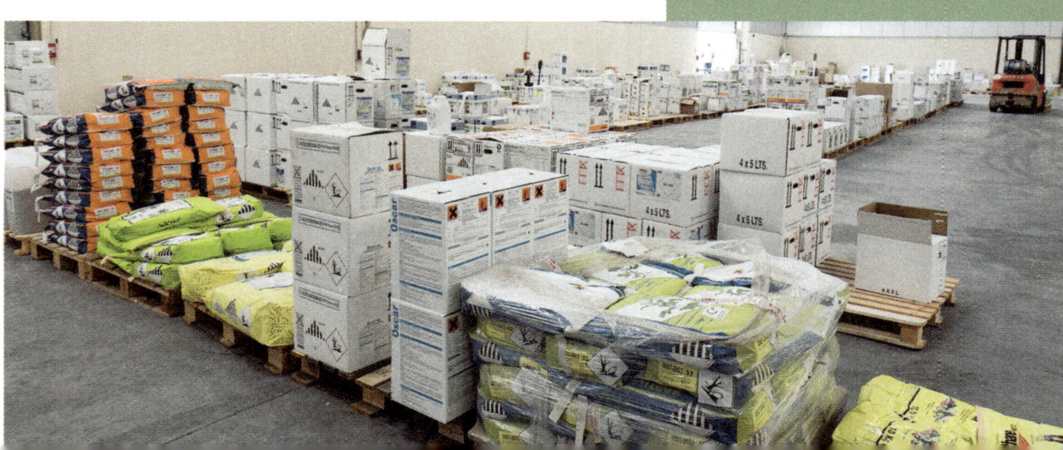

À gauche : **Magasin SeVeal, une société spécialisée dans l'achat, le stockage et la livraison de produits d'agrofourniture. La société mutualise les achats au sein de la centrale d'achat nationale AgriHub et négocie auprès des fournisseurs.**

À droite : **Le sol et les principes de l'agriculture de conversion sont au cœur du club Agrosol créé il y a une vingtaine d'années par Nouricia puis animé sous la bannière Vivescia depuis 2012 avec notamment des sessions terrain concernant plus de 300 agriculteurs, sur les territoires de la coopérative.**

l'environnement. Pourtant, à la même époque, se discutait une loi pour tracer l'avenir de l'agriculture française. Différents modèles se confrontaient : agriculture raisonnée, écologiquement intensive, paysanne, biologique ou de conservation. À la suite du Grenelle de l'environnement de 2007, l'idée d'une agriculture à haute valeur environnementale fut promue en 2011. La loi d'avenir pour l'agriculture française adoptée le 13 octobre 2014 cherchait à concilier la rentabilité économique et la préservation de l'environnement. Elle prévoyait notamment la promotion de l'agroécologie, le suivi plus long des effets des produits phytosanitaires, l'intensification des relations entre la recherche agronomique et son enseignement.

À son échelle, la coopérative devait donc relayer de nombreuses orientations nouvelles : diversification des cultures, transformation des assolements, développement de la production d'aliments du bétail, limitation du travail des sols, diffusion spatiale des couverts végétaux, réduction des intrants. L'exemple du blé Respect'In traduit ce mécanisme vertueux. La production de ce blé impose des contraintes particulières, comme la surveillance de la qualité de l'eau, une traçabilité renforcée et la mise en place de couverts agronomiques après la moisson. L'objectif était ainsi de diminuer de 20 à 30 % les besoins en pesticides et de 10 % les consommations d'énergie. Avec ses qualités environnementales spécifiques et son empreinte bas carbone, cette marque de céréale durable devait être vendue plus cher par les industriels du secteur agroalimentaire qui en firent un produit qualitatif et un argument marketing. Son effet resta pourtant limité.

Le programme Viv'Avenir, lancé par Vivescia en 2015, a additionné ces initiatives pour promouvoir une agriculture durable. Le dispositif comprenait quatre axes : personnaliser les besoins de chaque agriculteur et répondre aux attentes des clientèles du grain, développer une agriculture (et une viticulture dont Vivescia se soucia également en Champagne) durable, et enfin transformer le modèle logistique pour tendre vers la réduction des coûts unitaires. Il s'agissait de « donner de la valeur à nos grains », comme le résumait la devise du programme en 2017. La synergie des évolutions agricoles portées par une recherche agronomique active, avec le renforcement des débouchés industriels, renouvelait la stratégie en prolongeant l'héritage des coopératives antérieures. En 2015, Christophe Brasset, le directeur général adjoint en charge des métiers agricoles, ancien de Nouricia, analysait Viv'Avenir comme le moyen de pérenniser les activités agricoles régionales (dont Vivescia opérait 45 % à l'échelle de Champagne-Ardenne) par le conseil. L'organisation fondée sur l'expertise remplaça l'organisation par territoires. Elle était fortement dirigée par l'exigence sociétale de développement durable et la réalité de la nouvelle PAC, réductrice des aides et des primes. Le message fut entendu. En 2017, 2 720 exploitations étaient engagées en agriculture durable et 308 en agriculture de conservation des sols.

Ainsi, dès 2017, Vivescia avait établi ce que le gouvernement a mis en avant dans son rapport sur l'évaluation de la souveraineté agricole et alimentaire de la France en mars 2024. Le changement climatique impose des leviers de résilience. La planification écologique, déterminée par l'accès à l'eau, l'évolution des températures et la diminution de la biodiversité, rend indispensable le maintien de la fertilité des sols par leur protection (hausse du taux de matières organiques, réduction des labours, limitation des produits phytosanitaires), l'évolution des assolements, la sélection variétale adossée aux nouvelles techniques génomiques, la diffusion de l'agroécologie, une irrigation plus économe de la ressource[228]. En fait, la coopérative avait déjà orienté dès 2019 la biodversité de ses territoires avec la mise en œuvre de jachères qui favorisaient l'apiculture régionale, le recours à des rotations longues à l'aide de cinq espèces végétales, soit quasiment le double de la moyenne française, et le développement de haies pédagogiques pour transformer les habitudes d'éradication des haies bocagères dans l'agriculture pratiquée depuis les années 1960. Mais au total, considérant l'histoire longue de l'agriculture, ces exemples vertueux permettent de mesurer combien les mentalités ont évolué pour qu'aujourd'hui un agriculteur en vienne à déclarer : « Depuis que je ne laboure plus, j'ai divisé mes charges par deux[229]. »

De fait, les mutations des méthodes culturales introduisent chaque fois des césures générationnelles sur des lieux exploités depuis plusieurs décennies. Nombre d'agriculteurs adhérents de Vivescia sont les héritiers de très anciennes implantations locales, parfois pluri-séculaires. L'installation de la famille de Bohan à Fresne-lès-Reims eut lieu en 1777[230], d'autres rappellent des lignées remontant au milieu du XVIe siècle[231]. La succession sur une exploitation ancienne n'empêche pas pour autant les innovations. Le nom de Vivescia, imaginé par l'agence Nomen après 35 entretiens pour définir les caractères des coopératives fondatrices, entendait pourtant signifier une étape essentielle, rappelant le verbe latin *vivescere*. Faire prendre vie à de nouvelles structures, sans aucun doute, mais inscrites dans une relative continuité sociogéographique.

Le puzzle coopératif

Depuis sa formation, le nombre d'adhérents de la coopérative s'est un peu réduit, tout en restant supérieur à 10 000 membres. En 2012 ils étaient 12 165. Au regard de l'ensemble de la coopération agricole française, Vivescia est une des plus anciennes coopératives, la moyenne s'établissant à 53 années. Vivescia se tient dans le même peloton qu'Agrial (12 000 en 2022), Tereos (11 000), Axéréal (11 000), mais derrière Terrena (20 000) ou Sodiaal (16 000)[232].

Si la distribution du nombre d'adhérents diffère en fonction de la géographie rurale, l'unité territoriale de la coopérative est assurée par la place des sections, sur le modèle de Champagne Céréales et, par-delà, celui de la Providence agricole. Elles sont le lieu d'élection des conseillers, tiennent les réunions trimestrielles, jouent un rôle central dans la série d'assemblées qui se tiennent à l'automne.

En 2023, par exemple, ces assemblées de section ont débuté le 13 novembre dans la section de Gondrecourt-le-Château se sont achevées le 7 décembre dans celle de Revigny-Somme-Yèvre. Temps de préparation et de mobilisation prépondérant, elles sont le creuset coopératif par excellence où l'agricultrice et l'agriculteur, l'adhérent, le président, les administrateurs, les équipes de communication , et la direction du groupe se rencontrent et travaillent aux objectifs partagés. Ferment de l'échange d'informations, les sections supportent la relation entre les territoires et la coopérative sur la diversité des sujets principaux. Chacune et chacun peut y parler livraisons, approvisionnements, et services. Ces réunions de terrain, qui sont aussi l'occasion de rencontrer les agents technico-commerciaux ou les experts agronomiques, permettent de fournir un support à la fois individualisé et collégial aux agriculteurs. Le président de la région Nord le soulignait en 2012 : « La proximité avec les adhérents est une des dimensions de l'ancrage territorial de Vivescia[233]. » Aux deux régions Nord et Sud initiales, la division de l'espace coopératif a ajouté une bande médiane qui, en 2020, apparaissait avec un territoire Ouest et un territoire Centre. Chaque région regroupe quatre à cinq sections.

Les adhérents au cœur de l'action coopérative.

***En bas :* Un associé coopérateur protège des jeunes plantations de haies à Sommepy-Tahure dans la Marne durant l'hiver 2023 et une associée coopératrice à Alincourt dans les Ardennes en juillet 2024.**

Les instances de gouvernance ont aussi progressivement évolué. Lors de la création, un conseil d'administration de 30 membres s'aidait d'un bureau rassemblant 10 d'entre eux. Quatre auditeurs des comptes, adhérents de la coopérative, nommés par le président, devaient suivre les travaux du conseil d'administration, vérifier les comptes et les présenter lors des assemblées de section. Un comité exécutif, en relation avec le bureau et le conseil d'administration, était constitué de six directeurs (un directeur général, trois directeurs généraux adjoints en charge des métiers de l'agriculture, de l'organisation et de l'information, de la recherche et de l'innovation, un directeur des marchés, un directeur financier et juridique). À la tête de la coopérative se trouvaient un président, Pascal Prot, et un président délégué à l'agriculture et l'innovation, Christian Rousseau, concession à la symbolique des fusions.

Aujourd'hui, ces structures institutionnelles se sont étoffées. Elles s'appuient d'abord sur le nombre d'agriculteurs adhérents élus, 329 en 2023, répartis entre les 18 sections. Ils étaient 433 en 2014, preuve d'une baisse d'investissement collectif, recurrente au sein des coopératives. Les conseils d'administration antérieurs l'évoquaient d'ailleurs périodiquement. Ce phénomène n'est cependant pas propre à la coopérative, mais relève d'une évolution sociétale générale d'affaiblissement des représentativités. Par ailleurs, la présence féminine reste minoritaire parmi ces élus, même si elle a progressé pour atteindre 6,3 % de l'ensemble. Les 23 agriculteurs, dont une femme, qui composent le conseil d'administration se réunissent 14 fois dans l'année à l'initiative du président de la coopérative élu chaque année par ses pairs. Le nombre de réunions destinées à administrer la coopérative, toutes instances confondues, dépasse la centaine dans l'année. La mise en place de comités spécialisés à partir de 2019 (Audit, Rémunérations, Engagements financiers, puis RSE, Éthique) rend compte d'une professionnalisation croissante et de la volonté de garantir le fonctionnement entrepreneurial. Elle complète la partition entre la coopérative avec son conseil d'administration et ses conseils de sections et de territoires, qui ont été ajoutés, et Vivescia Industries, dotée d'un commandité et d'un conseil de surveillance. Les deux entités sont intersectées par le bureau de Vivescia et le comité exécutif du groupe où se retrouvent les différents directeurs des activités industrielles, soit 11 membres.

Les dispositifs en place mettent en œuvre deux logiques différentes. D'une part, ce système électif et représentatif des territoires de la coopérative permet de rendre compte de la vie agricole, et plus largement des évolutions économiques de chaque lieu. Mais, d'autre part, un tel niveau de complexité globale, entre les sujets qui relèvent de la parcelle et les stratégies qui s'inscrivent dans une approche mondialisée, exige des compétences d'administration techniques, sinon technocratiques. Les formations dédiées à la gestion de compétences des administrateurs ont tenté d'y répondre au cours de la décennie 2010. L'entrée du directeur des Grands Moulins de Paris et de celui de Délifrance au Comex du groupe en 2020 fortifia cette stratégie pour homogénéiser la gouvernance. De même, la charte de l'administrateur mise en place par Vivescia vise en fin de compte à garantir une compétence collective du conseil d'administration.

Au quotidien, la coopérative fonctionne par l'entremise de ses salariés. Le nombre de collaborateurs recensés est passé de 8 119 en 2012 à 6 900 en 2023. La comparaison des chiffres de 2014 et 2024 montre plusieurs évolutions notables. L'effectif s'est féminisé (de 27 % à plus du tiers), rajeuni (de 5 % de moins de 26 ans à 28 % de moins de 34 ans), mais en même temps fidélisé dans la durée (de 11 % à 17 % de plus de 55 ans) et de plus en plus internationalisé. Tout en conservant un ancrage très régional (26 % des effectifs en Champagne Ardenne), le même groupe s'incarne en France à Reims, en Pologne à Gdynia ou en Australie à Geelong.

La professionnalisation et la formation du personnel se déploient autour de plusieurs axes. La sécurité est devenue un enjeu crucial dont la prise en compte s'est opérée

par des actions spécifiques, comme le programme Care appliqué au sein de NutriXo en 2014 et de Malteurop en 2015. Au-delà d'une codification des pratiques, la mobilisation effective pour appliquer des règles de sécurité s'est amplifiée, par exemple lors d'entretiens que la directrice en charge des questions de sécurité a mené lors de visites inopinées dans un moulin à Bordeaux ou à Brienne. Le recrutement est un enjeu majeur. L'emploi des saisonniers, par exemple, justifierait des mutualisations plus efficientes dont le programme de recrutement régional « Convergences » a préfiguré l'intérêt en Champagne-Ardenne à partir de 2014. Au sein du groupe, l'identification des profils de carrière pour organiser les successions a abouti à l'avènement d'un Comité de mobilité pour faciliter les circulations dans le groupe, en particulier dans le cadre international de la coopérative.

La « Route du grain », grâce aux itinéraires de découverte des métiers et des sites, est un autre moyen de favoriser l'intégration et permet une meilleure compréhension des filières. Pour en diffuser le message, Vivescia défend dans sa communication l'identité du groupe en valorisant des portraits de personnes présentant leurs métiers et leurs pratiques : vidéo de « Benoît » expliquant la moisson, de « Laura » commentant la production aux Grands Moulins de Paris, circuits animés de « Julie » à la découverte d'un silo, ou de « Sylvain » sur la route de la bière à l'orge, ou encore la série de podcasts « Grains de culture » pour présenter la conservation des sols ou découvrir l'agriculture bas carbone.

La RSE au centre

Pour une coopérative, l'esprit de la RSE est nécessairement une prolongation de l'idée fondatrice. Dès 2012, Vivescia en présenta les lignes directrices. Le directeur Franck Coste reliait d'abord cette responsabilité à une démarche de développement durable. Il pointait exactement le fait que les coopératives antérieures ne s'affranchissaient pas de responsabilités vis-à-vis de leurs adhérents, de leurs riverains ou de leurs clients mais qu'il fallait désormais consigner une démarche globale[234]. Il affirmait qu'une telle politique de responsabilité était constitutive de Vivescia. Quelques mois plus tard, en mars 2013, quatre valeurs (ou engagements) furent avancées pour caractériser la démarche du groupe : agir ensemble, oser entreprendre, être authentique, s'inscrire dans la durée. Trois d'entre elles paraissent évidentes : l'agir ensemble par le caractère collectif inhérent à une coopérative, l'oser entreprendre illustré par l'édification progressive d'un aval industriel, l'inscription dans la durée visible à travers l'histoire de Vivescia. L'être authentique, en revanche, n'est pas spécifique de cette coopérative plus que d'une autre.

En 2014, le premier rapport rédigé pour mesurer ces engagements se focalisa d'abord sur l'attention portée au capital humain de la coopérative : santé et sécurité au travail, diversité, relations humaines. Plusieurs critères de durabilité environnementale et alimentaire furent ensuite mis en avant : promotion d'une agriculture durable, offre de produits innovants garants d'une qualité sanitaire, préservation du climat, de l'énergie, de l'eau, biodiversité des sols, maîtrise des rejets. Leur suivi incluait à la fois la formation, l'obtention de certifications qualitatives et les mesures prises pour améliorer l'efficacité énergétique.

Les actions de RSE se sont de plus en plus structurées et chaque rapport d'activité consigne un nombre croissant d'indices pour en attester. Après avoir instauré un code de conduite en 2015, la création d'une direction de la RSE visait à diffuser une démarche homogène auprès de toutes les entreprises du groupe.

Revu en 2017, le programme de RSE a pris de nouvelles formes. Trois niveaux sont établis : le socle, les engagements spécifiques de chaque entreprise du groupe en fonction du métier et les pratiques communes. Ces dernières alignent la garantie de sécurité au travail, le partage de la valeur créée, le respect des ressources naturelles, la transmission des savoir-faire. Quant au socle, il soutient des convictions sur l'obtention d'une performance loyale (mais imagine-t-on autre chose d'une entreprise marchande ?), la mise en place d'une optimisation énergétique pour diminuer les émissions de CO_2, une pratique d'achats responsables. Avec force et raison, la démarche affirme que la responsabilité « ne s'arrête pas au bout des champs, des silos et des sites[235] ». Chaque entreprise en décline la

Page de gauche : **La Route du grain en 2017, étape « Visite de l'École de boulangerie et de pâtisserie de Paris ». Cette opération permet de sensibiliser et valoriser les métiers de l'ensemble de la filière.**

Page de droite : **La Foire de Châlons-en-Champagne, créée en 1947, est le rendez-vous annuel de la région qui rassemble le monde agricole. En une semaine, plus de 200 000 visiteurs ont accès à plus de 700 exposants. L'occasion de communiquer sur l'activité de la filière.**

responsabilité, Malteurop avec MALT (Men & women, Agriculture of tomorrow, Lower our impact, Table care), Grands Moulins de Paris avec « À table », Délifrance avec « Go Clean » et Vivescia Agriculture.

Démarche transversale et organique, la RSE de Vivescia s'affirme comme une plate-forme de liens dans le groupe. Lorsqu'en 2020 cinq termes sont mis en avant (coopération, transformation, entrepreneuriat, solidarité et durabilité), il s'agit de manifester la résilience du groupe face aux mauvais résultats qui avaient marqué l'année 2019 et tout autant sa capacité à affronter la fracture mondiale de la Covid-19. Peu après, l'initiative prise par le président Christoph Büren de créer une direction chargée des relations extérieures et affaires publiques pour mettre Vivescia plus en avant s'articule aussi autour d'une réforme de la RSE. L'objectif est d'abonder une stratégie globale mais d'en affirmer la démarche innovante par des projets très concrets.

Pour asseoir une telle ambition, le conseil d'administration doit porter la RSE, car il détient le blason de la coopérative. Vivescia s'inscrit bien dans ce schéma lorsque le programme « LINK » est lancé en 2022 après une année de conception et plusieurs dizaines de consultations des différents acteurs. Car le rôle de la coopérative n'est plus simplement – ce qui était déjà important – l'organisation d'une communauté agricole productrice, mais la mise en relation d'un sociétariat de moins en moins homogène avec des offres de valorisation des produits agricoles de plus en plus diversifiées. Les adhérents sont devenus des associés coopérateurs dont les destinées sont liées à tout un écosystème construit dans la durée.

Le programme LINK repose sur l'affichage des liens fondamentaux – avec la terre, avec les hommes et les femmes, avec les filières et les territoires – pour tracer la démarche développement durable de Vivescia. Le premier lien comprend un volet climatique avec la réduction des émissions de gaz à effet de serre, la recherche de la neutralité carbone et la mesure du stockage carbone. Il porte également des dispositions agroécologiques et la finalité d'une biodiversité procédant d'une empreinte environnementale minimisée. Le second lien reprend des enjeux forts sur la sécurité et le bien-être au travail, l'attractivité du groupe, la promotion d'une égalité sociale et la volonté de soutenir l'identité et la culture historique de Vivescia. Le troisième lien en découle par l'affirmation de filières responsables au profit d'une alimentation saine, puisque la coopérative étend ses métiers de l'agriculture jusqu'aux consommateurs. L'exigence de qualité et le partage des compétences y sont nécessairement associés. Pour en mesurer l'efficacité, des objectifs et des indicateurs précis sont définis : disposer de 100 % d'emballages recyclables chez Délifrance, obtenir 100 % des blés écrasés aux Grands Moulins sans insecticide de stockage, sensibiliser 100 % des salariés aux risques psychosociaux dans tout le groupe, obtenir 100 % des blés écrasés aux Grands Moulins sans insecticide de stockage, etc. Sans ces objectifs, la RSE serait perçue comme un discours. Mise à jour, la démarche LINK irrigue les Transitions, lancées le 8 septembre 2023 à la Foire de Châlons-en-Champagne.

Du portail en fer forgé aux portails numériques

Le vocable choisi de « transitions » marque la volonté de la coopérative de s'adapter aux évolutions du temps présent aux adaptations du temps présent et dessine des engagements perspectifs. De même, les associés coopérateurs qui se rendent à Reims au siège de Vivescia transitent dans une histoire longue. Ils peuvent encore – ou pas – s'arrêter un instant et contempler leurs racines profondes. Le portail de fer forgé surplombé par la devise « *Cruce et Aratro* » est toujours là, mémoire monumentale et signifiante de la Providence agricole. Pourtant ce ne sont plus ces vantaux ouverts qui matérialisent la coopérative et ses services. Face à un monde agricole transformé, ils ont évolué vers d'autres portails qui sont les relais multiples du conseil exercé par les agents technico-commerciaux et les experts agronomes.

Les outils digitaux et les connexions numériques permettent d'obtenir l'information à distance, suivant ainsi les changements technologiques et la mutation des formes de travail qui s'imposent à tous. Mais des instruments plus spécifiques de la coopérative facilitent d'autres relais vers l'agriculteur. L'extranet Arterre, à la dénomination astucieuse pour identifier un flux de communication, est maintenant disponible sous forme d'application pour Smartphone, adaptée à la mobilité dans les champs. Autorisant une réactivité accrue pour connaître les tonnages ou les cotations, le dispositif facilite la connexion aux marchés. Les services proposés, météo géolocalisée, bourse d'échange de semences, informations dédiées, font gagner du temps à l'agriculteur. Le PocketLab d'Inarix, qui croise l'analyse d'image et l'intelligence artificielle, permet d'optimiser les allotements par reconnaissance variétale. Malteurop teste de son côté la reconnaissance des orges par intelligence artificielle. Le diagnostic carbone, développé par le service agronomique avec une start-up locale, livre en vingt minutes le bilan des émissions de gaz à effet de serre et le stockage carbone dans les sols. En affinant la connaissance et la prise de décision, les services rendus par la coopérative s'inscrivent dans le schéma d'adaptation au changement climatique. Sa fonction vitale passe ainsi d'un service matériel de produits et de fournitures à un service immatériel analyse de données pour arbitrer les choix techniques et agricoles.

À gauche : **Portail du siège de Vivescia, ancien siège de la Providence agricole à Reims, surplombé par la devise latine *Cruce et Aratro*, qui signifie « Traverser et labourer ».**

En haut : **Le programme Transitions vise à accompagner d'ici 2026 près de 1000 agriculteurs des territoires du nord-est de la France, vers une agriculture régénérative, bas carbone, favorable aux sols et à la biodiversité.**

En bas : **Parcelles d'essais (250 essais par an sont réalisés par le service agronomique de la coopérative sur un total de 12000 parcelles).**

Ci-dessous : **Le développement de nouveaux outils numériques pour les agriculteurs. Ici, l'appareil Inarix permet une reconnaissance des variétés.**

La démarche LINK lancée en juin 2022 affiche 20 engagements de développement durable pour la Coopérative et ses filières agricoles et industrielles.

D'autres outils numériques sont vecteurs d'évolutions des pratiques. L'application DigitAppro, lancée à l'été 2021, permet un lien immédiat avec les magasins d'approvisionnement pour effectuer des commandes à distance. Combiné au travers de SeVeal entre Vivescia Cérésia et Novagrain, le dispositif crée des mutualisations qui maillent différemment le territoire. Il rejoint la mise en œuvre du Plan de performance logistique qui développe les services à la ferme. En compensation de la fermeture économique de silos ou de magasins trop coûteux à rénover, la livraison directe des commandes sur place introduit un service individualisé. D'une logistique de stockage, la coopérative passe à la logistique de l'équilibrage rationalisé des flux. Complémentaire du stockage des grains à la ferme, cette politique permet également de réduire les frais de fonctionnement et les coûts de transport entre silos et magasins.

Ces dispositifs opérationnels s'accompagnent aussi de publications plus classiques. Le *Mag* des associés coopérateurs, dont le premier numéro parut en septembre 2020, visait une publication trimestrielle. Christoph Büren en souligna l'esprit : mettre en perspective les projets, informer, livrer des analyses et des témoignages. D'entrée, l'idée apparaissait sur la couverture, mettant la moisson à la une, ouvrant un grand-angle sur la révolution logistique des engrais, entrant dans une spécificité de savoirs agronomiques et techniques pour exposer la lutte contre la jaunisse nanisante de l'orge. Véritable journal professionnel à la manière des *House Organs*, dont l'utilité apparut dès les années 1920 pour diffuser une culture interne, il en reprend le graphisme soigné et la densité de mentions. Implicitement, il affiche la communauté coopérative au travers des récits d'expériences et de photographies paysagères. Il garde poreuse la relation au monde extérieur au travers d'une « parole libre ». Au fil des numéros s'expriment ainsi universitaires et auteurs, spécialistes du triangle agriculture-agronomie-climat ou de la gouvernance coopérative.

Les obligations légales justifient la publication d'un rapport annuel d'activité. Ce recueil d'informations a également une autre fonction. Il sert la communication *corporate*, renseigne les partenaires externes, crée du lien en interne et diffuse les préconisations de la RSE tout en les expliquant, pour qu'elles soient objectivables et factuelles. Plus qu'un simple support de communication, il incarne une identité dont l'image doit prolonger l'appropriation coopérative et la valorisation des métiers. Il n'est pas secondaire d'y reconnaître une exigence particulière de la directrice de la communication, inspirée par le savoir-faire créatif et rigoureux du style Publicis. Certaines images en donnent l'esprit, des épis or sur l'azur incertain (2022) à la table communautaire des bords de champ aux couleurs étagées du logo de la coopérative (2023).

Vivescia déploie enfin d'autres types de liens, qui sont aussi des services aux associés coopérateurs dans la mesure où ils soutiennent la notoriété de la coopérative, donc ses capacités de peser sur les marchés. Des opérations de mécénat (Nuits de Champagne, Festival de la photographie de Montier-en-Der, soutien à des manifestations) alternent avec des implications professionnelles plus marquées (participation au Salon de l'agriculture, indépendamment des stands des entreprises industrielles du groupe aux différents salons professionnels, présence de Vivescia à la Foire de Châlons, de Sedan ou de Brienne-le-Château). La première campagne de communication grand public en 2016 rechercha la mise en avant des métiers, de la « femme qui fait craquer le monde entier » (comprendre le marketing de la BVP) à cet « homme qui sait parler aux plantes[236] » (comprendre l'agronomie dans les champs) dont les posters jalonnent toujours un étage du siège.

UNE COOPÉRATIVE EN TRANSITION

L'atout maître de l'aval industriel

Une formule efficace résuma en 2017 une spécificité de Vivescia : « L'industrie offre un accès au monde[237]. » Elle peut se comprendre au regard de trois observations. À cette date, le pôle industriel contribuait au chiffre d'affaires du groupe par la meunerie et la BVP (32 %), la malterie (26 %) et d'autres activités industrielles (9 %). En 2023, une distribution assez semblable apparaît entre la malterie (27 %), la BVP (19 %), la meunerie (13 %) et les autres activités industrielles (7 %).

Le second trait tient à la part du chiffre d'affaires réalisée dans un périmètre international. Vivescia Industries en tirait 65 % de son chiffre d'affaires en 2017. Aujourd'hui, 55 implantations industrielles sont réparties dans le monde, ce qui donne une grande visibilité au groupe, mais place chacun de ses métiers sous une conjoncture externe contraignante. Malteurop, qui réalise 96 % de son chiffre d'affaires hors de France dans 14 pays, s'est trouvé confronté à des augmentations de coûts variables en Europe. Au plus fort d'une crise inflationniste avérée après la hausse des prix énergétiques, le malteur a subi des hausses de 80 % en 2023 ! Il lui fallut également interrompre son exploitation dans les affres de la guerre russo-ukrainienne à partir de février 2022. Délifrance, dont la communication dit que 60 de ses viennoiseries sont vendues chaque seconde quelque part dans le monde, est aussi exposée aux situations internationales, moins tragiques mais très néfastes lors des confinements épidémiques. Avec 250 cafés dans le monde qui arborent son emblème, la société de BVP tient une place commerciale importante. Mais la Covid-19 lui a imposé fermetures d'établissements et réduction des ventes. En viennoiserie, elles sont tombées d'un tiers, et en produits traiteur de 40 %.

Enfin, l'ambition de Vivescia Industries se poursuit par de nouveaux investissements hors de France, qui sont autant de fronts avancés de la région Champagne-Ardenne. En 2023, le démarrage de la malterie de Meoqui au Mexique, avec une capacité de 120 000 tonnes, a inauguré la première implantation d'un malteur dans ce pays d'Amérique du Nord passé de 59 litres de consommation annuelle de bière en 2000 à 68 litres à la fin de la décennie 2010. La connaissance des cultures locales est un atout marketing qui favorise la bonne mesure des prédilections culinaires d'un pays. Délifrance le confirme lorsque l'entreprise conduit une étude plurielle sur le *Food Service*, à la fois par les métiers concernés (restauration indépendante, chaînes de restauration, distribution) et par les pays (Allemagne, Belgique, Suisse, Italie, Royaume-Uni). Des évolutions comme la croissance du *Bake-Off* (cuisson de produits surgelés sur le site final), très avancé en Scandinavie et qui s'est répandu en Europe, fondent en théorie un dynamisme commercial. La maïserie soutient d'autres opportunités lorsqu'elle ouvre sa troisième usine en Europe orientale, en avril 2018, permettant d'atteindre le traitement de 200 000 tonnes de maïs.

L'aval industriel poursuit son développement en misant sur les différentes voies de diversification.

Néalia apporte aux éleveurs des solutions expertes en nutrition (bovins, ovins, porcins, volailles, équins et animaux de basse-cour) avec un conseil qui intègre le triple point de vue zootechnique, économique et social.

***À gauche :* Nouveau développement d'aliments à base de larves d'insectes.**

***Ci-dessous :* Kalizéa propose une gamme variée de produits à base de maïs, répondant aux besoins de l'industrie alimentaire.**

Au total, la part contributive prépondérante de Vivescia Industries au groupe est indiscutable, à la fois par le chiffre d'affaires, situé entre 2 milliards d'euros en 2012 et 3 milliards en 2023, et par la vitrine ainsi donnée à la coopérative.

Dans le détail de chaque métier, le développement se traduit par de multiples adaptations, commandées d'un côté par des facteurs conjoncturels et de l'autre par les engagements de RSE déclinés par filière en lien avec la clientèle agroalimentaire. La meunerie a ainsi fait naître le « Club Francine » en concertation avec des agriculteurs qui y dédient leur blé à la marque. L'agroécologie trouve sa continuité dans des produits spécifiques de farine Label Rouge ou désignée « Préservation des sols et de la biodiversité ». GMP recherche les meilleurs transports. Délifrance a accéléré sa stratégie RSE, intitulée « *Baking Good Better* », en insistant sur la réduction des émissions de CO_2, l'égalité des sexes et la lutte contre le gaspillage alimentaire, des thèmes sociétaux de premier plan. Kalizéa a fait naître « Nutrigerm » dans une logique de valorisation du maïs sur des préconisations nutritionnelles sans gluten. Néalia reste une entreprise experte de la nutrition animale, bien implantée dans le nord-est de la France, relayant la place que les moulins Vilgrain avaient tenue naguère dans ce secteur industriel en aval de la minoterie. En 2013 déjà, Malteurop rénovait sa malterie de Vitry-le-François en ajoutant une centrale biomasse dont l'alimentation se fait en copeaux de bois des forêts voisines. Le malteur a annoncé plus récemment sa production de malt bio à Aire-sur-la-Lys en 2020, en même temps que la RSE se déclinait dans MALT.

Vivescia Industries joue un rôle essentiel dans le groupe en tant que support d'un retour de valeur vers les associés coopérateurs. C'est aussi un cadre de croissance pour des entreprises agroalimentaires de premier plan. La malterie projette plus que d'autres le savoir-faire coopératif vers les marchés internationaux. Au Mexique, la nouvelle malterie s'approvisionne en orge cultivée par les agriculteurs locaux selon les préconisations de l'entreprise champenoise. À Geelong, l'extension de la malterie en 2018 prouve que l'implantation locale est rentable. À Baoding en Chine, l'expansion vient de la capacité à préparer des malts spéciaux. Délifrance a repris un chemin ascensionnel après de fortes difficultés. Alors qu'en 2015 la prospection en Chine visait à occuper la place de leader de la BVP en Asie, notamment en acquérant l'entreprise La Rose Noire créée à Hong Kong en 1991, en 2019, le croissant était devenu infertile. Le rapport annuel ne fit pas mystère de la dégradation : « L'activité boulangerie industrielle traverse une période de turbulences depuis plus de deux années. Force est de constater que la lecture de la performance de cette activité, ces dernières années, a été sans doute mal appréciée, conduisant à des décisions parfois inappropriées. L'activité BVP a bénéficié d'une conjoncture favorable en 2015-2016. Son retournement brutal a révélé des dysfonctionnements structurels importants et anciens de

À gauche : **Le secteur de la boulangerie industrielle, confronté à une conjoncture plus difficile, fait l'objet de nouvelles restructurations. L'unité de production de viennoiseries Délifrance à Romans-sur-Isère devient le site principal.**

Ci-contre et à droite : **Aux Grands Moulins de Paris, l'accent est mis sur le développement de la qualité des farines mais aussi sur le développement du marketplace, de nouveaux outils numériques de vente dédiés à la boulangerie.**

En bas : **Cuve de levain de l'atelier au moulin de Reims. Le levain est l'une des plus anciennes formes de fermentation des céréales. Délaissée pendant plusieurs décennies, l'utilisation du levain enregistre une forte croissance en particulier dans le secteur de la boulangerie artisanale.**

l'entreprise [...]. Des plans d'action appropriés ont été engagés pour corriger ses faiblesses opérationnelles[238]. » Le redressement de Délifrance est venu d'une reprise en main managériale et d'investissements pour optimiser les productions. L'usine de Romans-sur-Isère, qui avait déjà fait l'objet d'une extension, est devenue l'un des pôles principaux parmi les 12 sites industriels de l'entreprise (dont 7 en France, 4 en Europe et 2 en Asie).

Les Grands Moulins de Paris ont toujours joué un rôle particulier dans le dispositif du groupe. Le meunier sert aujourd'hui 8 000 artisans boulangers, soit environ le quart des boutiques françaises, et maintient la place de Francine, dont près de 50 millions de produits se vendent dans l'année sur le territoire national. Pour assurer cette production, il ne reste que sept moulins livrant 600 000 tonnes de farine en 2023, soit 17 % de la meunerie française, qui dispose encore de 386 moulins, dont la moitié seulement produit 93 % de la farine. L'objectif de Grands Moulins de Paris restait la rationalisation. Le démarrage de l'atelier levain au moulin de Reims en 2021 (levains désactivés et déshydratés) témoigne de la même approche, après que le moulin de Nancy a tenu ce rôle pendant plus de cinquante ans. Tout en optimisant ses outils industriels, au besoin en fermant des moulins, sous la conduite bienveillante de Marcel Gibert à Nancy ou dans la conflictualité syndicale aux Grands Moulins Maurel à Marseille, GMP recherche toujours des produits nouveaux, attendus par les boulangers, comme la Campaillette aux deux blés (tendre et dur) ou le mixe aux légumineuses du Berry. GMP présente plus de 150 farines et développe de nombreux services à la profession boulangère.

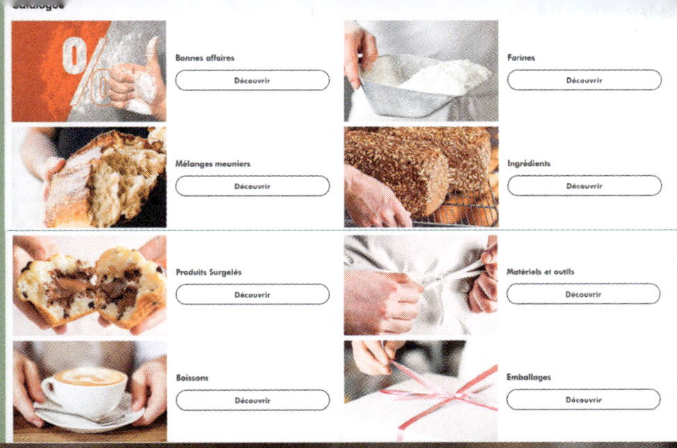

RÉPARTITION DU CHIFFRE D'AFFAIRES DE SICLAÉ PUIS VIVESCIA INDUSTRIES (EN POURCENTAGE PAR MÉTIERS)

2011-2012		2015-2016		2022-2023		2023-2024	
MALTERIE	43	MALTERIE	38	MALTERIE	44	MALTERIE	42
MEUNERIE BVP	34	MEUNERIE BVP	48	MEUNERIE BVP	46	MEUNERIE BVP	48
				MEUNERIE	18	MEUNERIE	18
				BVP	28	BVP	30
AUTRES	23	AUTRES	14	AUTRES	10	AUTRES	10
NUTRITION ANIMALE	7	NUTRITION ANIMALE	5				
AMIDONNERIE GLUCOSERIE	8	AMIDONNERIE GLUCOSERIE	6				
BIOÉNERGIES	5						
MAISERIE	2	MAISERIE	2				
RECHERCHE ET DÉVELOPPEMENT	1	RECHERCHE ET DÉVELOPPEMENT	1				
EBITDA EN MILLIONS D'EUROS	141		169		149		185

Après l'initiative d'un site de e-commerce en 2019, le lancement en 2023 d'une « marketplace » numérique dédiée aux boulangers a complété, sans la supprimer, la visite commerciale en boutique à laquelle le directeur Pierre Garcia reste très attaché. Longtemps d'ailleurs, comme le percevait la directrice de l'École de boulangerie Odile Rigaut, le contact du meunier et du boulanger était le canal privilégié de l'échange d'informations. Les nouvelles technologies renouvellent ce lien.

La place des entités industrielles ne dément pas l'idée d'un « capitalisme patient » exposé comme une assise du groupe dès les premières années. La notion, qui marque une symbiose déterminante avec le territoire, est plutôt utilisée pour caractériser des investissements dans des projets à forte responsabilité sociale dont la rentabilité ne s'inscrit pas dans un court terme capitalistique[239], et trouve une réalité dans le développement de Vivescia. Elle a déjà été mise en exergue au sujet de la bioraffinerie de Bazancourt-Pomacle[240]. Elle apporte aussi une lecture plus suggestive de la composition du capital de Siclaé, puis de Vivescia Industries, et permet de mieux comprendre le soutien actuel des financeurs du groupe.

En 2013, les actionnaires se répartissaient ainsi : Vivescia (53,75 %), autres coopératives (11,19 %), EMC2 (9,14 %), Clovis (holding coopératif 6,96 %), BPI France (11,33 %), adhérents des coopératives et salariés (3,09 %), Unigrains (2,27 %), Crédit agricole (2,27 %). À ce tour de table financier s'ajouta une particularité de la coopérative. L'émission d'obligations convertibles en actions de Siclaé, rémunérées à hauteur de 5 % sur sept ans, et accessibles aux salariés, permit de rassembler plus de 6 millions d'euros. Le capital s'adossait d'entrée aux collaborateurs qui pouvaient user d'un fonds commun d'épargne salariale. Élargi aux adhérents qui recevaient le paiement de leur quote-part de résultats en obligations convertibles en actions, le système nouait des liens renforcés entre la coopérative, les adhérents et les collaborateurs au profit d'une stratégie de développement partagée. En 2016, le capitalisme patient était invoqué pour présenter la stratégie d'investissement sur le territoire régional et justifier l'implantation des relais de croissance là où se situe le marché.

En 2023, la structure de l'actionnariat de Vivescia Industries diffère légèrement. Elle est encore à 78 % issue de coopératives agricoles (Vivescia 55,16 %, EMC2 9,06 %, Clovis 6,86 %, autres coopératives 5,97 %), à 5 % d'actionnaires individuels (un peu plus de 4 300 collaborateurs et agriculteurs des coopératives) et à 17 % de partenaires financiers (BPI France 13 %, Unigrains 2,09 %, Sofiprotéol 1,98 %). Par ailleurs, le groupe s'est appuyé sur des crédits syndiqués pour financer ses activités. Noués en 2013, ils furent refinancés en 2016 sur un montant de 475 millions d'euros pour Vivescia Industries. Une filiale dénommée Vivescia Industries Finances centralisa l'ensemble des financements de l'industrie, adossés à un pool bancaire. En 2019, le refinancement de la coopérative et des activités industrielles a abouti à l'été 2020, dépassant le milliard d'euros et stabilisant l'assise financière de Vivescia. La dette nette du groupe se tenait à 596 millions d'euros en 2023 et 542 millions d'euros en 2024, quand elle oscillait entre 494 millions (2021) et 638 millions (2022).

Enjeux agricoles du temps présent

La maîtrise financière du groupe est la clé de ses engagements futurs. Le programme Transitions le met en évidence, l'écosystème agricole change et les missions de la coopérative devront être ajustées pour faire face aux changements climatiques et aux nouvelles attentes agroécologiques et alimentaires. Présenté comme un « programme d'accompagnement global pour allier performance et résilience des fermes », son objectif est de convertir les agriculteurs à cette régénération agricole qui conjugue la biodiversité et l'environnement. Ces enjeux identifiés depuis longtemps se déclinent aujourd'hui dans les pratiques que souhaite promouvoir la coopérative. Ils résultent d'appropriations qui sont les fruits de l'histoire de Vivescia : conservation des sols, réduction des gaz à effet de serre, stockage du carbone. Le programme Transitions porte donc l'opportunité d'une transformation des exploitations et en instruit à la fois la mesure progressive à l'aide d'indicateurs de résultats. L'obligation de résultats mise en œuvre devient prioritaire. La spécificité de Vivescia ajoute une dynamique d'échelle puisque les mutations doivent irriguer les filières jusqu'aux productions agroalimentaires constitutives des entreprises de Vivescia Industries et de ses clients industriels. Le choix de l'agriculteur d'entrer dans ce schéma n'est pas neutre et suppose une ouverture aux innovations espérées car il induit des coûts agronomiques et matériels certains. Épaulé par un soutien économique et un accompagnement sous forme de conseils dispensés par la coopérative, l'agriculteur s'engage dans une démarche volontariste. En 2024, 200 associés-coopérateurs ont choisi cette voie. L'objectif de Vivescia est d'en atteindre cinq fois plus en 2026. Pour y parvenir, la garantie d'achat de grains spécifiés est un élément déterminant. Les concepteurs et les partenaires du programme Transitions qui se sont rapprochés l'ont bien compris. L'adhésion du groupe Avril et sa filiale Saipol, de Tereos, de Roquette, de Sedamyl/Eteagroup, des entreprises de Vivescia Industries, ainsi que des acteurs de deuxième transformation comme Heineken, Puratos, Griffits Foods, Caulier ou encore Mademoiselle Desserts, le manifeste. C'est en fait mutualiser les coûts par l'aval de la céréaliculture quand il s'agissait jusque-là de créer de la valeur par les industries pour les agriculteurs. De la Providence agricole, de la CARB et de la SCARM à Vivescia, le continuum historique liant le champ, l'usine et les marchés de consommation ne se défait pas. Mais il s'inscrit aujourd'hui dans un contexte très différent, présenté comme systémique.

La question d'une « agriculture sans agriculteurs » est évoquée, comme fut avancée autrefois la crainte d'une campagne sans paysans. La convention que Vivescia a nouée en 2021 avec les coopératives Euralis et Terrena pour faire naître la chaire « Germéa[241] » offre un cadre conceptuel des évolutions du métier agricole. Comme l'ont exposé François Purseigle et Bertrand Hervieu, le modèle de la ferme familiale constitutive de la modernisation de l'agriculture n'a plus sa réalité antérieure[242]. Les entrepreneurs agricoles recherchent désormais la création de valeur et transforment leurs structures d'exploitation. Certains choisissent d'ajouter la gestion à leurs activités. D'autres préfèrent se concentrer sur un type de méthode culturale. Beaucoup confient finalement l'exploitation à un personnel dédié, spécialisé, auquel est déléguée la mission agricole.

Certains renouvellent le modèle communautaire au sein de collectifs éthiques, économiques, géographiques. La diminution du nombre des exploitants – une baisse de 27,5 % durant la décennie 2010 – accompagne la réduction des actifs familiaux et la progression du nombre de salariés. Certes, l'histoire agricole et celle du travail montrent que la population des journaliers et des saisonniers a formé une main-d'œuvre essentielle, justifiant des migrations de proximité indispensables[243], mais le travail salarié agricole nécessite aujourd'hui des tâches plus techniques et d'exercer des responsabilités croissantes. L'amenuisement des actifs agricoles se combine désormais avec des formes d'entreprises très éloignées de l'imagerie ruraliste.

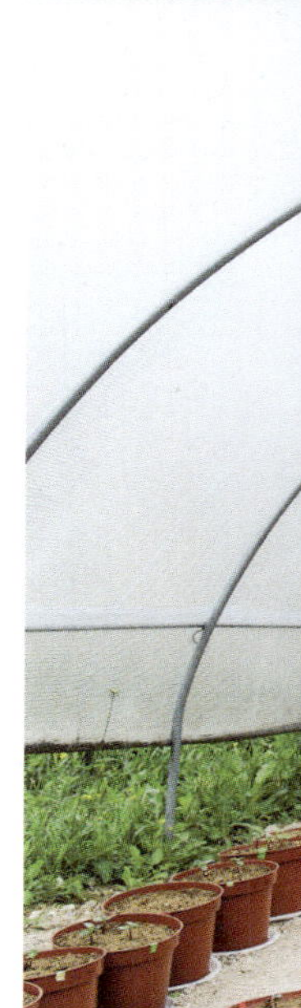

Les structures agricoles changent mais le contexte également. Les évolutions climatiques ajoutent des contraintes. Les cycles végétaux sont perturbés. L'imprévisibilité des rendements est plus fréquente. En 2021, l'évolution vers des pratiques bas carbone était référencée dans le rapport annuel d'activité de Vivescia, qui mettait en exergue les expériences de plusieurs associés coopérateurs : emploi de satellites et de drones pour évaluer les parcelles afin de moduler les intrants, limitation du travail du sol, développement des couverts végétaux en légumineuses pour favoriser la production d'azote. En 2022, une étude de prospective climatique engageait la réflexion sur les situations locales qui s'imposeront sur les différents territoires de la coopérative. Cette situation suppose aussi l'évolution du conseil prodigué, afin que les exploitants puissent innover à partir d'une meilleure connaissance de leur environnement. Ainsi, alors qu'elle n'était pas tournée nécessairement vers ce dernier, la fonction du conseil doit se transformer et évoluer en même temps que le cadre global. C'est aussi un défi

De nouvelles pratiques se diffusent pour accompagner cette transition agricole.

À gauche : Les « Céréalistes » à Somme-Vesle dans la Marne en juin 2024, l'événement innovation agronomique de Vivescia pour les agriculteurs, clients industriels et collaborateurs, environ 3 200 participants.

Ci-dessus : Le partage des savoirs agronomiques dans toute la filière est un enjeu majeur, de la moisson à la fabrication du pain. Ici, une démonstration au salon Les Culturales sur le site de Terralab à Bétheny dans la Marne, le salon de plein champ des professionnels des grandes cultures, événement porté par Arvalis.

En bas : La recherche et les tests sur les végétaux pour faire face aux évolutions climatiques, dans les laboratoires de recherche et développement d'ARD.

à relever lorsque les exploitants agricoles ont des origines professionnelles sans affinités avec l'espace cultural. La réforme de la PAC de 2013, mise en application deux ans plus tard, a ainsi orienté vers des paiements qui privilégient à la fois le jeune agriculteur et les pratiques écologiques, alors que la réforme récente adoptée en 2023 insiste entre autres, parmi ses 10 objectifs, sur le renforcement de la compétitivité, l'amélioration de la position des agriculteurs dans la chaîne de valeur et le renouvellement des générations.

Face aux évolutions de son sociétariat, Vivescia apparaît ainsi à la croisée des chemins. La mutualisation des moyens pourrait répondre à la multiplication de ces enjeux. Les investissements, notamment technologiques, sont considérables, et les capitaux propres ne peuvent y suffire. La synergie positive des savoirs agronomiques invite à privilégier la diffusion des expériences sur des territoires qui ne restent pas cloisonnés par leurs frontières administratives. L'attractivité des engagements doit susciter l'intérêt d'organismes financeurs qui n'attendent pas un retour de rentabilité immédiat (dont Unigrains et Sofiprotéol se sont déjà fait les porteurs). Ainsi le raisonnement en filières apporte une cohérence fonctionnelle pour embrasser les attentes sociétales. Valérie Frapier, directrice communication, Transitions et RSE l'a présenté comme le cap de la coopérative en 2022 : « Un travail de coopération de toute la chaîne de valeur est nécessaire pour dérisquer les agriculteurs et aller plus vite. Agir pour faire de nos métiers et de nos filières végétales des éléments de réponse aux défis environnementaux et climatiques[244]. »

L'engagement en faveur des jeunes agriculteurs augure d'une autre transition, inscrite par l'aide et la transmission. Aide lorsque des soutiens à l'installation d'une moyenne de 10 000 euros sont proposés aux nouveaux agriculteurs. Transmission en mettant en place un conseil des jeunes, démarche relancée en 2023, dont les membres se forment à la gouvernance coopérative et livrent des avis ou apportent des idées neuves. La méthode avait déjà été pratiquée au sein de la CARB durant les années 1950. Aujourd'hui il s'agit d'appréhender avec plus de pertinence les facilités des technologies numériques ou une idée innovante parfois disruptive trouvée sur les réseaux sociaux. Ces fronts pionniers ne sont pas étrangers à la culture de Vivescia, dont ARD a figuré le modèle abouti. En 2013, le directeur général d'ARD déclarait : « Nous innovons pour valoriser nos productions agricoles[245]. » Il donnait l'exemple du développement de levains pour NutriXo, d'arômes pour Malteurop, de la mise au point de détergents, de la recherche en chimie végétale ou dans les biocarburants. La réussite a parfois été optimale, à l'exemple de la revente de Soliance, dont l'essor dans les cosmétiques a été porté par ARD. L'aventure paraissait pourtant incongrue pour la presse économique qui titra : « Le premier malteur mondial vend sa filiale qui produit de l'autobronzant à base de luzerne[246]. » La start-up qui vient chercher à Bazancourt le laboratoire ou le BioDemo (démonstrateur industriel) est emblématique de cette capacité de projection. Elle n'est pas pour autant déconnectée du réel agricole lorsque des recherches permettent d'isoler des agents de biocontrôle pour lutter contre des maladies du blé.

« De l'assiette au champ » ou la préparation des futurs

Mettre en avant le lien de la coopérative et du groupe avec les marchés alimentaires tombe sous le sens. Les stratégies innovantes de Grands Moulins de Paris font évoluer les emplois de la farine. Délifrance porte loin dans le monde l'héritage de la viennoiserie et de la panification à la française. Malteurop fournit aux plus grands brasseurs la substance d'une boisson millénaire. Plusieurs centaines de milliers d'œufs sont issues d'élevages de poules pondeuses nourries par Néalia. Kalizéa condimente les salades d'été de son huile vierge de maïs. L'École de boulangerie et de pâtisserie de Paris enseigne chaque année l'art de la grigne ou comment strier le pain à plusieurs centaines d'apprentis boulangères et boulangers qui sont les professionnels de demain.

Si chaque entreprise travaille à partir de matières premières qui ne sont pas toutes produites par les associés coopérateurs de Champagne-Ardenne, la logique de filière tend à promouvoir ces liens. Le Club Francine en est aujourd'hui l'exemple prégnant, relais de la stratégie d'écotraçabilité de Grands Moulins de Paris pour garantir la qualité des blés traités en amont du produit final. En 2022, Claire Madoré, qui était alors directrice marketing, e-business et commerciale GMS de Grands Moulins de Paris, définissait cette stratégie entre pratiques agricoles vertueuses, rémunération améliorée du cultivateur et relation directe avec le consommateur[247]. Aujourd'hui, la marque connue de tous les Français et qui fêtera ses 60 ans en 2025 est produite à Gennevilliers, Reims et Marseille et, dans une version bio à Brienne-le-Château.

L'expression habituelle « de la fourche à la fourchette » qui désigne les liens entre l'agriculture et la table est renversée par Vivescia, qui évoque d'abord la table pour aller vers le champ dans sa communication. La coopérative conditionne les engagements céréaliers durables par les exigences du marché. Elle affirme de nombreux slogans en faveur d'une amélioration de l'alimentation opposée au *food bashing*. La meunerie annonce par exemple en 2019 le programme À table pour soutenir une alimentation responsable et qualitative. Depuis 2018, elle met en avant l'utilisation de ses colorants et arômes d'origine naturelle et pousse en avant sa filière « Cœur d'épi » et celle des blés de force pour assurer la qualité boulangère et la saveur des viennoiseries. Délifrance s'est également saisie des céréales dites « anciennes » pour améliorer ses fabrications par de multiples initiatives : renforcer les valeurs nutritionnelles en s'inspirant des pains nordiques, lancer un muffin avec 30 % de sucre en moins ou proposer des viennoiseries vegan au quinoa. L'innovation porte sur des considérations diététiques mais elle soutient aussi des stratégies de marché lorsque Délifrance invente un croissant fourré qui vient concurrencer la brioche de la *prima colazione* italienne. Malteurop se rapproche du segment des *craft beers* en lançant une gamme de malts spécifiques dédiés aux brasseries artisanales en 2018, aussi bien en France qu'en Pologne ou en Australie, jouant à la fois de la qualité de ses fabrications pour susciter la différenciation gustative et prenant position sur les tendances dynamiques de la consommation. La politique développement durable du groupe renforce les bonnes pratiques et en fin de compte s'intègre à la recherche des goûts. Grands Moulins de Paris souligne par exemple la valorisation sans perte de 100 % du grain et assure de la transformation de blés à proximité des moulins dans un rayon de 125 kilomètres. Malteurop proclame le « partout local » en opposition au « global ». Déjà en 2016, Vivescia avançait son objectif : « innover pour une alimentation saine qui préserve les ressources[248]. » Aujourd'hui, Pierre Garcia, le directeur général de Grands Moulins de Paris, peut ajouter : « Notre entreprise se veut à la fois centenaire et visionnaire[249]. »

Au total, la contribution de Vivescia à la chaîne alimentaire est un élément fondamental de son identité et de ses choix stratégiques. Toutefois, l'inégalité des consommations reste un enjeu puisque la précarité alimentaire s'est amplifiée sous l'effet de l'inflation. Selon le CRÉDOC, 39 % des Français déclaraient pouvoir manger tout ce qu'ils voulaient à l'hiver 2022 contre 50 % au printemps 2016 ; 16 % contre 9 % disaient ne pas avoir assez à manger[250]. La campagne « Don de blé » de Vivescia et la signature d'un engagement de soutien aux banques alimentaires en 2022 œuvrent pour en atténuer la réalité à l'échelle de son territoire. Plus largement, l'action de la coopérative peut contribuer à la reconquête de l'autonomie alimentaire française, qu'un rapport de l'Assemblée nationale appelait de ses vœux en 2021[251]. Il y était question d'accompagner le monde agricole pour répondre au double défi humain et climatique. Le rapport soulignait que la question du revenu agricole est la mère des batailles.

« De la table aux champs », le groupe Vivescia veut soutenir à tous les niveaux une alimentation responsable et qualitative, issue d'une agriculture respectueuse de ses territoires.

Postface

Le groupe VIVESCIA, c'est toute une histoire ! Une longue histoire, qui a commencé il y a cent trente ans. Ce livre est dédié à ceux qui l'ont écrite et aux jeunes générations qui vont en écrire les chapitres suivants... En fait, parcourir l'histoire de VIVESCIA, c'est un peu traverser la grande histoire du xxe siècle, celle de la modernisation des agricultures, du développement des filières céréalières, avec ses innovations, ses progrès et ses tumultes. C'est observer au fil des décennies ce rapport si particulier des Français au pain, et l'épopée de la baguette. C'est aussi revivre les combats, les victoires et les conquêtes de nos métiers, ici, sur nos territoires de Champagne-Ardenne, mais aussi dans toute la France et dans le monde. C'est plonger dans l'histoire de la coopération agricole, comprendre le rôle déterminant – fondateur même ! – de notre berceau historique, situé entre les Ardennes, la Marne et l'Aube, dans la montée en puissance du mouvement coopératif.

Car VIVESCIA, c'est d'abord une histoire collective, une histoire de coopération et de bâtisseurs : une histoire de femmes et d'hommes, d'agriculteurs entrepreneurs qui ont uni leurs forces pour bâtir un modèle économique pérenne, capable de les accompagner pour vivre durablement de leur métier et de façonner l'empreinte industrielle et des marchés. Et ce modèle reste d'une incroyable actualité. C'est à tous les agriculteurs, meuniers, malteurs, collaborateurs, à tous ces entrepreneurs audacieux que nous avons voulu rendre hommage. C'est leur histoire que nous avons voulu raconter en rassemblant tous ces destins singuliers qui font de VIVESCIA ce qu'il est aujourd'hui.

Le monde agricole et agroalimentaire fait face à d'immenses défis, inédits par leur nombre, leur nature et leur ampleur planétaire. Au moment où j'écris ces quelques lignes, à quelques jours d'une nouvelle année, de nouveaux chapitres audacieux de cette histoire vont s'ouvrir. 2025 s'inscrit déjà, dans la continuité de ce récit du faire ensemble dont j'ai souhaité être le passeur auprès de toutes et tous, et en particulier auprès de celles et ceux qui feront VIVESCIA.

Christoph Büren

Président du groupe VIVESCIA,
15 décembre 2024

Notes

1. Joseph Garnotel, *L'Ascension d'une grande agriculture*, Paris, Economica, 1985, p. 62.
2. Région Nord-Est définie d'après l'enquête de la *Meunerie française* en 1900 et comprenant les départements suivants Ardennes, Marne, Aube, Haute-Marne, Meuse, Meurthe-et-Moselle, Vosges, Territoire de Belfort.
3. Comte de Rocquigny, *Les Syndicats agricoles et leur œuvre*, Bibliothèque du Musée social, Paris, Armand Colin, 1906, p. 52.
4. Jean Janelle, *Le Syndicat agricole de la Champagne*, Châlons-sur-Marne, 1927.
5. Gustave de Bohan, *Le Mémorial de Fresne*, Reims, Matot-Braine, 1930, 101 pages.
6. *Journal de la meunerie*, n° 2, 15 août 1883, p. 2.
7. Grands Moulins Vilgrain et Cie, *La Fleur Lorraine. Plomb d'Or*, Nancy, 1912.
8. Archives GMN. Facture Vigrain et Cie, 30 août 1912.
9. Bernadette Angleraud, *Les Boulangers lyonnais aux* XIXe *et* XXe *siècles*, Éditions Christian, 2008, p. 15.
10. Alain Chatriot, « Jaurès et les débats sur le protectionnisme agricole », *Cahiers Jaurès*, 2010/1, n° 195-196, p. 26.
11. *Revue politique et parlementaire*, octobre 1897, n° 40, p. 31-67.
12. Jean-Baptiste Vilgrain, *Quelques considérations sur la loi projetée pour l'établissement d'un droit de 5 francs par 100 kg à l'entrée des céréales en France*, Nancy, Sordoillet, 1884.
13. Jean Monnet, *Mémoires*, Paris, Fayard, collection Livre de Poche, 1976, p. 75-89.
14. Maxime Miane, *Le Bureau permanent des céréales*, Annecy, Dépollier, 1919, cité par Alain Chatriot, « La taxation du pain. L'État et l'organisation du ravitaillement pendant la Première Guerre mondiale en France », dans Florence Descamps et Laure Quennouëlle-Corre (dir.), *Une fiscalité de guerre*, Paris, IGPDE, 2018, p. 304.
15. Alain Devos, Pierre Taborelli et Robin Perarnau, « Les noms de tranchées et de boyaux de la Grande Guerre en Champagne », *EchoGéo*, n° 53, juillet-septembre 2020.
16. Peter Scholliers, *A History of bread*, Londres, Bloomsbury, 2024.
17. André Gueslin, *Les Origines du Crédit agricole (1840-1914)*, Nancy, PUN, 1978, p. 251.
18. Denis McKee, « Reims, l'évolution du commerce d'épicerie et la naissance du succursalisme (1866-1914) », dans Jean-Claude Daumas (dir.), *Les Révolutions du commerce. France,* XVIIIe-XXIe *siècle*, Besançon, PU de Franche-Comté, 2020.
19. Brigitte Waché, « Catholicisme social et modernisation agricole en France des années 1870 aux années 1950 », dans Nadine Vivier (dir.), *Élites et progrès agricole,* XVIe-XXe *siècle*, Rennes, PUR, 2009.
20. Archives Providence agricole. Assemblée générale, 8 mai 1928.
21. Archives Providence agricole. Assemblée générale, 21 septembre 1928.
22. Robert Mangeart, *Un siècle de progrès agricole*, Reims, Presses de l'imprimerie Les Eaux Claires, 1999, p. 75.
23. Archives CARB (Brienne). Cinquantenaire de la CARB, discours du président, jeudi 27 mai 1971.
24. Ministère du Commerce, de l'Industrie, des Postes et des Télégraphes, *Rapport de l'Exposition universelle de 1900*, Paris, Imprimerie nationale, 1903, p. 320.
25. Marie-Pierre Curutchet, *La Dimension socioculturelle des stratégies conjointes : l'exemple des agro-industries champardennaises*, thèse de doctorat en sciences de gestion, université de Reims, 1999, p. 253.
26. *Ibid.*, p. 165.
27. Archives CARB. Conseil d'administration, 22 octobre 1922.
28. Archives CARB. Conseil d'administration, 28 août 1936.
29. Archives Providence agricole. Conseil d'administration, 16 avril 1938.
30. Archives Providence agricole. Conseil d'administration, 23 avril 1938.
31. *Ibid.*
32. Archives Providence agricole. Conseil d'administration, 10 avril 1937.
33. Archives Providence agricole. Conseil d'administration, 19 novembre 1938.
34. *Ibid.*
35. *Ibid.*
36. Archives SCARM. Assemblée générale, 22 mai 1939.
37. Archives SCARM. Assemblée générale, 31 juillet 1938.
38. Denis Pesche, *Le Syndicalisme agricole spécialisé en France. Entre la spécificité des intérêts et les besoins d'alliances*, thèse de doctorat en sociologie sous la direction de Bertrand Hervieu, université Paris X Nanterre, 1998, vol. I, p. 36.
39. Archives CARB. Assemblée générale, 13 janvier 1929.
40. Archives Providence agricole. Conseil d'administration, 19 novembre 1938.
41. Archives CARB. Assemblée générale, 13 janvier 1929.
42. Odile Gaultier-Voituriez, *Chronique cachée de la Grande Guerre. Lettres d'Étienne de Nalèche à Pierre Lebaudy (1914-1919)*, Paris, CNRS Éditions, 2017.
43. Bühler Frères, *Description de deux grands moulins modernes*, Paris, 1923.
44. F. Baumgartner, *Manuel du constructeur de moulins et du meunier*, traduit de l'allemand par Paul Schoren, Paris, Ch. Béranger, 1903, 3 tomes.
45. Claire Darracq, *Les Grands Moulins de Bordeaux, 1918-1981*, maîtrise d'histoire de l'art contemporain sous la direction de Marc Saboya, université Bordeaux-Montaigne, 2000, 2 volumes.
46. *Le Petit Meunier*, 17 juin 1937, p. 2.
47. Archives GMP. Lettre de Georges Delaunay, minotier à La Flèche, 13 mars 1918.
48. Archives GMV. Grands Moulins Vilgrain, inventaire des toiles pleines, 30 juin 1926.
49. *Le Populaire*, 16 décembre 1927.
50. Maurice Chabanon, *La Meunerie française*, Paris, Éditions Génin, 1955, p. 95.
51. Insee, annuaire rétrospectif, tableau 1, froment, méteil, seigle, 1930.
52. Archives GMN. Conseil d'administration, 17 juillet 1926.
53. Achille Baumann, *Ma Société anonyme des Grands Moulins de Strasbourg de 1899 à 1914*, Illkirch, 1938, p. 21.
54. Archives GMP. Conseil d'administration, Grands Moulins de Paris, allocution du président à l'assemblée générale du 10 décembre 1924.
55. Archives GMP. Conseil d'administration, 21 novembre 1930.
56. Auguste Meunissier, « La Conférence internationale du blé », *Revue de botanique appliquée et d'agriculture coloniale*, 7e année, bulletin n° 74, octobre 1927, p. 671-682.
57. Archives municipales d'Angers, Fonds Groupe Lemaire, 43 J, novembre 2007.
58. Édouard Lynch, *Moissons rouges : les socialistes français et la société paysanne durant l'entre-deux-guerres (1918-1940)*, Villeneuve d'Ascq, Presses universitaires du Septentrion, 2002.
59. Alain Chatriot, *La Politique du blé. Crises et régulation d'un marché dans la France de l'entre-deux-guerres*, Paris, IGPDE, 2016.
60. *Journal de la meunerie et de la boulangerie*, n° 643, août 1937, p. 7.
61. *Journal de la meunerie et de la boulangerie*, n° 409, 35e année, février 1918, p. 29.
62. Le taux de blutage est indicatif de la proportion de substances non combustibles intéressantes d'un point de vue nutritionnel dans la composition de la farine. Une farine à 85 % contient plus de substances non combustibles et plus de fibres qu'une farine à 75 %. L'usage de la farine est également différent selon ce taux de blutage.
63. François Jarrige, « Le travail de la routine : autour d'une controverse sociotechnique dans la boulangerie française du XIXe siècle », *Annales, Histoire, Sciences Sociales*, 2010/3, 65e année, p. 645-677.
64. Archives GMP. Assemblée générale, 15 novembre 1933.
65. Marcel Chopin, « Relations entre les propriétés mécaniques des pâtes de farine et la panification », *Bulletin de la Société d'encouragement pour l'industrie nationale*, mars 1921, 120e année, p. 273.
66. *Enquête en vue de l'accroissement de la productivité. Étude économique et sociale sur le circuit blé-farine-pain*, Paris, 1957, p. 87.
67. Archives Providence agricole. Réunion du conseil d'administration à Vertus, 6 juin 1940.
68. Archives Providence agricole. Réunion du conseil d'administration à Vertus, 27 novembre 1940.
69. Archives CARB. Assemblée générale ordinaire, Brienne, 26 juillet 1940.
70. Archives SCARM. Assemblée générale ordinaire, Romilly, 13 décembre 1943.
71. *Ibid.*
72. *Ibid.*
73. Archives CARB. Assemblée générale ordinaire, Brienne, décembre 1944.
74. Pierre-Antoine Dessaux, « Entre espoirs et déceptions : l'industrie des pâtes alimentaires », dans Sabine Effosse, Marc de Ferrière le Vayer et Hervé Joly (dir.), *Les Entreprises de biens de consommation sous l'Occupation*, Tours, PU François Rabelais, 2010, p. 105.
75. Archives GMV. Rapport au conseil d'administration, 31 janvier 1941.
76. Archives GMV. Rapport au conseil d'administration, 23 janvier 1942.
77. Archives GMV. Rapport au conseil d'administration, 10 février 1944.
78. Archives GMV. Rapport du conseil d'administration à l'assemblée générale, 11 avril 1945, p. 4.
79. Archives GMV. Lettre de la Chambre de commerce de Nancy au ministère du Ravitaillement, 15 décembre 1944.
80. Archives Providence agricole. Courrier dactylographié en marge de la réunion du conseil en janvier 1946.
81. Christophe Bonneuil, « De quelques origines allemandes du Catalogue français des variétés et de la politique de modernisation agricole du gouvernement de Vichy », dans Margot Lyautey, Léna Humbert et Christophe Bonneuil (dir.), *Histoire des modernisations agricoles au* XXe *siècle*, Rennes, PUR, 2021, p. 93.
82. Pierre Cornu, Egizio Valceschini et Odile Maeght-Bournay, *L'Histoire de l'Inra, entre science et politique*, Paris, Éditions Quae, 2018.
83. Arnaud Page, « Guerres et fertilisation. Essor des engrais azotés en France et en Grande-Bretagne, 1918-1960 », *Histoire des modernisations agricoles au* XXe *siècle, op. cit.*, p. 48.
84. Joseph Garnotel, *op. cit.*, p. 91-108.
85. Joseph Garnotel mentionne comme cultures à forte marge : betterave industrielle, pommes de terre, lin textile, cultures légumières de plein champ.
86. Archives SCARM. Assemblée générale, 16 décembre 1946.
87. Archives SCARM. Assemblée générale, 25 mai 1948.
88. *Ibid.*
89. Danielle Tartakowsky, « Manifester pour le pain, novembre 1940-octobre 1947 », *Cahiers de l'IHTP*, n° 32-33 « Le Temps des restrictions en France (1939-1949) », sous la direction de Dominique Veillon et Jean-Maris Flonneau, mai 1996.
90. J.-M.G. Le Clézio, *Ritournelle de la faim*, Paris, Gallimard, 2008.
91. Archives ANMF. Ministère du Ravitaillement, Commission de liaison et de coordination des Offices professionnels des industries de l'alimentation, 1946, monographies sur la biscuiterie, la malterie, la brasserie.
92. Jean Buré, « Valorisation par les industries transformatrices de céréales », *2e Congrès national des industries agricoles et de l'alimentation*, Paris, Éditions Sep, 1950, p. 33.
93. M. Guerault, « De quelques aspects des relations entre producteurs et transformateurs de produits agricoles », *2e Congrès national des industries agricoles et de l'alimentation*, Paris, Éditions Sep, 1950, p. 136.
94. *Messidor. Annuaire de la meunerie*, Paris, Société d'éditions géographiques professionnelles, 1951, p. 8.
95. Richard Dupuis, *La Patrimonialisation du monde agricole. L'exemple des musées de 1920 à nos jours*, thèse de doctorat sous la direction de Marie-Claude Genet-Delacroix et Jérôme Buridant, université Reims Champagne-Ardenne, 2015.
96. Yves Marie-Sainte, « Cultures actu elles en Champagne crayeuse », *Mémoires de la Société d'agriculture, commerce, sciences et arts du département de la Marne*, t. LXXII, 2e série, 1957, p. 117.
97. Insee, *Recensement général de l'agriculture de 1955*, Paris, Imprimerie nationale, 1959, tableau 331-RA, départements des Ardennes, de l'Aube et de la Marne.
98. Georges Colin, « Un grand département agricole : la Marne », *Travaux de l'Institut géographique de Reims*, n° 7, 1971, p. 8.
99. Denis Pesche, *op. cit.*, vol. I, p. 115.
100. *Ibid.*, p. 197.
101. Gérard Dorel et Claude Duménil, « L'évolution de l'agriculture en Champagne-Ardenne (pendant les trente dernières années) », *Travaux de l'Institut géographique de Reims*, n° 55-56, 1983, p. 87-113.
102. Archives Providence agricole (Reims, 120623). Proposition d'E. Brayotel émise au conseil d'administration, 20 février 1954.
103. Robin Villemaine, « Le productivisme agricole en images. Une analyse sociohistorique de couvertures illustrées de guides techniques (1959-2014) », *Images du travail. Travail des images*, n° 4, 2017.
104. Par exemple, *Économie rurale*, n° 62, « L'avenir de la coopération », 1964.
105. Archives CARB. Assemblée générale, 18 décembre 1963.
106. Il convient de ne pas confondre le GIE Inter-Farine constitué en 1984 par la CARB et la SCARM en appui du lancement de Copaline et un autre Inter-Farine évoqué dans les procès-verbaux du conseil d'administration de la CARB du 14 octobre 1955, qui précise l'organisation meunière parisienne avec l'Union Meunière (organisme financier) et Interfarine (organisme de placement et de renseignements). Source : Archives CARB, procès-verbal du conseil d'administration, 14 octobre 1955.
107. Archives CARB. Assemblée générale, 19 décembre 1957.
108. Archives Providence agricole. Conseil d'administration, 14 janvier 1967. Propos de Robert Mangeart.
109. Archives Providence agricole. Conseil d'administration, 5 août 1967.
110. Louis David, *L'Industrie des aliments du bétail*, La Jarrie, chez l'auteur, 1961, p. 14.
111. Archives CARB, conseil d'administration, 4 juillet 1960.
112. Denis Pesche, *op. cit.*, p. 198.
113. Maurice Chabanon, *op. cit.*, p. 292.
114. Archives ANMF. Congrès du centenaire de la meunerie française, 1886-1986, p. 45.
115. Archives GMV. Le fait est signalé comme tel dans l'assemblée générale de juin 1952, p. 7.
116. *La Technique des travaux*, 26e année, n° 1-2, janvier-février 1950.

117. Archives GMV. Conseil d'administration, 29 janvier 1954.
118. Archives GMP. Assemblée générale 1969, p. 4.
119. Archives GMV. Rapport du conseil d'administration, 1969, p. 2.
120. Archives ANMF. ANMF, fiche documentaire 16 septembre 1969, reprise de la *Revue technique des hôtels*, p. 3.
121. On comptait en France 54 000 boulangeries en 1956, 46 500 en 1969.
122. Steven Kaplan, *Le Pain maudit : retour sur la France des années oubliées, 1945-1958*, Paris, Fayard, 2008, et *Pour le pain*, Paris, Fayard, 2020.
123. *Ibid.*, vol. II, p. 48.
124. Archives GMP. Document Moul-Bie, conseils aux vendeurs, avril 1970.
125. Archives CARB. Tableau de données. Conseil d'administration, campagnes récapitulées depuis 1921.
126. Archives SCARM. Rapport annuel 1981, p. 2.
127. Archives Providence agricole. Compte rendu du conseil d'administration, 2 mars 1982.
128. Denis Pesche, *op. cit.*, p. 251.
129. Archives Champagne Céréales. Conseil d'administration de Champagne Céréales, 18 septembre 1984.
130. Archives Champagne Céréales. *Champagne Céréales Informations*, n° 10, avril 1986.
131. Marie-Pierre Curutchet, *op. cit.*, p. 208.
132. B.R. Mitchell, *International Historical Statistics, Europe, 1750-1988*, New York, M Stockton Press, 1992.
133. Archives Champagne Céréales. Assemblée générale de Malteurop, 24 avril 1985, compte rendu, p. 15.
134. Archives GMP. Rapport du conseil d'administration, 1977, p. 2.
135. Le tableau, d'un format de 160 × 160 cm, est accroché dans les couloirs du siège des Grands Moulins de Paris à Ivry.
136. Jean Buré (dir.), *Le Pain : actes du colloque du CNERNA, Paris, novembre 1977*, Paris, Éditions du CNRS, 1979.
137. Steven Kaplan, *Pour le pain*, *op. cit.*, p. 83.
138. Archives ANMF. Congrès du centenaire de l'ANMF, 1986.
139. Archives GMP. Rendements officiels des boulangers de Meurthe-et-Moselle, 1976.
140. Xavier Daumalin, « Une dynastie de minotiers marseillais : la famille Storione », *Industries en Provence. Dynamiques d'hier et d'aujourd'hui, Mémoire industrie et patrimoine en Provence*, n° 14, 2006, p. 68-76.
141. *Le Provençal*, 17 octobre 1987.
142. *Le Méridional*, 24 octobre 1987.
143. Les huit membres fondateurs de Copaline étaient établis à Romilly-sur-Seine, Troyes, Brienne, Brienon, Plateaux de Bourgogne, Bonnard et Nonnemillen en Belgique.
144. Archives SCARM. Tableau du réseau Copaline.
145. Archives GMP. 3S, conseil d'administration, 16 janvier 1986.
146. *Entreprises*, 9 octobre 1989, p. 12.
147. Archives GMP. Lettre de Martin Bouygues, 13 octobre 1989.
148. Archives GMP. Lettre d'Hubert François au personnel de Paris-Gennevilliers, 18 novembre 1996, accompagnant le guide « Cap sur Paris-Gennevilliers » – Grands Moulins de Paris – Usine de Paris-Gennevilliers.
149. Archives GMP. Lettre de Martin Bouygues, 13 octobre 1989.
150. *Bulletin des Grands Moulins de Paris*, 1er octobre 1990, édition spéciale force de vente boulangerie artisanale, p. 4.
151. Archives GMP. Courrier de Laurent Daunizeau à Michel Crignon, avril 1998.
152. *Le Meunier de Paris, 75 ans d'histoire des Grands Moulins de Paris*, Paris, Somogy Éditions d'art, 1996.
153. Archives GMP, part relative des ventes, juillet à décembre 1996.
154. Archives GMP. *Filière gourmande*, n° 81, août-septembre 2001, p. 25.
155. Archives GMP. Dossier d'organisation de l'usine de Wigston.
156. Archives GMP. Usine de Nancy, rapport sur la zone géographique 5 – Est France, 30 mars 1993.
157. Archives Providence agricole. Conseil d'administration, 18 septembre 1970.
158. Joseph Garnotel, *op. cit.*, p. 239.
159. *Ibid.*, p. 240.
160. Le prix d'intervention est la somme versée au détenteur d'une tonne de blé qui en demande le paiement à son organisme national d'intervention. Le prix fixé pour la campagne est équivalent dans toute la Communauté européenne. Il donne un prix de référence. La restitution consiste à verser la différence entre le prix d'intervention en CEE et le prix mondial pour tout acheteur de céréales en CEE et vendeur hors CEE, supposant que le prix mondial sera plus bas. L'exportateur perçoit une restitution de cette différence. L'importateur en Europe doit à l'inverse payer la somme équivalant à la différence de prix à la CEE, sous forme d'un prélèvement.
161. Pierre Cornu, Egizio Valceschini et Odile Maeght-Bournay, *op. cit.*, p. 282.
162. Albert Vecten, Gérard Lapie, Joseph Yverneau et Georges Mangeart, *En Champagne-Ardenne, une agriculture forte de ses hommes et de ses innovations*, Reims, Farman Communication, 2012, p. 69.
163. Robin Villemaine, *op. cit.* et thèse de doctorat de sociologie, *Le Conseil agricole coopératif à l'épreuve de l'environnement. Une enquête en Champagne-Ardenne*, université de Bourgogne Franche-Comté, 2016.
164. *Trait d'Union. Le journal des salariés de la coopérative Champagne Céréales*, novembre 1996, p. 3.
165. *Grain Magazine*, juin 2000, p. 20.
166. Archives GMP. Statistiques d'approvisionnement 1993.
167. *Synergies Blé*, n° 13, janvier 1999.
168. *Climat*, n° 17, janvier 1998, p. 3.
169. Pascal Griset, Jean-Pierre Williot et Yves Bouvier, *Face aux risques. Une histoire de la sûreté alimentaire à la sécurité environnementale*, Paris, le cherche midi, 2020, p. 152-154.
170. Le système d'analyse des risques et de maîtrise des points critiques (en anglais *Hazard Analysis and Critical Control Point* ou HACCP) fut conçu dans un laboratoire de la Nasa en 1959, puis répandu en Europe au cours de la décennie 1990.
171. Pierre Cornu, Egizio Valceschini et Odile Maeght-Bournay, *op. cit.*, p. 347-356.
172. Bernard Chevassus-au-Louis, *LSA*, n° 1661, 27 janvier 2000.
173. Michel Dubois, « Pour ou contre les OGM ? pas si simple ! Que veut le client ? », *Magaia*, n° 1, décembre 1999, p. 24.
174. Archives GMP. *BPVP*, n° 117, janvier 1999.
175. *Filière gourmande*, n° 77, mars 2001, p. 14.
176. Archives GMP. *Enjeux*, décembre 1999, p. 108.
177. Archives GMP. Documents Unimie-Banette, enquête contrôle qualité du réseau Banette effectué par PAQ-Certification, 9 juin 1997.
178. *Ibid.*
179. *Ibid.*
180. Archives GMP. Sondage M2S, La Ronde des Pains, Campaillette. Notoriété et évocations, baromètre 1992.
181. Archives GMP. Documents Unimie-Banette, Ifop, octobre 1997.
182. Archives GMP. Enquête Unimie, 3 juin 1997.
183. Archives GMP. Marcel Cornette, décembre 1998.
184. Archives GMP. Entretien avec le Dr Hercberg, 5 novembre 1997.
185. Guillaume Réveilhac, *Cérélia. We are Cérélia. L'aventure humaine d'une entreprise industrielle*, 2018, p. 78.
186. Archives GMP. Message de Michel Crignon à ses collaborateurs, 2 octobre 1998.
187. « Intermill Paris. La coopération entre coopératives », *Actualités agricoles*, avril 2001.
188. Archives GMP. *AGIA Alimentation*, 7 mars 2001.
189. *La France agricole*, 13 avril 2001.
190. Archives GMP. Document interne, 23 janvier 2002.
191. Archives GMP. *La Marne agricole*, 29 juin 2001.
192. *Les Marchés*, 1er février 1990, p. 2.
193. Calculée selon le rapport EBE/Actif immobilisé + BFR.
194. La molécule d'inuline, naturellement présente dans la racine de la chicorée, a des qualités de polysaccharide hydrophile, en alimentation humaine ou comme ingrédient de cosmétique. La chicorée stocke ses glucides dans la molécule d'inuline.
195. Jean-Luc Pelletier, *L'Amidonnerie-féculerie en France de la Deuxième Guerre mondiale à nos jours*, Paris, SPM, 2021, p. 287.
196. Archives CARB. Réunion du conseil au sujet de la réflexion stratégique, 10 janvier 1997.
197. Archives CARB. Organigramme CARB, 30 juin 1999.
198. Jean Glavany, « Les Français et leur agriculture : un nouveau contrat », dans Sofres, *L'État de l'opinion*, Paris, Seuil, 2002, p. 197.
199. *Le Monde*, 24 février 2004.
200. François Purseigle, *L'Engagement des jeunes agriculteurs dans les organisations professionnelles agricoles. Contribution à l'étude des processus d'entrée dans l'action collective*, thèse de doctorat en sociologie rurale, Institut national polytechnique de Toulouse, 22 mai 2003.
201. *Agreste Champagne-Ardenne*, n° 4, août 2013.
202. Robin Villemaine, thèse de doctorat en sociologie, *op. cit.*, p. 240.
203. Robin Villemaine, thèse de doctorat en sociologie, *op. cit.*, p. 277.
204. Nouricia, Rapport développement durable, 2007-2008, p. 2.
205. Nouricia, Réunion du conseil d'administration 22 novembre 2004.
206. Jean-Pierre Williot, « Le sandwich », dans Pierre Singaravélou et Sylvain Venayre (dir.), *L'Épicerie du monde. La mondialisation par les produits alimentaires du XVIIIe siècle à nos jours*, Paris, Fayard, 2022, p. 47-51.
207. Archives GMP. Délifrance, étude de la concurrence européenne, 4 février 2015.
208. Archives Malteurop. Rapport de gestion 2012-2013.
209. *NutriXo Infos*, n° 6, novembre 2007, p. 19.
210. HACCP signifie *Hazard Analysis Critical Control Point*. Il désigne le protocole de sûreté alimentaire à appliquer dans toutes les branches alimentaires. Le protocole – ce n'est pas une norme – a été mis au point par la NASA pour assurer la sûreté des consommations alimentaires des cosmonautes.
211. Le système de sécurité désigné sous l'acronyme GMP+, également connu sous le nom de *Feed Certification Scheme*, n'est pas un référentiel des Grands Moulins de Paris mais un référentiel privé rédigé par les fabricants de produits d'alimentation animale pour garantir la sûreté et la qualité de leurs produits. GMP+ est l'abréviation de *Good Manufacturing Practice*, dont le certificat a été développé en 1992 par le Productschap Diervoeder, une institution néerlandaise.
212. Archives GMP. Bilan 2007 des moutures.
213. Archives GMP. Bilan 2011 des moutures.
214. Archives GMP. Enquête GIFAM/Sofres printemps 2010.
215. *La Meunerie française*, statistiques, 2007.
216. Archives GMP. Traité d'apport de titres Atrixo entre Atrixo et diverses personnes physiques, 30 septembre 2004.
217. Hubert François, *L'Économie céréalière mondiale*, « Que sais-je ? », Paris, PUF, 1990.
218. Siclaé, Rapport d'activité, 2012, p. 14.
219. Rapport d'activité de Champagne Céréales 2010-2011, p. 2.
220. Document de fusion, 18 octobre 2011.
221. L'EBITDA se traduit par « *Earnings Before Interest, Taxes, Depreciation and Amortization* ». Il s'agit d'un terme financier employé pour désigner le bénéfice réalisé avant tous prélèvements, notamment fiscal et d'amortissement.
222. *Les Échos*, 12 mai 2015, p. 21.
223. Rapport annuel d'activité, 2018-2019, p. 6.
224. Rapport annuel d'activité, 2018-2019, p. 7.
225. *Revue agricole de l'Aube*, 21 novembre 2019.
226. Rapport annuel d'activité, 2022-2023, p. 12.
227. Rapport annuel d'activité, 2012-2013, p. 39.
228. *Évaluation de la souveraineté agricole et alimentaire de la France*, rapport du gouvernement, mars 2024.
229. Rapport annuel d'activité, 2017-2018, p. 37.
230. Joseph Garnotel, Jacques de Bohan. *Une vision de l'agriculture. La passion d'entreprendre*, Paris, L'Harmattan, 2015, p. 17.
231. *VIVESCIA. Le Mag des associés coopérateurs*, mars 2021, p. 20.
232. Coop.fr, « Les 100 plus grandes entreprises coopératives françaises », édition 2024.
233. Rapport annuel d'activité de VIVESCIA, 2011-2012, p. 51.
234. Rapport annuel d'activité de VIVESCIA, 2011-2012, p. 28.
235. Rapport annuel d'activité de VIVESCIA, 2016-2017, p. 51.
236. Rapport annuel d'activité de VIVESCIA, 2015-2016, p. 7.
237. Rapport annuel d'activité de VIVESCIA, 2016-2017, p. 9.
238. Rapport annuel d'activité de VIVESCIA, 2018-2019, p. 6.
239. R. Deeg et I. Hardie, « What is patient capital and who supplies it? », *Socio-Economic Review*, vol. 14, n° 4, 2016, p. 627-645.
240. Christophe Bouteiller, Maryline Thenot et Honorine Lescieux-Katir, « Capitalisme patient et symbiose industrielle : le cas d'une bioraffinerie territorialisée », *Économie rurale*, n° 363, janvier-mars 2018, p. 121-139.
241. Chaire Germéa (Groupe d'études et de recherches sur les mutations de l'entreprise agricole) portée par François Purseigle et Geneviève Nguyen.
242. François Purseigle et Bertrand Hervieu, *Une agriculture sans agriculteurs*, Paris, Presses de Sciences Po, 2022.
243. Ronald Hubscher et Jean-Claude Farcy (dir.), *La Moisson des autres. Les salariés agricoles aux XIXe et XXe siècles*, Paris, Créaphis, 1996.
244. Rapport annuel d'activité de VIVESCIA, 2021-2022, p. 20.
245. Rapport annuel d'activité de VIVESCIA, 2012-2013, p. 18.
246. *Les Échos*, 16 avril 2014.
247. Rapport annuel d'activité de VIVESCIA, 2021-2022, p. 17.
248. Rapport annuel d'activité de VIVESCIA, 2015-2016, p. 126.
249. Rapport annuel d'activité de VIVESCIA, 2021-2022, p. 56.
250. Crédoc, *Consommation et modes de vie*, n° 329, mai 2023.
251. Rapport d'information de l'Assemblée nationale, 8 décembre 2021, déposé par la Commission des affaires économiques sur l'autonomie alimentaire de la France et au sein de ses territoires.

Témoignages et sources

Gustave de Bohan, *Le Mémorial de Fresne*, Matot-Braine, 1930.

Jean Buré (dir.), *Le Pain : actes du colloque du CNERNA, Paris, novembre 1977*, Éditions du CNRS, 1979.

Maurice Chabanon, *La Meunerie française*, Éditions Génin, 1955.

Hubert François, *L'Économie céréalière mondiale*, « Que sais-je ? », PUF, 1990.

Jean Janelle, *Le Syndicat agricole de la Champagne*, Châlons-sur-Marne, 1927.

Robert Mangeart, *Un siècle de progrès agricole*, Presses de l'imprimerie Les Eaux Claires, 1999.

Guillaume Réveilhac, *Cérélia. We are Cérélia. L'aventure humaine d'une entreprise industrielle*, Cérélia, 2018.

Comte de Rocquigny, *Les Syndicats agricoles et leur œuvre*, Bibliothèque du Musée social, Armand Colin, 1906.

Albert Vecten, Gérard Lapie, Joseph Yverneau et Georges Mangeart, *En Champagne-Ardenne, une agriculture forte de ses hommes et de ses innovations*, Farman Communication, 2012.

Bibliographie

Sébastien Abis, *Géopolitique du blé*, Armand Colin, 2023.

Bernadette Angleraud, *Les Boulangers lyonnais aux XIXe et XXe siècles*, Éditions Christian, 2008.

Coline Arnaud, Denis Saillard, *Pain et liberté. Une histoire politique du pain*, Textuel, 2023.

Olivier Assouly, *Les Nourritures nostalgiques. Essai sur le mythe du terroir*, Actes Sud, 2004.

Marci Baranski, *The Globalization of Wheat. A Critical History of the Green Revolution*, Intersections. Histories of Environment, Science, and Technology in the Anthropocene, 2023.

Pierre Barral, *Les Agrariens français : de Méline à Pisani*, Armand Colin, 1968.

Hubert Bonin, *Le Crédit agricole (1951-2001)*, Droz, 2020.

Alain Bonjean, Benoît Vermander, *Une histoire céréalière des civilisations*, Les Belles Lettres, 2021.

Sylvain Brunier, *Le Bonheur dans la modernité : conseillers agricoles et agriculteurs 1945-1985*, ENS Éditions, 2018.

Dominique Chargé, *Idées reçues sur les coopératives agricoles*, Éditions Le Cavalier Bleu, 2022.

Alain Chatriot, *La Politique du blé. Crises et régulation d'un marché dans la France de l'entre-deux-guerres*, IGPDE, 2016.

Chantal Chomel, Francis Declerck, Maryline Filippi, Olivier Frey et René Mauget, *Les Coopératives agricoles : identité, gouvernance et stratégies*, Larcier, 2013.

Pierre Cornu, Egizio Valceschini et Odile Maeght-Bournay, *L'Histoire de l'Inra, entre science et politique*, Éditions Quae, 2018.

Pierre Cornu, Jean-Luc Mayaud (dir.), *Agrarisme et agrariens en France et en Europe, du XIXe siècle à nos jours*, La Boutique de l'Histoire, 2007.

Marie-Pierre Curutchet, *La Dimension socioculturelle des stratégies conjointes : l'exemple des agro-industries champardennaises*, thèse de doctorat en sciences de gestion, université de Reims, 1999.

Claire Darracq, *Les Grands Moulins de Bordeaux, 1918-1981*, maîtrise d'histoire de l'art contemporain, université Bordeaux-Montaigne, 2000.

Jean-Claude Daumas (dir.), *Les Révolutions du commerce. France, XVIIIe-XXIe siècle*, Besançon, Presses universitaires de Franche-Comté, 2020.

Jean-Claude Daumas, *La Révolution matérielle. Une histoire de la consommation. France XIXe-XXIe siècle*, Flammarion, 2018.

Pierre-Antoine Dessaux, *Vermicelles et coquillettes. Histoire d'une industrie alimentaire française*, Presses universitaires François Rabelais, 2023.

Jean-François Draperi, *La République coopérative*, Larcier, 2012.

Alain Drouard et Jean-Pierre Williot (dir.), *Histoire des innovations alimentaires, XIXe-XXe siècles*, L'Harmattan, 2007.

Richard Dupuis, *La Patrimonialisation du monde agricole. L'exemple des musées de 1920 à nos jours*, thèse de doctorat, université Reims Champagne-Ardenne, 2015.

Sabine Effosse, Marc de Ferrière le Vayer et Hervé Joly (dir.), *Les Entreprises de biens de consommation sous l'Occupation*, Presses universitaires François Rabelais, 2010.

Patrick Eveno, *AGPB, 75 ans d'histoire du blé*, Albin Michel, 1999.

Olivier Frey, *Le Rôle des entreprises coopératives dans la structuration des filières et des territoires*, thèse de doctorat en sciences économiques, université Paris XI, 2009.

Joseph Garnotel, *L'Ascension d'une grande agriculture. Champagne pouilleuse-Champagne crayeuse*, Economica, 1985.

Joseph Garnotel, *Jacques de Bohan. Une vision de l'agriculture. La passion d'entreprendre*, L'Harmattan, 2015.

Pascal Griset, Jean-Pierre Williot et Yves Bouvier, *Face aux risques. Une histoire de la sûreté alimentaire à la sécurité environnementale*, le cherche midi, 2020.

André Gueslin, *Les Origines du Crédit agricole (1840-1914)*, Presses universitaires de Nancy, 1978.

André Gueslin, *L'Invention de l'économie sociale. Idées, pratiques et imaginaires coopératifs et mutualistes dans la France du XIXe siècle*, Economica, 1998.

Laurent Herment (dir.), *Histoire rurale de l'Europe, XVIe-XXe siècle*, Éditions de l'EHESS, 2019.

Ronald Hubscher et Jean-Claude Farcy (dir.), *La Moisson des autres. Les salariés agricoles aux XIXe et XXe siècles*, Créaphis, 1996.

Jean-Pierre Jessenne, *Les Campagnes françaises entre mythe et histoire : XVIIIe-XXIe siècles*, Armand Colin, 2006.

Steven Kaplan, *Le Pain maudit : retour sur la France des années oubliées, 1945-1958*, Fayard, 2008.

Steven Kaplan, *Pour le pain*, Fayard, 2020.

Steven Kaplan, *La France et son pain*, Albin Michel, 2010.

Fabien Knittel, *Agronomie et techniques laitières. Le cas des fruitières de l'Arc jurassien (1790-1914)*, Classiques Garnier, 2021.

Sophie Lefranc-Morel, *Valorisation de l'histoire et du patrimoine des coopératives agricoles : l'exemple de la Loire*, thèse de doctorat en histoire, université Jean-Monnet-Saint-Étienne, 2013.

Olivier Londeix, *Le Biscuit et son marché*, Presses universitaires de Rennes, 2012.

Margot Lyautey, Léna Humbert et Christophe Bonneuil (dir.), *Histoire des modernisations agricoles au XXe siècle*, Presses universitaires de Rennes, 2021.

Édouard Lynch, *Moissons rouges : les socialistes français et la société paysanne durant l'entre-deux-guerres (1918-1940)*, Presses universitaires du Septentrion, 2002.

Corinne Marache, *Les Petites Villes et le monde agricole. France, XIXe siècle*, Presses universitaires de Rennes, 2021.

Jean-Luc Mayaud, *Gens de la terre : la France rurale, 1880-1940*, Chêne, 2010.

Le Meunier de Paris, 75 ans d'histoire des Grands Moulins de Paris, Paris, Somogy Éditions d'art, 1996.

Niccolò Mignemi, *Coopératives et mondes agricoles. France et Italie (1880-1950)*, Presses universitaires de Rennes, 2017.

Annie Moulin, *Les Paysans dans la société française : de la Révolution à nos jours*, Le Seuil, 1988.

Philippe Nicolas, « Émergence, développement et rôle des coopératives agricoles en France. Aperçus sur une histoire séculaire », *Économie rurale*, n°184-186, 1988.

Jean-Luc Pelletier, *L'Amidonnerie-féculerie en France de la Deuxième Guerre mondiale à nos jours*, SPM, 2021.

Denis Pesche, *Le Syndicalisme agricole spécialisé en France. Entre la spécificité des intérêts et les besoins d'alliances*, thèse de doctorat en sociologie, université Paris X-Nanterre, 1998.

François Purseigle, *L'Engagement des jeunes agriculteurs dans les organisations professionnelles agricoles. Contribution à l'étude des processus d'entrée dans l'action collective*, thèse de doctorat en sociologie rurale, Institut national polytechnique de Toulouse, 2003.

François Purseigle et Bertrand Hervieu, *Une agriculture sans agriculteurs*, Presses de Sciences Po, 2022.

Peter Scholliers, *A History of bread*, Bloomsbury, 2024.

Pierre Singaravélou et Sylvain Venayre (dir.), *L'Épicerie du monde. La mondialisation par les produits alimentaires du XVIIIe siècle à nos jours*, Fayard, 2022.

Maryline Thénot, *Spécificité coopérative et groupes coopératifs agricoles : le cas Champagne Céréales*, thèse de doctorat, université de Reims, 2011.

Patricia Toucas, *Les Coopérateurs. Deux siècles de pratiques coopératives*, Éditions de l'Atelier, 2005.

Dominique Veillon et Jean-Marie Flonneau (dir.), « Le Temps des restrictions en France (1939-1949) », *Les Cahiers de l'IHTP*, n° 32-33, mai 1996.

Nadine Vivier (dir.), Élites et progrès agricole, *XVIe-XXe* siècle, Presses universitaires de Rennes, 2009.

Catherine Zabinski, *Amber Waves. The Extraordinary Biography of Wheat, from Wild Grass to World Megacrop*, The University of Chicago Press, 2020.

Glossaire

AFSSA : Agence française de sécurité sanitaire des aliments
AGPB : Assemblée générale des producteurs de blé
AGPB : Association générale des producteurs de blé
ANMF : Association nationale de la meunerie française
ARD : Agro-industries recherche développement
ARIA : Association régionale des industries agroalimentaires en Auvergne-Rhône-Alpes
ARIA : Société d'analyses et de recherches pour les industries alimentaires
ASEAN : Association des nations de l'Asie du Sud-Est
BVP : pains-viennoiseries-pâtisseries
BVPT : boulangerie-viennoiserie-pâtisserie-traiteur
CAA : Coopérative agricole d'Arcis-sur- Aube
CAD : contrat d'agriculture durable
CADA : Comptoir agricole des Ardennes
CADA : Coopérative agricole départementale de l'Aube
CADAC : Coopérative de la Haute-Marne
CAL : Coopérative agricole lorraine
CARB : Coopérative agricole de la région de Brienne
CAREV : Coopérative agricole régionale de Vitry-le-François
CDJA : section départementale du CNJA
CEE : Communauté économique européenne
CETA : Centre d'études techniques agricoles
CNAM : Conservatoire national des arts et métiers
CNERNA : Centre national d'études et de recommandations sur la nutrition et l'alimentation
CO : comité d'organisation
CRENA : Centre de recherches et d'études pour la nutrition animale
CRM : Centre de recherche sur les mixes
CTC : Compagnie de transport de céréales
CTE : contrat territorial d'exploitation
DIFAR : Groupement de diffusion de farines sur la région parisienne
EBE : excédent brut d'exploitation
ENSIA : École nationale supérieure des industries agricoles et alimentaires
ENSMIC : École nationale supérieure de meunerie et des industries céréalières
EPB : École de boulangerie de Paris
EPI : Espace pain information
ERD : Éthanol recherche-développement
ESSEC : École supérieure des sciences économiques et commerciales
ESTP : École spéciale des travaux publics, du bâtiment et de l'industrie
FAO : Organisation pour l'alimentation et l'agriculture des Nations unies
FDSEA : Fédération départementale des syndicats d'exploitants agricoles
FFCAT : Fédération française des coopératives agricoles de collecte d'approvisionnement et de transformation
FNCA : Fédération nationale de la coopération agricole
FNSEA : Fédération nationale des syndicats d'exploitants agricoles
FORMA : Fonds d'orientation et de régularisation des marchés agricoles
GAEC : groupement agricole d'exploitation en commun
GATT : Accord général sur les tarifs douaniers et le commerce
GEFAR : Groupement des exportateurs de farine
GIE : groupement d'intérêt économique
GIFAM : Groupement des marques d'appareils pour la maison
GMS : grandes et moyennes surfaces
HACCP : *Hazard Analysis Critical Control Point*
ICTF : Institut technique des céréales et des fourrages
IRTAC : Institut de recherches technologiques agroalimentaires des céréales
ITCF : Institut technique des céréales et des fourrages
IVD : indemnités viagères de départ
JAC : Jeunesse agricole catholique
LPO : Ligue de protection des oiseaux
LRQA : *Lloyd's Register Quality Assurance*
LTA : Long Term Agreement
OGM : organisme gentiment modifié
OMC : Organisation mondiale du commerce
ONIB : Office national interprofessionnel du blé
ONIC : Office national interprofessionnel des céréales
PAC : politique agricole commune
PACA : Provence-Alpes-Côte d'Azur
RFA : République fédérale d'Allemagne
SAF : Société des agriculteurs de France
SAFER : Société d'aménagement foncier et d'établissement rural
SCARA : Société coopérative d'approvisionnement de la région d'Arcis-sur-Aube
SCARM : Société coopérative agricole de la région de Romilly-Méry
SECOBRA : Société d'encouragement de la culture des orges
SEMAPA : Société d'économie mixte d'aménagement de Paris
SFACB : Société de fabrication d'aliments céréales pour le bétail
SIAL : Salon international de l'alimentation
SICA : société d'intérêt collectif agricole
SICLAD : Société d'investissement champenoise et lorraine pour l'agro-développement
SNEA : Société nationale d'encouragement à l'agriculture
SOMDIAA : Société multinationale pour le développement des industries agricoles et alimentaires
SRD : Sucre, Développement, Recherche
STEMI : Société de transports et de manutentions industriels
STO : Service de travail obligatoire
TOM : territoires d'outre-mer
UAA : Union agricole ardennaise
UCM : Union Champagne Malt
UCP : Union champenoise des producteurs
UE : Union européenne
UNCAC : Union nationale des coopératives agricoles de céréales

Crédits iconographiques

Couverture : Alamy Stock Photo / World Archive

© Adagp, Paris, 2024 : p. 74 (bas).
© Croix-Rouge française : p. 72 (gauche).
© Daniel Bour : p. 97 (bas).
© Openo Lefor : p. 83, 99 (bas).
© Roger Adam : p. 73 (gauche).
© Yves Lévêque : p. 11.
CC0/Wikimédia : p. 18 (bas), 30, 31 (milieu), 31 (bas), 36-37, 37 (bas), 38 (toutes sauf Le Mémorial de Fresne), 65 (haut droite), 71 (haut), 78 (droite), 108 (fond), 110 (milieu), 112 (milieu).
CC0 Paris Musées / Musée Carnavalet – Histoire de Paris : p. 43, 49, 65 (haut gauche), 65 (bas gauche), 71 (bas).
© Adobe Stock : p. 61 (haut) ; p. 112 (gauche et haut droite) ; p. 128-129.
© AFP/Éric Cabanis : p. 141 (haut).
© akg-images/ddrbildarchiv.de : p. 120-121 (bas) ; Denise Bellon : p. 60 ; Paul Almasy : p. 100 (toutes), 101 (haut), 119.
@ AGRONUTRIS : p. 192 (bas).
© Alamy Banque d'Image/Abaca Press : p. 158. (haut) ; Artokoloro : p. 61 (milieu), 62 (bas) ; David Keith Brow : p. 145 ; Ed Buziak : p. 76 (gauche) ; Kees Metselaar : p. 136 (haut) ; Mervyn Rees : p. 121 ; POL/BT : p. 114 (gauche) ; World History Archive : p. 24 (bas).
© Alamy Stock Photo/ifeelstock : p. 172 (haut) ; Maurice Savage : p. 174 ; PWB Images : p. 73 (gauche).
© Antonio Lopes-Miranda : p. 175 (haut).
© Archives départementales de l'Aube : p. 16 (haut).
© Archives Grands Moulins/Bordeaux : p. 50, 50-51.
© Archives VIVESCIA : p. 27 (bas), 28-29 (toutes), 32 (droite), 38 (Le Mémorial de Fresne), 41 (bas), 45 (bas), 51 (haut), 53, 54, 56 (toutes), 57 (haut et milieu), 58 (toutes), 59 (toutes), 72 (gauche), 73 (droite), 92 (toutes), 93 (toutes), 94 (toutes), 95 (toutes), 96, 97 (haut), 101 (bas droite), 114 (droite), 115 (droite), 116 (toutes), 117 (haut), 118 (droite), 120, 122 (bas), 123 (toutes), 126 (haut et bas), 127 (toutes).
© Association nationale de la meunerie française : p. 80 (bas).
© Bibliothèque nationale de France, Paris : p. 18. (milieu), 23, 24 (haut gauche), 57 (bas droite), 62 (haut), 74 (haut).
© Brasseries Champigneulles : p. 81.
© Bridgeman Images : p. 17, 98 ; AGIP : p. 69, 85, 86 (toutes), 99 (hauts) ; Collection Jean-Jacques Allevi : p. 74 (bas) ; Leonard de Selva : p. 22 ; Look and Learn : p. 16 (bas) ; Mary Evans : p. 24 (haut droite), 25 ; Mary Evans/Grenville Collins Postcard Collection : p. 26 (haut) ; Patrice Cartier. All rights reserved 2024 : p. 33 ; PVDE : p. 15 ; Stefano Bianchetti : p. 32 (gauche), 84 (bas) ; Tallandier : p. 72 (gauche) ; The Stapleton Collection : p. 18 (haut).
© CC-BY-2.0/Rob & Lisa Meehan : p. 156 (bas).
© CC-BY-SA-2.0-FR/Christian Devleeschauwer : p. 20-21.
© CC-BY-SA-2.5/Dédélembrouille : p. 107.
© CC-BY-SA-3.0,2.5,2.0,1.0/Pline : p. 133 (bas).
© CC-BY-SA-3.0,2.5,2.0,1.0/Rasbak : p. 171 (milieu).
© CC-BY-SA-3.0/October Ends : p. 156 (haut) ; Remy Jouan : p. 133 (haut) ; Siren-Com : p. 168.
© CC-BY-SA-4.0/European Union, 2024 : p. 108 (bas) ; François Goglins : p. 104 (milieu) ; Og10330 : p. 138 ; raul. dupagne : p. 169 ; Stanzilla : p. 110 (milieu).
© Champagne Céréales : p. 140, 147 (bas).
© Collection particulière : p. 26 (haut milieu), 26 (milieu bas), 26 (bas), 27 (haut), 35, 36 (bas), 39, 40, 41 (haut), 42 (toutes), 44, 45 (haut et milieu), 48, 51 (milieu), 57 (bas gauche), 63, 70 (milieu), 77, 80 (haut), 83, 90 (haut), 108 (haut), 117 (bas), 126 (milieu), 143.
© DR : p. 190 (gauche).
© Flickr/Vestia : p. 137.
© Gamma-Rapho/Claudius Thiriet : p. 139 (haut) ; Hervé Gloaguen : p. 91 ; Keystone France : p. 78. (gauche), 79, 118 (gauche) ; Serge Assier : p. 113.
© IGN : p. 84 (haut gauche).
© INRAE/Bertrand Nicolas : p. 159 (milieu) ; Chantal Nicolas : p. 139 (bas).
© iStock/baloon111 : p. 172 (bas) ; DedMityay : p. 147 (haut) ; Martinan : p. 199 (haut droite) ; photosbyjim : p. 109 ; sergeyryzhov : p. 167 (bas).
© La France Agricole : p. 136 (bas).
© Le Républicain Lorrain p. 111 (droite).
© Lucien Paris : p. 115 (gauche).
© Malteurop : p. 90 (bas), 166 (bas).
© Musée de la Bertauge : p. 19, 84 (haut droite).
© Paris Musées, musée Carnavalet, Dist. GrandPalaisRmn / image ville de Paris / Cliché Roger Henrard : p. 64 (gauche).
© Pascal Kilisky : p. 152 (haut).
© Photothèque GMP : p. 65 (haut milieu), 195 (haut).
© Photothèque VIVESCIA : p. 167, 180 (haut) 185, 191, 195 (bas) ; Axel Cœuret : p. 12-13, 111, 156 (bas), 157, 160, 179, 181, 182, 183 (milieu et bas), 187, 188, 189 (toutes), 190 (milieu et bas droite), 190-191, 192 (haut), 196, 197 (toutes) ; Ballade Studio : p. 176 ; Claire Jachymiak 191 (droite) ; Benoît Pelletier : p. 104 (bas gauche), 108 (milieu), 149, 150, 161 (haut) ; Délifrance : p. 164, 165 ; Flash Back Studio/Bernard Prud'homme : p. 110 (haut), 152 (bas), 163 (bas) ; Fotolia : p. 148 ; Frédéric Canon : p. 104 (bas gauche) ; Grands Moulins de Paris : p. 66-67, 124 (toutes), 125 (toutes), 144 (bas), 135, 141 (bas), 173 (gauche), 194 (milieu et bas) ; Guillaume Czerw : p. 155, 159 (haut gauche), 180, 194 (haut), 199 (bas) ; Jean-Marc Lisse : p. 161 (bas), 162 (haut), 163 (haut), 184 (gauche) ; Kalizea : p. 193 (bas) ; Loïc Nicoloso : p. 142, 173 (droite), 200 ; Malteurop : p. 110 (bas), 166 (milieu), 166 (haut) ; Nealia : 193 (haut) ; NutriXo : p. 122 (haut), 144 (haut), 153, 170 (toutes), 171 (haut), 199 (haut gauche) ; NutriXo/Aude Alcover : p. 64 (droite), 103, 131, 175 (bas) ; Stéphanie Tétu - La compagny : p. 105, 151, 177, 183 (haut), 186 (haut et bas), 192 (haut), 201 ; Vincent Bourdon : p. 134.
© Providence Agricole de la Champagne : p. 87, 88, 89 (toutes), 139 (milieu gauche).
© Région Nouvelle-Aquitaine, Inventaire général du patrimoine culturel : p. 114 (haut).
© Roger-Viollet/François Kollar/Bibliothèque Forney : p. 52, 55 ; Jacques Boyer : p. 47, 70 (bas) ; René-Jacques/BHVP : p. 76 (gauche) ; Roger-Viollet : p. 75
© Rudy Ricciotti/© Éric Sempé : p. 132.
© Ville de Paris/Bibliothèque Forney : p. 97 (bas).
© Ville de Paris/BMD : p. 3 (haut), 48-49.
© VIVESCIA service agronomique : p.158 (bas), 159 (haut droite).

Achevé d'imprimer en janvier 2025
par Pollina en France
ZI de Chasnais - 85407 Luçon - 51192
Dépôt légal : février 2025
N° d'édition : M17893/01